高职高专信息素养教育系列教材

现代信息检索与利用

赵生让　主编

西安电子科技大学出版社

内 容 简 介

本书是一本面向高职高专院校学生的信息素养类通用教材。全书以提升学生的信息素养水平为目标，帮助其提高获取信息的能力，引导其科学有效地检索与利用信息。全书共 8 章，主要内容包括绪论、文献信息检索基础、图书馆信息资源利用、网络信息资源检索、中外文网络数据库检索、参考工具书检索、特种文献检索和科技论文写作等。

本书内容丰富、图文并茂、叙述简明，既可供高职高专院校各学科专业教学使用，也可作为科研机构、图书馆、信息机构有关工作人员的参考书。

图书在版编目（CIP）数据

现代信息检索与利用 / 赵生让主编. --西安：西安电子科技大学出版社，2024.1
ISBN 978-7-5606-7136-9

Ⅰ. ①现… Ⅱ. ①赵… Ⅲ. ①信息检索—高等职业教育—教材 Ⅳ. ①G254.9

中国国家版本馆 CIP 数据核字(2024)第 008521 号

策划编辑 李 伟
责任编辑 李鹏飞
出版发行 西安电子科技大学出版社(西安市太白南路 2 号)
电 话 (029)88202421 88201467 邮 编 710071
网 址 www.xduph.com 电子邮箱 xdupfxb001@163.com
经 销 新华书店
印刷单位 陕西天意印务有限责任公司
版 次 2024 年 1 月第 1 版 2024 年 1 月第 1 次印刷
开 本 787 毫米×1092 毫米 1/16 印 张 15
字 数 353 千字
定 价 43.00 元
ISBN 978-7-5606-7136-9 / G

XDUP 7438001-1

***** 如有印装问题可调换 *****

前　言

随着信息技术、网络技术的深入发展，云计算、大数据、物联网、人工智能等新技术不断取得重大进展。在信息检索领域，新技术应用也日新月异。书目数据库、搜索引擎、网络数据库等不断升级，特种文献、工具书等功能不断完善，移动搜索已经日益普遍。为了更好地满足高职高专教学及社会各界用户对信息检索技术的需求，我们结合信息资源及信息检索技术的动态变化和高职高专教育的新趋势，编写了本书。

全书以信息社会为出发点，选取学习过程中常用的检索工具，针对课程学习、素养提升、创新创业、毕业设计等问题介绍相应的基础知识和应用操作方法，帮助用户提高获取信息的能力，促进用户养成良好的信息检索与利用习惯。

本书主要特点如下：

(1) **注重培养信息素养**。针对高职高专院校学生的特点，本书以中文信息资源、网络信息资源为主，重在提高学生的信息意识、信息能力、信息知识和信息道德，为学生今后的学习和发展打下良好的基础。

(2) **注重联系实际应用**。对图书馆信息资源、网络信息资源及著名数据库等常用资源，本书分别从资源内容、检索方法、结果处理等方面作了详细的介绍。在介绍信息检索的原理、方法和各类检索工具如何使用的基础上，介绍了学术规范、科技论文的写作和发表等方面的相关知识。

(3) **力求内容全面、新颖**。本书参考了国内外大量的研究成果，吸收了信息检索领域的最新变化，总结了信息检索教学和实践过程中的经验和成果，尽量反映信息检索领域的最新变化和发展趋势。

本书由赵生让担任主编。其中第 1、2、3、6、8 章由赵生让编写；第 4、5、7 章由黎泉编写。全书由赵生让统稿。

本书在编写过程中借鉴了大量国内外相关研究成果，参考和引用了大量专家学者的著述，在此谨向这些参考文献的作者致以诚挚的谢意！

由于作者的学识水平有限，书中难免有疏漏与不足之处，恳请广大读者批评指正。

编　者

2023 年 8 月

目　录

第1章 绪 论

人类已经进入信息社会，人类的生存和发展越来越离不开信息。在信息社会中，信息、知识成为重要的生产要素，和物质、能量一起构成社会赖以生存的三大资源。物质资源为人类提供的是各种各样的材料，能量资源提供的是形形色色的动力，而信息资源提供的则是知识和智慧。任何知识和智慧都是人类对信息加工的结果。在信息社会中，信息素养已经不仅仅是信息从业人员所应具备的基本素质，也是新一代智能化劳动者所应当具备的最基本的素质。信息素养教育，是以提高人的信息素养为目的的教育活动，是培养人们利用各种方法和手段获取、评价、利用信息的能力，可以使人们在信息意识、信息能力和信息道德等多方面达到信息化社会的需求。

1.1 信 息 社 会

信息社会(Information Society)又称为信息化社会、知识社会、网络社会、虚拟社会、后工业社会等，是与农业社会、工业社会等相对而言的一种技术社会形态。它是工业社会之后，以信息科技的发展和应用为核心的高科技社会，是信息、知识起主导作用的知识经济社会。

在农业和工业社会中，物质和能源是主要资源，人类所从事的是大规模的物质生产。信息社会则建立在高度发达的信息科技之上。信息技术处理的"原料"是信息(知识)，它通过信息的创新、共享、传播和创造性使用，可大幅度地提高知识生产率和生产力水平。在信息社会中，信息成为比物质和能源更为重要的资源。

信息时代，传统机械化的生产方式被自动化、智能化的生产方式所取代，信息和知识的创造性生产成为社会生产的重要方式，以开发和利用信息资源为目的的信息经济活动迅速扩大，逐渐取代工业生产活动而成为国民经济活动的主要内容。自动化、智能化的生产方式进一步把人类从繁重的体力劳动中解放出来，知识产品和服务在市场上日渐抢手，劳动力主体不再是机械的操作者，而是信息的生产者和传播者。

信息科技促进了数字化、虚拟化生活方式的普及。借助信息技术和虚拟技术，人们可以坐在家中"进入"虚拟图书馆、博物馆、艺术馆、旅游胜地；可以驾驶模拟的飞机、轮船、宇宙飞船，上天入地自由翱翔；可以通过电子商务接受虚拟企业组织生产的产品；可以通过虚拟课堂，听取最优秀的教师的课程；即使在乡村也可以约请全球著名医学专家对疑难病进行会诊，施行远程手术；等等。许多过去人类不可能或尚无条件亲自进行实践活动的领域，现在正对人类打开大门；而许多过去受到时空、物质手段以及社会经济等因素制约的活动范围，由于虚拟技术的出现而不再构成限制。

信息技术延展了人们的交往领域，改变了传统的交往方式，虚拟交往日渐普及。在虚拟会议、虚拟课堂、虚拟社区、虚拟游戏中，任何人都能随时更换身份、自由活动。在各种虚拟或虚拟与真实并存的网络空间中，人们可以自由地表达思想，结交以前无法认识的朋友；可以和任何人交谈，并根据相同的爱好和对某些问题共同的兴趣形成讨论组；可以和不同类型的人共同学习、工作、游戏和生活，共建虚拟社区或"虚拟共同体"；可以找到"知音"，建立种种新的社会关系；等等。世界上各个国家和地区、不同民族和宗教、形形色色的部门和行业的个人将在很大程度上共同生活在一个奇妙的"虚拟世界"中。这种生活方式，促进了人们之间的交往、交流，增进了彼此的认知、沟通和理解。

☪ 小知识：

　　"信息文化"作为信息社会特有的文化形态，主要是指人们借助于信息、信息资源、信息技术，从事信息活动所形成的文化形态，也是信息社会中人们的生活方式。事实上，信息文化并不是在信息社会才生发出来的，在人类较早期的各种社会形态中，信息文化始终处于潜文化或亚文化状态。信息技术的发展，不仅对人类的生产方式、社会结构和文化结构产生了决定性的影响，也促进了信息文化的生成与演化。例如，信息传播技术冲击了社会道德规范、价值观念、社会关系、社会习俗等，改变着人类利用信息的行为方式，在一定程度上决定了文化的样式。所以，在认识信息社会时，只有从信息文化的角度才能全面把握信息社会发展的状况和趋势。

1.2　信 息 环 境

　　信息环境是指与信息活动有关的各种要素的总和。随着社会信息化程度的不断提高，人们面临的信息环境已经发生了前所未有的变化：信息总量激增，信息内容日益复杂，信息技术日新月异，信息问题日渐突出。人们在享受信息化带来的便利的同时，也明显地感受到信息社会的强大压力，并开始对自身的信息接受和处理能力产生了担忧。现在的信息环境甚至可以用"恶化"来形容，主要表现在：信息超载严重，信息失衡明显，信息污染严重，信息障碍加剧，信息犯罪增多，全球信息冲突更加激烈，争夺信息控制权甚至达到白热化状态等。

1. 信息超载严重

　　信息超载又称信息泛滥或信息爆炸。它是指在信息时代，伴随着科学技术的迅速发展，出现的数据爆炸、信息平庸化以及噪音化趋势，人们无法根据需要选择并消化信息。人们搜寻、获取和利用信息的能力虽有一定提高，但还远远跟不上信息时代的步伐。人们经常处在信息的压力下，可能会导致信息焦虑、信息消化不良、信息紧张、信息孤独等各种信息病的出现。

2. 信息失衡明显

　　信息失衡是指由于经济水平、科技水平和教育水平等多种相关因素的影响，不同国家、不同地区以及不同阶层的人群在信息占有水平以及利用程度上存在极大差距。当今世界，由于信息资源分布不均，已经出现了信息富国和信息穷国、信息富人与信息穷人的两极分化，而且这种分化还在进一步加大。

3. 信息污染严重

信息污染是指社会信息流中充斥或伴随着许多影响人们工作、学习、生活的不良信息。信息污染危害人类信息环境，影响人们有效吸收信息。信息污染主要包括陈旧信息、重复信息、干扰信息、虚假信息、错误信息、有害信息等。

(1) 陈旧信息又称为过时信息，是由于信息未能及时更新，产生老化现象，造成信息内容陈旧、无用的现象。陈旧、过时的信息比比皆是，这增加了人们筛选有效信息的负担。

(2) 重复信息是指同一内容的信息以相同的形式或不同的形式(如改变名称或作者等方式)反复出现于各种媒体(包括传统印刷型媒体与现代化的电子媒体)之中，造成大量的信息重复现象。而人们接收过多的重复信息，会导致对有用信息不敏感，造成有用信息的淹没，影响信息的吸收和利用。

(3) 干扰信息又称为噪声信息，是指信息资源及信息流中存在的干扰信息接收者做出正确判断，或影响系统正常运行的种种无意义信息、病毒信息等。干扰信息会降低信息用户的工作效率，使信息系统工作缓慢甚至瘫痪。

(4) 虚假信息实际上是无中生有、捏造和杜撰产生的信息。例如一些企业为了赢得竞争优势、克服不利因素而散布的关于企业产品计划、开发方向、财务状况和生产能力等方面的不准确信息，其目的在于诱导竞争对手做出错误判断，导致竞争对手情报分析乃至企业决策发生错误，从而赢得时间、机遇和市场。

(5) 错误信息是指与事实真相完全相反的信息，信息用户听信或采用后而导致决策错误、行为失败的信息。错误信息产生的原因主要有两个方面：一是信息在被收集、传递及处理过程中出现失误，如计算错误、分析方法错误等；二是出于某种目的(如为了获得某种资格或非法利益)，某些个人或组织故意制造的与事实相违背的信息，如某些不负责任的广告信息极易对信息用户产生误导。

(6) 有害信息多指各种淫秽色情信息、暴力信息、低级趣味信息以及各种反动信息(如反政府、反社会、种族歧视、恐怖主义、破坏民族团结、威胁国家安全、煽动种族冲突等信息)。有害信息将对信息用户乃至国家和民族的利益造成损害，属于一种特殊形式的信息污染。虽然可以采用过滤的办法将一些信息屏蔽掉，禁止某些站点的信息进入本国领域，但是并不能完全杜绝这些有害信息，其危害不容忽视。

4. 信息障碍加剧

信息障碍是指在信息交流过程中，一方面由于硬件、软件等各种原因，阻碍了信息的正常流通；另一方面由于信息用户各自的生活经历、文化背景等差异产生的信息交流障碍与信息利用障碍。现代社会信息交流中常见的信息障碍主要包括自然语言障碍、交流体制障碍、文化传统障碍、认知心理障碍和信息能力障碍等。

5. 信息犯罪增多

信息犯罪是信息社会中一种新的犯罪类型，它一般是指运用信息技术故意实施的严重危害社会、危害公民合法权益并应负刑事责任的行为。信息犯罪是有意识的、破坏性的，甚至是反社会的活动，危害极其严重。信息犯罪具有智能性、隐匿性、跨国性等特点。

1.3　信　息　素　养

在信息技术飞快发展和信息社会来临的同时，信息素养(Information Literacy)开始受到人们越来越多的关注。信息素养又称信息素质，最早由美国信息产业协会主席保罗·泽考斯基(Paul Zurkowski)于 1974 年提出。他认为信息素养是"利用大量的信息工具及主要信息源使问题得到解答的技术和技能"。信息素养概念一经提出，便得到广泛传播和使用。1987年，信息学专家帕特里亚·布里维克(Patrieia Breivik)将信息素养概括为"了解提供信息的系统，并能鉴别信息价值、选择获取信息的最佳渠道、掌握获取和存储信息的基本技能"。1989 年美国图书馆协会(ALA)下设的"信息素养主席委员会"在其年度报告中对信息素养的含义进行了重新概括："要成为一个有信息素养的人，就必须能够确定何时需要信息并且能够有效地查寻、评价和使用所需要的信息。"从此，信息素养这一概念迅速跨越了图书情报界而扩展到社会各界，并引起了人们的广泛关注。1992 年，道伊尔(Doyle)在《信息素养全美论坛的终结报告》中将信息素养定义为："一个具有信息素养的人，他能够认识到精确和完整的信息是做出合理决策的基础，他能够确定对信息的需求，形成基于信息需求的问题，确定潜在的信息源，制定成功的检索方案，从计算机和其他信息源获取信息、评价信息、组织信息用于实际的应用，将新信息与原有的知识体系进行融合以及在批判性思考和问题解决的过程中使用信息。"2003 年 9 月，联合国信息素养专家会议发布了《布拉格宣言：走向信息素养社会》，会议宣布："信息素养是终身学习的一种基本人权。信息素养正在成为全社会的一个重要因素，是一项促进人类发展的全球性政策。信息素养是人们投身信息社会的一个先决条件。"2005 年 11 月，联合国教科文组织、国际图书馆协会联合会(IFLA)和美国全国信息素养论坛在埃及的亚历山大图书馆举办了"信息素养和终身学习高层研讨会"，发布了关于"信息社会在行动：信息素养与终身学习"的《亚历山大宣言》。《亚历山大宣言》指出："信息素养和终身学习是信息社会的灯塔，照亮了通向发展、繁荣和自由之路。信息素养是终身学习的核心。终身学习可以帮助所有人走向共同发展。"

信息素养的定义虽然不断发展，但是其内容都不约而同地表示出信息社会里人们对信息行为质量和效果的高度关注与追求。毫无疑问，信息素养是一种综合信息能力，即在信息社会中，人们所具备的信息觉悟、信息处理所需的实际技能和对信息进行筛选、鉴别、传播及合理使用的能力。从根本上说，具有信息素养的人是那些学会了如何学习的人，他们知道如何组织知识，如何去寻找信息，如何利用信息，所以他们知道怎样学习。他们是能够进行终身学习的人，因为他们总是在为新的需要寻找着新的信息。在信息时代我们每个人都必须具有一定程度的信息处理、吸收和创新的信息素养能力，这个能力和我们对文字的听、说、读、写能力一样，没有信息素养能力就意味着我们成了"信息文盲"。

一般说来，信息素养主要包括信息意识、信息能力、信息知识和信息道德四个方面的内容。

1. 信息意识

信息意识是指人们对各种信息的自觉的心理反应，是人们在信息活动中产生的认识、观念和需求的总和。信息意识的强弱决定了人们获取、判断和利用信息能力的自觉程度，其主要包括：

(1) 能认识到信息在信息时代的重要作用，确立尊重知识、终身学习、勇于创新的观念。

(2) 对信息有积极的内在需要。

(3) 捕捉、分析、判断和吸收信息的自觉程度。每个人除了自身有对信息的需求外，还应善于将社会对个人的要求自觉转化为个人内在的信息需求。

(4) 对信息的敏感性和洞察力。能迅速有效地发现并掌握有价值的信息，并善于从他人看来微不足道甚至毫无价值的信息中发现信息的隐含意义和价值，善于识别信息的真伪，善于将信息现象与实际工作、生活和学习迅速联系起来，善于从信息中找出解决问题的关键。

2. 信息能力

信息能力是指人们获取、加工及创造和交流信息的能力。信息能力是信息时代人类重要的生存能力，也是现代社会人类终身学习必备的基本能力。个人信息能力的大小在很大程度上决定了一个人的社会活动能力和工作能力。信息能力包括利用各种信息机构检索并获取信息的能力、将获得的信息构建于自身知识体系中的能力、对获取信息进行记录和管理的能力以及在涉及以上所有环节时，批判地审视、判断和选择评价信息的能力。

3. 信息知识

信息知识指一切与信息有关的知识和方法，主要包括信息理论知识和信息技术方面的内容，如对图书馆信息知识的了解程度，对检索技术、计算机技术及相关学科的掌握程度等。信息知识是信息素质的基础，不具备一定的信息知识，信息素养也就无从谈起。

4. 信息道德

信息道德是指在信息的采集、加工、存储、传播和利用等信息活动环节中，用来规范其间产生的各种社会关系(道德意识、道德规范和道德行为)的总和。它通过社会舆论、传统习俗等，使人们形成一定的信念、价值观和习惯，从而使人们自觉地通过自己的判断规范自己的信息行为。

1.4 文献信息检索

信息检索课是高等院校非信息管理类本专科生和研究生的公共技术基础课，是培养学生信息意识，掌握利用手工、计算机、网络等方式从图书馆、光盘、数据库和 Internet 等文献信息源获取学科知识和专业信息的一门科学方法课，是信息素养教育的重要组成部分。1984 年 2 月，教育部印发了《关于在高等学校开设文献检索与利用课的意见》的通知，通知明确指出文献检索与利用课不仅有助于当前教学质量的提高，而且是教育面向未来的一个组成部分，它对学生吸取新知识、改善知识结构、提高自学和研究能力、发挥创造才能都具有重要的意义。

1. 文献信息检索教育是大学生综合素质培养的重要内容

信息素养是当今综合素质中必不可少的一种重要素质。要想拥有这种素质，最有效的方式就是接受信息素养教育。1999年6月召开的第三次全国教育工作会议将信息素养列为实施素质教育的内容。实施素质教育，除了要向学生传授科学文化知识外，还要重视培养学生搜集和处理信息的能力、获取知识的能力、分析和解决问题的能力、语言文字表达的能力以及团结协作和社会活动的能力。2002年1月，教育部高等学校图书情报工作指导委员会主持召开了全国高校信息素质教育学术研讨会，首次将"文献检索课学术研讨会"改名为"信息素质教育学术研讨会"，由此确立了文献检索课在信息素质教育中的主体地位，明确了其在信息素质教育中所承担的重要任务。同年2月，国家教育部下发的教高[2002]3号文件明确要求：通过开展文献信息检索与利用课程以及其他多种手段，进行信息素质教育，培养学生的信息意识和获取、利用文献信息的能力。显然，以培养信息意识和信息能力为主要内容的文献信息检索教育已成为学生综合素质培养的重要组成部分。

2. 文献信息检索教育是大学生专业学习的法宝

随着网络的发展，大学生专业学习已经不再局限于教室、图书馆和资料室。只要在有网络的地方，大家都可以通过网络进行学习。网络上丰富的资源，尤其是数字图书馆和数字资源的繁荣对大学生素质提出了更高的要求。大学生除了必须会使用计算机外，还需要对必要的信息资源和数据库的使用方法有所了解。大学生需要知道，有哪些数字资源可供使用，其中与专业学习相关的数据库又有哪些，怎样访问和使用这些数据库，数据库的检索技巧和手段有哪些。大学生学位论文的写作阶段对数据资源的检索最为频繁，如果能在写作的初期收集足够的信息资料，对论文的结果将会产生很大的影响。学位论文写作前要查阅一定的资料，以保证自己的研究具有新颖性和学术价值，写作中还要掌握足够的资料支持自己的观点和研究，论文的终稿必须合乎规范和要求。这些知识和技巧都是文献检索课的基本要求。

3. 文献信息检索教育是大学生就业与发展的利器

近十多年来我国高校毕业生总人数每年都处于增长的态势。2000年全国高校毕业生总人数为107万人，而2022年高校毕业生总人数已达1076万人。大学毕业生数量越来越多，毕业生的求职压力越来越大。在求职择业中，拥有更多的就业信息无疑就拥有更多的就业机会。显然，信息素养好的同学可以通过更多的途径获得更多的有效职位信息，从而节约时间，避免无谓劳动。随着社会和科学技术的高速发展，知识老化的速度加快，人们时时需要"充电"，更新知识结构，扩大知识面，以应对目前工作岗位的新要求和未来工作岗位的新格局。在充满挑战和机遇的现代社会，要成为捕捉机遇的有准备者，需要准备的第一要素也是信息素养。

思 考 与 练 习

1. 什么是信息社会？试描述信息给我们的生活和学习带来的变化。
2. 什么是信息素养？信息素养的内容包括哪些方面？
3. 思考并写出自己的信息需求。

第2章 文献信息检索基础

文献是记录知识的载体，是信息、知识赖以存在的外壳。作为人类所特有的承载和传递文明的载体，文献记录着人类在漫长的历史长河中逐渐积累的经验和创造的知识，成为人类不断发展进步的智慧源泉。在当今的信息社会中，知识爆炸，文献剧增，对人们查找和利用文献形成了严峻的挑战。在浩如烟海的文献信息资源中检索所需要的特定文献，需要借助科学的检索方法和策略，需要熟悉和掌握文献信息检索的基本原理和知识。

2.1 文献信息概述

2.1.1 信息、知识、情报、文献

1. 信息

信息(information)一词来源于拉丁文"informatio"，原意是通知、报道或消息。作为一个科学概念，信息在19世纪末出现在通信领域，是指通信系统传输和处理的对象。随着科学技术的发展，社会信息量剧增，信息概念逐步运用到各个领域，人们从不同角度对其进行表述，由此产生了信息定义的多样化。信息奠基人香农认为"信息是用来消除不确定性的东西"，这一定义被人们看做经典性定义并加以引用。控制论创始人维纳(Norbert Wiener)认为"信息是人们在适应外部世界，并使这种适应反作用于外部世界的过程中，同外部世界进行互相交换的内容和名称"，这也被作为信息的经典性定义加以引用。经济管理学家认为"信息是提供决策的有效数据"。物理学家提出了"信息熵"的概念，用信息熵描述系统与环境交流信息的程度。电子学家、计算机科学家认为"信息是电子线路中传输的信号"。美国信息管理专家霍顿(F. W. Horton)认为"信息是为了满足用户决策的需要而经过加工处理的数据。"《中国大百科全书》(1993年版)对信息的解释是："信息是关于事物的运动状态和运动方式的反映，用来消除人们在认识上的某种不定性。"根据近年来人们对信息的研究成果，科学的信息概念可以概括为：信息是对客观世界中各种事物的运动状态和变化的反映，是客观事物之间相互联系和相互作用的表征，表现的是客观事物运动状态和变化的实质内容。利用文字、符号、声音、图形、图像等形式，通过各种渠道传播的信号、消息、情报或报道等内容，都可以称之为信息。

一般认为，信息具有如下特点：

(1) 普遍性和客观性。信息广泛存在于自然界、人类社会及思维领域中。只要有事物存在，有事物的运动，就会有信息存在。而且，信息是不以人的意志为转移的。

(2) 存储性、传递性与依附性。信息是可以被存储和传递的。信息在空间上的传递称

为通信，在时间上的传递称为存储。存储和传递是信息的两种基本状态，存储是静态的(相对)，而传递则是动态的。信息的存储与传递都离不开作为"载体"和"媒体"的物质，即信息必须依附在一定的载体上才能被传递和利用。

(3) 共享性。与物质与能量的传递不同，信息源在发出信息后其自身信息并不减少，而且同一信息可以同时被不同的人共同享用。

(4) 时效性。信息是有价值的，但是信息的价值又会随时间的推移而改变甚至消失。

(5) 价值相对性。相同的信息对不同的人会产生不同的效果和结局，这就是信息价值的相对性。

2. 知识

知识是与信息相联系又有区别的概念。信息反映了客观事物存在及变化的情况，是对客观事物存在及变化情况的反映、刻画、描述、标识和度量。知识是主体获得的系统化、组织化了的信息。知识反映了主体对客观事物存在及变化的内在规定性的认识，是主体获得的与事物存在及变化内在规定性有关的结构化、系统化的信息，是信息的高级表现形式。

3. 情报

情报是指被传递的知识或事实，是知识的激活，是通过一定的载体，越过空间和时间传递给特定用户，解决科研和生产中的具体问题所需要的特定知识和信息。情报既不等同于知识也不等同于信息，它是为实现主体某种特定目的，有意识地对有关的事实、数据、信息、知识等要素进行加工的产物。目的性、传递性和效用性是情报最基本的属性。

4. 文献

国际标准化组织《文献情报术语国际标准》(ISO/DIS 5217)对文献的定义是，"文献是在存储、检索、利用或传递信息的过程中，可作为一个单元处理的，在载体内、载体上或依附载体而存贮有信息或数据的载体"。中国国家标准《文献著录总则》(GB/T 3792.1—2009)对文献所作的定义是"记录有知识的一切载体"。我们可理解为，文献就是将知识、信息用文字、符号、图像、音频等记录在一定的固态载体上的结合体，可以说，文献是信息的有形载体，是将游离流动的信息固化在物质载体上而形成的。

文献由四个要素构成:

(1) 信息内容，即文献所记录的知识和信息，这是文献的灵魂。

(2) 符号系统，记录知识和信息的符号。文献中的知识和信息是借助于文字、图表、声音、图像等记录下来并为人们所感知的。

(3) 物质载体，用于记录知识和信息的物质载体，如竹简、纸张、胶卷、胶片等，它们是文献的外在形式。

(4) 记录方式，如铸刻、书写、印刷、复制、录音、录像等，它们是知识、信息与载体的联系方式。

知识和信息是文献的内容，符号系统是知识和信息的携带者，载体是符号赖以依附的"寄主"，而记录方式则代表知识和信息的符号进入载体的方法和过程，这四要素缺乏任何一项都不可能形成文献。

2.1.2　文献分类

文献信息的形式多种多样，人们为了便于学习和利用，将它进行了归类和划分。

1. 根据存储载体和记录形式划分

1) 手写型

手写型文献是以手工方式将知识信息记录在各种载体上的一种文献形式。如古代的甲骨文、竹简、帛书、手抄本和现在的各种手稿、档案等。

2) 印刷型

印刷型文献是以纸张为载体，以印刷技术为记录手段形成的文献形式。印刷型文献有着悠久的历史传统，至今仍在发挥着主导作用。它的主要优点是便于阅读和携带，易于长期保存；缺点是体积大、信息密度低。

3) 缩微型

缩微型文献是以感光材料为载体，利用光学技术将文字、图形、影像等信息符号按比例缩小了的文献形式，包括缩微胶卷、缩微平片和缩微卡片等。缩微型文献阅读时需要有较复杂的设备来支持，它们具有体积小、信息密度高、便于收藏和保存、价格便宜等优点。如微缩胶片在温度 21℃，湿度 50 % 的条件下，至少可以保存 500 年。因此，缩微型文献常用于保存一些珍贵资料。

4) 声像型

声像型文献是以磁性材料或感光材料为存储介质，以磁记录或光学技术为记录手段直接记录的声音、视频图像文献，故又可称为视听材料或直感材料。声像型文献具有直观、生动、易于理解的优点；其缺点是成本高、不易检索和更新。

5) 数字型

数字型文献是通过编码和程序设计将信息转换成机读语言，存储到计算机外存设备上而形成的文献。数字型文献具有存储密度高，存取速度快，数据易修改、删除、更新并能实现自动检索等特点。随着互联网的普及，信息实现了远程快速传递和检索，数字型文献达到了无时、无处不在的状态。

2. 根据内容性质和加工程度划分

1) 零次文献

零次文献是指未经出版发行的文献，主要包括手稿、个人通信和原始记录等。零次文献内容比较客观，但具有不成熟、零散、不公开交流等缺点。

2) 一次文献

一次文献又称为原始文献，是人们研究或创造性活动成果的直接记录，一般指公开出版的著作、期刊论文、科技报告、会议文献、学位论文、发明专利等。一次文献记载的信息零碎、分散、无序，但同时它们也具有新颖性、创造性和系统性等特征，参考和使用的价值较高。

3) 二次文献

二次文献是指通过科学的方法，将分散无序的一次文献经过筛选、分析、整理，按其内容特征和外部特征进行提炼、浓缩，编制而成的有系统的文献。二次文献主要包括目录、文摘、索引等。二次文献具有浓缩性、汇集性、有序性等特点，它们的形成是从分散、无序到集中、有序化的书目控制过程。

4) 三次文献

三次文献是通过二次文献提供的线索，对某一范围的一次文献进行分析、综合研究、归纳、整理等深加工所生成的文献，如述评、百科全书、专题报告、年鉴、手册、字典等。三次文献具有资料性和实用性等特点，是对一次文献进行浓缩、提炼和重新组织的结果。

零次文献是最原始的信息资源，虽未公开交流，但它们是生成一次文献信息的主要素材；一次文献是最主要的信息资源，是人们检索和利用的主要对象；二次文献是对一次文献信息的集中提炼和有序化，是检索一次文献信息的工具，故又称检索工具；三次文献是按知识门类或专题将一次文献信息重新组织、高度浓缩而成的，是人们查考数据信息和事实信息的主要信息源。一、二、三次文献的关系如图 2-1 所示。

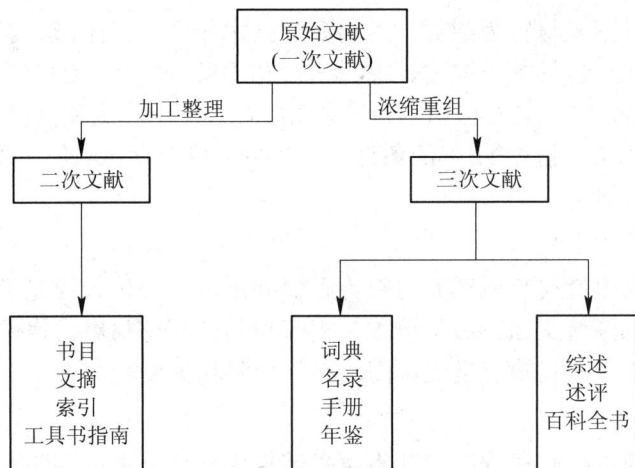

图 2-1　一、二、三次文献的关系

3. 根据出版形式划分

根据出版形式，文献通常划分为图书、连续出版物、特种文献三大类，如图 2-2 所示。

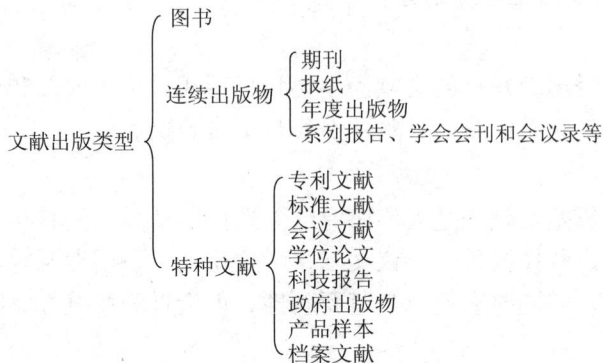

图 2-2　文献出版类型

1) 图书

图书是对已有研究成果、生产技术知识、实践经验的论述和概括。按其内容的性质和作用，图书可分为普及读物、教科书、丛书、专著、论文集、参考工具书等。图书的内容相对成熟、系统、全面，有目次表和索引，查阅方便，是传播知识的重要工具。但是由于图书出版周期较长，其中知识的新颖性不够。

2) 连续出版物

连续出版物一般是指定期或不定期连续出版的刊物，包括期刊、报纸、年度出版物(年鉴、指南等)以及成系列的报告、学会会刊和会议录等。连续出版物内容新颖，出版周期短、速度快，能及时反映最新知识、最新科研成果和最新时事。

期刊(也称杂志)通常有连续的数字编号和发行的顺序时间，是一种以印刷或其他形式逐次出版发行的出版物。期刊出版周期短，报道速度快，内容新颖、广泛，信息量大，发行面广。

报纸是一种以刊载新闻和评论为主的定期出版物。它比期刊时间性更强，出版周期更短，报道信息更快。报纸的学术内容较少，但其与人们的日常生活关系很密切，所以拥有大量读者。

3) 特种文献

特种文献通常指那些出版发行方式或获取途径比较特殊的文献。特种文献内容新颖广泛，涉及科学技术、生产生活的各个领域。其类型复杂多样，主要包括专利文献、标准文献、会议文献、学位论文、科技报告、政府出版物、产品资料和档案文献等。

专利文献蕴含着大量的技术、法律和经济信息，是记录有关发明创造信息的文献。专利文献通常包括专利说明书、专利公告、专利检索工具以及其他与专利有关的法律文件等，其中专利说明书是主体。与一般文献相比，专利文献具有及时性、新颖性、详尽性、系统性、实用性、可靠性等特征。

标准文献是对工农业产品和工程建设的质量、规格、检验方法及其技术要求等方面做出统一规定的规范性文献。标准文献须经权威机构批准，因而具有一定的法律约束力。标准对技术的规定详尽、完整、可靠，更新频繁，通过它们可以了解和研究世界各国产品和工程建设的特点和水平，也可以为研制新产品、整顿老产品、改进技术水平等方面提供参考借鉴。对产品和工程设计人员来说，标准是不可缺少的参考资料。

会议文献是在各种会议上宣读和交流的论文、报告和其他有关资料，其特点是传递情报比较及时，内容新颖，专业性和针对性强。会议文献质量较高，能及时反映科学技术中的新发现、新成果、新成就以及学科发展趋向。

学位论文是高等院校或研究机构的学生为取得学位，在导师指导下完成的科学研究、科学试验的书面报告。学位论文所探讨的问题比较专业和系统，具有一定的独创性、新颖性、科学性和较强的专业性，其质量要经过学位或学术委员会的考核。此外，学位论文一般不公开发行，需要通过专门的渠道才能获取原文。根据学位的不同，学位论文分为学士论文、硕士论文、博士论文三种。

科技报告是对科学、技术研究结果的报告或研究进展的记录。科技报告注重详细记录科研进展的全过程，是科技人员交流其研究活动及成果的重要手段，其种类有技术报告、札记、论文、备忘录、通报等。科技报告的特点是较快反映新技术、新学科，内容新颖详尽，专业程度较高，数据翔实可靠，保密性较强，大部分属于保密和控制发行的文献。目前全球每年约有 10 万种科技报告产生，其中以美国商务出版局的 PB 报告、美国军事国防部的 AD 报告、美国宇航部门的 NASA 报告、美国能源部的 DOE 报告最为著名。科技报告在一定程度上反映了一个国家或某一个学科的科研水平，是不可多得的信息源。

政府出版物是由政府部门及其设立的专门机构发布出版的文献信息资料，主要包括政府报告、政策法令、规章制度、会议纪要、调查统计资料等。政府出版物的主要特点是正式、权威，材料充实，数据可靠。它们是了解各国政治、经济、科学技术的方针政策及其发展状况的权威性信息来源。

产品资料是对定型产品的性能、构造和原理、用途、使用方法与操作规程、产品规格等所作的具体说明，是进行技术革新、设备改造、试制新产品的重要技术参考资料。产品资料一般图文并茂、形象直观、可靠性强。同时，产品资料出版发行迅速，更新及时。产品资料的产品和技术信息比较完整，但多不提供详细数据和理论依据。

档案文献是国家机构、社会组织以及个人从事政治、军事、经济、科学、技术、文化、宗教等活动形成的具有保存价值的各种文字、图表、声像等不同形式的历史记录，是完成了传达、执行、使用或记录现行使命而备留查考的文件材料。档案文献集记录性和原始性于一体，具有特殊的使用价值。档案的内容广泛、 形式多样、材料来源庞杂。按内容，档案可分为文书档案、人事档案、会计档案、科研档案、产品档案、工程档案等；从文献形式上看，档案包括了信函、日记、账簿、报告、照片、地图、图样、协议书、备忘录、会议记录、契约、布告、通知、履历表等。

4. 根据获得的难易程度划分

1）白色文献

白色文献指一切正式出版并在社会上公开流通的文献，包括图书、报纸、期刊等。白色文献通过出版社、书店、邮局等正规渠道公开发行，向社会所有成员公开。

2）灰色文献

灰色文献指非公开发行的内部文献和限制流通的文献，包括社会公开传播的内部刊物、内部技术报告、内部教材和会议资料等。灰色文献出版量小，发行渠道复杂，流通范围有一定限制，不易收集。

3）黑色文献

黑色文献包括两方面的文献，一是未破译和未辨识其中信息的文献，如考古发现的未经分析厘定的古老文献；二是处于保密状态和不愿公布其内容的文献，如未解密的政府文件、内部档案、个人日记、私人信件等。黑色文献除作者及特定人员外，一般社会成员极难获得和利用。

2.1.3 文献信息服务系统

文献信息服务机构是文献信息资源的最大集散地，它们负责搜集、整理、存储、传递各种文献信息。在互联网日益普及的今天，国内外文献信息服务机构通过网络提供各类数据库信息服务(书目数据库、光盘数据库、特色数据库、文献传递等)和网上虚拟馆藏信息(如学科导航、各种电子书刊、可共享的异地信息资源等)服务，促进了信息资源的社会共享。

我国的文献信息服务机构主要有图书馆系统、科技信息服务系统、专利文献服务系统、标准文献服务系统和档案馆系统。它们之间有着密切的联系，又有各自不同的服务重点与服务对象。

1. 图书馆系统

图书馆是对文献进行搜集、整理、保管并提供服务的科学、教育、文化机构，其主要任务是整理和传递科学信息，进行社会教育，搜集和保存人类文化遗产。图书馆入藏的文献以各种载体的图书和期刊为主，主要服务方式有文献外借服务(如个人外借、预约借书、馆际互借等)、文献阅览服务、文献复制服务、信息咨询与检索服务、用户教育与辅导、信息研究服务、网上信息服务(如网上公共目录查询、网上预约、网上咨询、利用电子邮件提供信息服务、文献传递)等。

随着数字化信息的应用深入到各个领域，数字图书馆已成为图书馆的发展趋势。它不但包含了传统图书馆的功能，向社会公众提供相应的服务，还融合了其他信息机构(如博物馆、档案馆等)的一些功能，提供综合的公共信息访问服务。数字图书馆正在成为社会的公共信息中心和枢纽。

2. 科技信息服务系统

科技信息服务系统主要负责搜集、整理、研究和传递各种专业性学术信息，收藏各种类型的专业性文献，如专业性图书、期刊、会议文献、科技报告、专利文献、标准文献等，为广大信息用户提供专业性信息资源。其服务方式主要有文献阅览服务、文献信息检索服务、文献复制服务、文献代译服务、科技信息研究以及科技信息传递报道服务等。其服务内容十分丰富，如为各级领导提供调研及决策信息，为专利申请或科技成果申报进行查新服务，进行科技成果转让及推广服务，编译专题资料等。

我国有一个庞大的科技信息服务系统，它们分别隶属于不同的部门。其中最高级别的是隶属国家科技部的中国科技信息研究所，其次是隶属于各省、市的科技信息研究所，以及隶属国务院各部委的专业性科技信息研究所，如机械工业信息研究所、中国国防科技信息所、航天部航天信息中心等。

3. 专利文献服务系统

专利文献系统是国家科技信息体系的重要组成部分。专利文献中心是从事专利文献的收集、存储、加工、检索和服务的专门机构。另外，专利文献中心也开展专利信息研究工作，编辑、出版有关专利文献的专题目录、索引、文摘等。

我国专利文献服务工作主要由中国专利文献服务中心(国家知识产权局专利局文献馆)以及各地的专利代理机构(通常挂靠在各省科技信息研究所)负责。中国专利文献服务中心负责收集、管理专利文献，并向用户提供专利文献的检索和复制服务等。另外，它还收藏世界各国和国际组织的专利说明书及中国的专利说明书。各地的专利代理机构(专利事务所)主要承办专利咨询、专利申请、专利查新、专利文献检索、专利技术转让等工作。

4. 标准文献服务系统

该系统由中国标准化研究院国家标准馆和各省、市标准化研究院(所)下设的标准馆以及国内相关标准文献收藏机构组成。国家标准馆隶属中国标准化研究院，是我国唯一的国家级标准文献、图书、情报的馆藏、研究和服务机构，是国家标准化管理委员会的基础信息支撑机构。国家标准馆是国家标准文献中心，负责全面收集、整理、存储我国的国家标准、行业标准和企业标准，收藏国际标准，有选择性地收藏世界各国的标准文献，并提供标准文献的信息服务。

各省、市的科技情报所、各种专业图书馆和标准颁布单位一般均收藏有部分标准文献。

5. 档案馆系统

档案馆是档案史料的服务中心，负责档案资料的收集、整理、保管并提供社会利用。我国档案馆大致可分为国家档案馆、地方档案馆、专门性档案馆和基层单位档案室等。

国家档案馆主要负责收集、保管党和国家需要长久保存的档案和有关资料，并对其进行研究和利用。地方档案馆负责收集和保管各省、市、区档案资料。专门性档案馆负责保管各种专门性的档案，如城市建设档案、照片档案、电影资料、公安档案、军事档案等。档案室作为各机关、企业、事业单位的一个部门，负责管理本单位内部的全部档案资料。

档案馆面向全社会或本系统的用户提供服务，而档案室主要为本单位用户提供服务。由于档案通常是单份的，且具有一定的保密性，因此一般不外借，只按密级的限制提供馆内阅览、检索、复制等服务。

通常情况下，各种类型文献的主要收藏机构如表 2-1 所示。

表 2-1　各类文献收藏机构一览表

文献类型	收　藏　机　构
图　书	各级各类图书馆
期刊论文	各级各类图书馆
会议文献	专业图书馆、中国科技信息研究所、省级以上信息研究所
专利文献	国家专利局专利文献馆、省级以上信息研究所
标准文献	中国标准化研究院标准馆、省级以上信息研究所
科技报告	国图、省级以上信息研究所
学位论文	国图、中国科技信息研究所、学位授予单位
档案文献	各级各类档案馆、单位档案室

随着我国科学技术的快速发展，传统的文献信息收藏与服务体系已经难以满足社会需求，一批商业化的科技信息提供商应运而生，通过他们可以将大量商品化的科技文献信息数据库推向市场，使用户足不出户就可轻松获取所需科技信息。

2.2　文献信息检索

2.2.1　文献信息检索的概念

广义的文献信息检索，包括信息的组织和查找两个过程，即将信息按照一定的方式组织和存储起来，并根据用户的需要找出有关信息的全过程。信息组织是为了方便人们检索、获取信息而将庞杂、无序的信息进行系统化和有序化的过程。而信息检索则是根据需要，借助检索工具，从信息集合中找出所需信息的过程。

文献信息的组织过程包括信息的描述、标引、整序等过程。信息描述就是对文献信息的外部特征进行分析提取，然后对这些特征加以规范化记录。信息标引就是对信息内容进行分析，并充分而有效地予以揭示的过程。信息整序，就是把获得的信息的外部特征和内容特征按照一定的规则有顺序地组织起来。文献信息的查找过程包括：用户对所需信息内容进行特征描述；构成检索式或检索指令向信息检索系统发出提问；按照一定检索技术将检索式与检索系统信息源单元进行比较匹配；以一定标准将匹配度较高者作为检索结果输出。如图 2-3 所示。

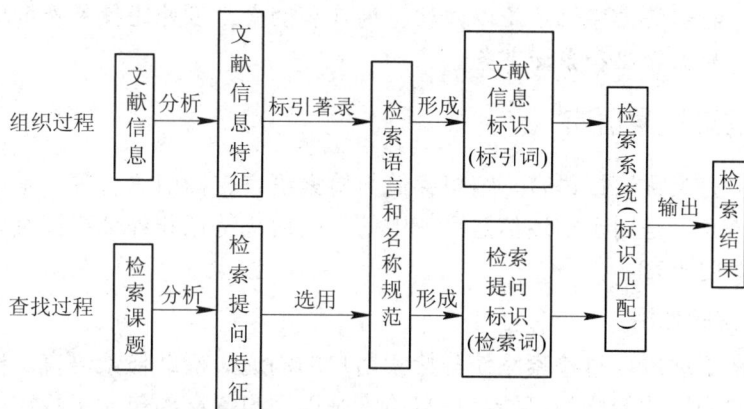

图 2-3　文献信息检索原理

由以上两个过程可以看出，文献信息的组织过程就是建立信息检索系统的过程，查找的过程就是从信息集合中找出所需信息的过程。文献信息的组织和存储方式在一定程度上决定了信息查找技术和策略的运用以及检索的结果。信息查找的方法和所采取的检索策略则直接影响了信息检索的结果。组织是检索的前提，只有经过组织的有序的信息集合才能提供检索利用，查找是组织的反过程。组织与查找是相辅相成、相互依存的辩证关系。

文献信息检索的实质就是将用户的信息需求和文献信息的存储标识进行比较和选择，从中找出与用户需求一致或基本一致的信息。因此，文献信息检索是以文献信息的存储与查找所依据规则基本一致为基础的，如果两个过程不能相符，信息检索就失去了基础，用户就查不到所需信息，存储也就失去了意义。为保证文献检索的顺利进行，必须使文献信息存储与查找所依据的规则一致，也就是说，标引人员和检索人员都必须遵循相同的规则。

☾ 小知识：

在公元前 3000 年至公元前 2500 年间，苏美尔文字系统逐渐加入越来越多的符号，成为能够完整表意的文字，今天它们被称为楔形文字。到了公元前 2500 年，国王已经能用楔形文字颁布法令，祭司用它来记录神谕，至于一般平民大众则是用来写信。差不多同一时间，埃及也发展出另一种能够完整表意的文字——古埃及象形文字。另外，中国在大约公元前 1200 年、中美洲各地在公元前 1000 年至公元前 500 年间，也都发展出了完整表意的文字。随着越来越多的事情通过文字记载，特别是行政档案数据变得无比庞杂，也就出现了新的问题。虽然记在人脑里的信息找起来非常方便，但如果是结绳语的绳子或是写着文字的泥板，又该怎么检索数据？如果只有 10 片甚至 100 片泥板，都还不是问题，若是已经累计了数千片泥板，又该怎么办？显然，光是把记录压印在泥板上，并没办法让数据处理有效率、准确和方便。我们还需要有组织工具(像是编目)、快速的复制工具(像是复印机)、快速准确的检索工具(像是计算机运算)，而且还得有够聪明的负责人员，能够了解这些工具的使用方法。事实证明，发明这些工具要比发明书写文字难上太多了。许多文明的文字系统，因为没有有效的组织检索系统，被历史遗忘。而苏美尔、古埃及、古中国和印加帝国的特殊之处，就在于这些文化都发展出了良好的技术，能够将文字记录予以归档、编目和检索，另外还投入资本培养人才来负责抄写、数据管理和会计事务。

2.2.2　文献信息检索语言

信息检索语言又称情报语言、情报存储与检索语言、标引语言等，是根据检索的需要而创制的人工语言，是用于描述信息系统中信息的内部特征和外部特征及表达信息用户需求提问的一种专门语言。

1. 检索语言的作用

检索语言在于促成信息检索系统与检索用户的沟通。借助检索语言，检索系统与检索用户所有的双向交流才能成为可能。信息检索是以用户提交的包含了特定的信息需求的检索式与信息检索系统中的信息集合进行相符性比较的过程，这里的相符性比较便是建立在检索语言的基础之上的。一方面，用户的检索需求千差万别，检索习惯与检索行为相距甚远，而检索语言可以在一定程度上规范用户的检索行为，使不同的检索用户遵循相同的检索规范。检索过程相当于对无关信息的筛选、过滤处理，它将被命中的、与用户检索需求相关的文献作为检索结果返回给用户，屏蔽掉无关的文献，这个过程没有检索语言的参与是无法进行的。另一方面，参与信息检索系统建设的人员众多，尤其是信息标引，不同的标引人员必须依据统一的规则进行原始信息的标引。有了统一的检索语言的支持，所建立的信息检索系统才具有可检索性，才能理解用户发出的检索指令，并将符合用户信息需求的那部分信息作为检索结果递交给用户。因此，信息检索语言的基本功能是在信息用户与信息检索系统之间架起一个相互理解的通道，并通过规范用户的检索行为来提高检索效率。具体说来，检索语言的作用体现在以下方面：对文献、信息的特征进行描述及规范化的标引；集中特定信息检索系统中的具有相关性的文献、信息；实现对海量文献与信息源的有序化处理；将检索用语与标引用语进行相符性比较。

2. 检索语言的类型

(1) 根据检索语词的规范化程度，检索语言可分为人工语言和自然语言。

人工语言。人工语言又称规范化语言，即把检索语言中各种同义词、多义词、同形异义词做规范化处理，使每个词表达一个概念。例如"飞机"这一概念在英语中可用 plane、airplane、aeroplane、aircraft 等表示，但在规范化语言中，规定以 aircraft 来表达"飞机"这一概念。使用 aircraft 一词进行检索，检索结果中将包括全部含有"飞机"概念的信息。人工语言采用特定词汇来指示宽度适当的概念，用户在检索时可省略该概念的全部同义词或近义词，避免了多次输入检索词的麻烦和出错的可能，能有效避免漏检、误检。分类语言、主题语言中的叙词和标题词都属于人工语言。

自然语言。自然语言是直接从原始信息中抽取的未经规范化处理，用以揭示信息主题概念的自由词。除一般的事物名称、科学术语外，自然语言还包括俗名、商品型号和缩写等。自由词具有较大的灵活性，专指性强，能及时反映最新的概念和规范词难以表达的特定概念。而且，自由词符合大家的检索习惯，信息组织和检索省时省力，因而深受大众欢迎。其不足是缺乏对词汇的控制能力，也无法指示概念之间的关系，存在大量同义词、多义词现象和含义模糊现象，容易造成误检和漏检。主题语言中的关键词和单元词属于自然语言。

(2) 按组配方式，检索语言可分为先组式语言和后组式语言。

先组式语言。先组式语言指在文献信息检索之前，表达文献信息内容的标识已经事先组配好了的信息检索语言。用户只能用固定好的检索词组形式去完成检索，它有较好的直接性和专指性，但灵活度差，如标题词语言。

后组式语言。后组式语言指表达文献主题概念的标识，在编制检索语言词表和标引文献时，不曾预先规定组配关系，而是在进行检索时，用户根据检索需要，按照组配规则临时组配起来的信息检索语言。

(3) 按描述文献的特征，检索语言可分为描述文献外部特征的检索语言和描述文献内容特征的检索语言。如图 2-4 所示。

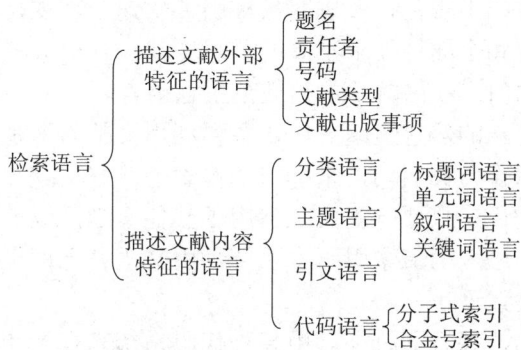

图 2-4　检索语言的类型

描述文献外部特征的检索语言。文献外部特征主要是指文献的题名、责任者(个人/团体)、出版者和号码(如报告号、专利号)等。描述文献外部特征的检索语言将文献的这些不同特征按一定的顺序排列，形成文献的不同检索途径，来满足用户的检索需要。

描述文献内容特征的检索语言。指描述文献论述的主题、观点、见解和结论等的检索语言，如常用的分类语言、主题语言、引文语言和代码语言都是描述文献内容特征的检索语言。

分类语言是按学科范畴划分事物而构成的一种检索语言体系。分类语言集中反映学科的系统性，反映事物之间的相关、从属、派生等关系，并从总体到局部分层、分面展开，最终形成分类体系。具体而言，它是以学科分类为基础，按照概念划分的原理，将知识概念从总体到个体，从一般到特殊、从全部到局部逐级划分，每划分一次就形成一批并列的概念。分类语言以分类法的形式来体现，其特点是用分类号来表达各种概念，把各种概念按学科分类进行系统组织和排列。分类法有利于系统掌握某一学科或专业范围的信息。

主题是指文献具体论述的对象和研究的问题。主题语言是以代表文献内容特征和科学概念的词语作为检索标识，并按字顺排列组织起来的一种检索语言。通常将指代特定概念与事物的语词称为主题词。按选词原则，主题语言又分为标题词语言、单元词语言、叙词语言和关键词语言四种。标题词语言是用经过规范化处理的名词术语表达文献所论及的事物或主题，并将全部标题词按字顺排列起来而形成的一种检索语言。标题词语言是使用最早的一种主题语言，它的检索标志是在编制主题词表时已组配好的，这种固定组配的主题语言通常被称为"先组式"主题语言。单元词又称元词，它是从信息中抽取出来的最基本的、在字面上不能再分的、具有独立概念的各名词术语。单元词检索语言是通过若干单元词的组配来表达复杂的主题概念，其组配是灵活进行的，不是预先规定好的，属于后组式检索语言。叙词语言是以叙词(即主题词)作为文献内容标识和检索依据的主题语言。所谓叙词(主题词)，是指从自然语言中优选出来并经过规范化处理的名词术语。叙词语言是采用表示单元概念的规范化语词的组配来对文献内容主题进行描述的检索语言，也是目前使用最广泛的主题语言。叙词语言是多种语言的综合应用，它的基本功能是概念组配，因此叙词语言属于后组式检索语言。关键词语言是将文献中原有的、能描述其主题概念的、具有检索意义的词汇抽出，并按字顺排列起来的检索语言。关键词语言没有经过处理，也不需要编制关键词表，除了冠词、副词、介词等自由词，几乎所有具有意义的信息单元都可以用作关键词。由于关键词不规范，所以容易标引、快速、客观，适用于目的性不强的浏览性查找，或是对准确性和全面性要求不高的信息查找。目前大多数搜索引擎使用的都是关键词语言，而学科信息门户使用的基本是规范主题语言。

引文索引法是一种特殊的信息组织方法，主要利用文献与文献之间的相互引证关系来组织信息，即以一些文献作为标引词，来标引和检索另一些文献。所谓引文语言，就是这种索引词的集合。也就是说，只要一篇文献引用了其他文献，或被其他文献引用了，它就有可能成为引文索引词，进入引文索引语言系统。引文语言无词表，标引词为文献中的主要著录项目，属后组式检索语言。

代码语言是指对事物的某方面特征，用某种代码系统来表示和排列，并提供检索的一种语言。例如，根据化合物的分子式这种代码语言，可以构成分子式索引系统。用户可从分子式出发，检索相应的化合物及与其相关的文献信息。

2.2.3　文献信息检索工具

文献检索工具是人们利用检索语言制作的用来报道、存储和查找各类信息的工具，包括传统的二次、三次印刷型检索工具，缩微阅读检索工具，基于计算机的光盘检索系统、联机检索系统，以及基于 Internet 的网络信息检索系统、网上工具书、搜索引擎、Archie、Wais 等各种信息检索工具和检索系统。按照检索手段的不同，检索工具可分为手工检索工具、机械检索工具和计算机检索系统。按照著录形式的不同，检索工具可分为目录型检索工具、题录型检索工具、索引型检索工具、文摘型检索工具、全文型检索工具等。按照载体形式的不同，检索工具可分为书本式检索工具、卡片式检索工具、缩微式检索工具和机读式检索工具等。

1. 手工检索工具

手工检索工具是传统的检索工具，主要是各种类型的工具书。工具书是人们根据一定的需要，广泛收集某一范围的有关资料，按特定体例或方式编排，提供基本知识和文献线索的一种特殊类型的图书。根据体例和功能，工具书可分为检索类工具书和参考工具书。

1) 检索类工具书

按著录内容，检索类工具书可分为目录、题录、文摘和索引。目录(Bibliography/Catalogue)通常是以文献的"本""种""件"等为单位，是对一批相关文献外表特征的揭示和报道，如《全国新书目》《全国总书目》《全国报刊简明目录》等。题录(Title)是报道和揭示单篇文献的外表特征，是在目录的基础上发展起来的一种检索工具。它与目录的主要不同点在于著录的对象不同，目录的著录对象是整部文献，而题录的著录对象是文献中的论文或部分内容，如《化学题录》《中文科技期刊题录数据库》等。文摘(Abstract)是系统著录、报道、积累和揭示文献信息外表特征和内容特征的检索工具。它是对文献中的论文或内容进行浓缩，概括地描述其主要论点、数据、结论等，并注明其出处，按一定的规则编排起来的一种检索工具。文摘又可分为指示性文摘、报道性文摘和评论性文摘三种。索引(Index)是将文献信息中的题名、人名、地名、字句及参考文献等分别摘录出来，并注明出处，按一定的规则编排起来的一种检索工具，如《经济科学论文索引》《社会科学引文索引》(Social Science Citation Index，SSCI)等。

2) 参考工具书

参考工具书主要有词语类工具书、资料类工具书、表谱类工具书、图录类工具书和边缘类工具书等。词语类工具书包括各类字典、词典，主要提供字词的形、音、义和使用方法，以及学科名词术语的含义、演变和发展。字典以字为单位，按一定次序排列，说明形体、读音、意义和用法；词典，也作辞典，以词语为单位，按一定次序排列，解释词汇的概念、含义和用法，如《辞海》《汉语成语大词典》《社会科学大词典》等。资料类工具书能够为读者提供各种基本知识或某一课题的具体资料，主要包括百科全书、年鉴、手册、名录、类书、政书等。表谱类工具书是以表格或其他较为整齐的形式，记录史实、时间、地理等资料，并附以简略的文字说明，以反映史实和时间。它主要包括年表、历表和专门性历史表谱三种类型。图录类工具书是以图形、图像、符号等为主体，附以简略的文字说明，以反映各种事物、人物的空间特征和形象特征的工具书。它包括地图、历史图录、文物图录、人物图录、艺术图录和科技图像等。边缘类工具书主要指那些介于工具书与非工具书之间，既具有一般图书的阅读功能，又具有工具书的查检功能的文献。它主要包括资料汇编、史书、方志等。资料汇编有针对性地摘编文献信息的片段或全文，按专题或学科分类编排，提供读者阅读或查检，包括法规资料汇编、条约资料汇编、统计资料汇编等。

2. 机械检索工具

机械检索工具是手工检索工具向计算机检索系统过渡的中间检索工具。它主要包括机电检索工具(如打孔机)和光电检索工具(如缩微机)两种类型。机械检索工具利用机械装置改进了信息资源的存储和检索方式，但是只能对某一固定存储形式的信息资源进行特定检索。机械检索工具过分依赖于设备，检索操作复杂，成本很高，并且检索质量和效率也不理想，所以很快被计算机检索系统所取代了。

3. 计算机检索系统

计算机检索系统是借助计算机技术、通信技术、光盘技术、网络技术等信息技术建立的存储和检索信息的检索工具。检索系统由硬件和软件组成，硬件主要包括计算机主服务器、检索终端、数据输出设备等。软件主要包括检索程序和数据库等。检索软件是检索系统的灵魂，负责管理数据库和处理检索提问，决定着系统的检索能力。数据库是检索系统的信息源和信息存储仓库，是检索作业的对象。存储时，将大量的各种信息以一定的格式加工处理后输入可供检索的数据库。检索时，将符合检索需求的提问式通过检索终端向检索系统发出请求，检索系统在选定的数据库中执行匹配运算，然后将符合要求的检索结果按一定的格式输出。计算机检索系统一般可分为光盘检索系统、联机检索系统和网络检索系统等。

1) 光盘检索系统

光盘检索系统是指利用计算机、光盘驱动器和光盘数据库及检索软件建立起来的信息检索系统。光盘最初是由荷兰菲利浦公司和日本索尼公司共同研制的密集只读光盘存储器，20 世纪 80 年代中期研制成光盘检索系统。除了单机光盘检索系统，还有一些采用由光盘服务器、计算机局域网、光盘库或光盘塔、检索软件等组成的光盘网络检索系统。根据光盘刻写次数，光盘可分为只读光盘(Compact Disc-Read Only Memory，D-ROM)、可写式光盘(Compact Disc-Recordable，CD-R)和可擦写磁光盘(Compact Disc-Rewritable，CD-RW)三大类。与手工检索相比，光盘检索的可检信息量大。一套《四库全书》印刷版有 3000 多册，而光盘版只需 10 多张盘片即可容纳。光盘检索功能强大，检索入口多，检索速度快，检索及输出灵活方便。与联机检索相比，光盘检索价格低廉，检索方法简单容易，规格统一，容易复制，便于保存。其缺点是时效性不够，检索范围受光盘数据库的限制，更新不够及时。

2) 联机检索系统

联机检索(Online Retrieval)是 20 世纪 60 年代发展起来的一种提供人机对话的检索技术，是指用户利用终端设备(包括检索终端、调制解调器和打印机)，通过国际(卫星)通信网络，与本地计算机检索系统或远程计算机检索系统的主机连接，从而检索世界各地存储在计算机数据库中的信息资料。联机检索系统是一个典型的由联机服务中心的主计算机、检索终端、通信网络、联机数据库、检索软件等组成的计算机检索系统，能完成数据收集、分析、加工处理、存储、传递通信和检索信息的全过程。我国国内用户采用该方法查找国外计算机检索系统中的信息被称为国际联机检索。其中著名的国际联机检索系统有 Dialog 系统、STN 系统、ORBIT 系统、ESA 系统等。

联机检索系统主要有回溯检索、定题检索、联机订购、电子邮件四种服务方式。回溯检索(Retrospective Search，RS)是用户对检索系统中积累多年的文献信息数据库进行检索，查找一定时间范围内或特定时间以前的文献信息的一种联机检索方式。通过 RS 进行专题检索或情报调研，可全面系统地了解有关文献信息的线索。定题检索(Selective Dissemination of Information，SDI)是指在回溯检索的基础上，定期从文献数据库中检索出回溯检索之后出现的新的文献信息的一种联机检索方式。具体地说，是由检索人员将用户的信息需求转换成一定的检索提问式，存入计算机中，检索系统定期从新的文献信息中为用户检索，并按用户指定的格式加以编排和打印的过程。利用 SDI 服务，用户可定期获得所需要的最新信息，及时掌握同类专题的动态和进展。联机检索的结果通常是一些文摘或题录形式的二次文献。联机检索系统可以为用户提供原始文献的联机订购服务，还可为用户提供 E-mail 和电子邮件的功能。用户输入 E-mail 地址码和通信内容，就可以在几秒钟内接收到本需耗时几天的信件投递。电子邮件功能可以满足用户与系统之间、用户与各机构之间、用户与用户之间发送、接收、存储各种信息的需要。

联机检索系统的优点是数据库容量大，检索速度快，检索途径多，内容新、实时性强，可共享性好，安全性强，具有完善的检索辅助功能(人机对话、检索结果输出方式灵活、输出格式多样并可以联机订购原文)。其缺点是检索系统及文档(数据库)的收录、标引等规则较为复杂，检索技术和技巧不易掌握，设备要求高，检索费用昂贵。

3) 网络检索系统

网络检索主要通过 Internet 检索和获取网上信息。网络检索系统一般由计算机服务器、用户终端、通信网络、网络数据库等组成，是通过 Internet 提供网络数据库、出版物、书目、动态信息等网上信息资源查询和利用的检索系统。网络检索系统是目前计算机网络运行的主流支撑环境，其特点是方法简单、灵活、方便、时效性强、费用低。与联机检索系统最根本的不同在于，网络信息检索是基于客户机/服务器(Client/Server)的网络支撑环境的。

早期的网络检索工具主要是基于传输和下载网上信息，包括远程登录(Telnet)、文件传输服务(FTP)、电子邮件(E-mail)、电子公告栏(BBS)、新闻组(USENET)等。FTP 获取信息资源的最大问题是查找需要的资料必须预先知道这些资料存放在哪个文件服务器中。随着 FTP 服务器的增多，这个问题变得越来越严重，于是人们开发出 Archie、WAIS、Gopher 系统，以解决寻找 FTP 资源的困难。Archie Server 又称为文档查询服务器，能够帮助用户在 Internet 的 FTP 服务器上寻找文件。用户只要给出所要查找文件的全名或部分名字，Archie Server 就会查找在哪些 FTP 服务器上存放着这样的文件，然后用户可以使用 FTP 软件下载该文件。WAIS(广域消息服务)是一种数据库索引查询服务。Archie 所处理的只是文件名，而 WAIS 则可以对文件内容进行查询。Gopher 是基于菜单驱动的 Internet 文本信息检索工具，提供的信息仍然有限。具有 WWW 检索功能的检索系统是随着网上巨量信息的出现而开发的，常用的如网络数据库检索系统、搜索引擎、多媒体信息检索系统等。

4) 数据库

数据库(Database，DB)是长期存储在计算机内，有组织的、可共享的数据集合。数据库中的数据按一定的数据模型组织、描述和存储，具有较小的冗余度、较高的数据独立性和易扩展性，并可在一定范围内为各种用户所共享。数据库是发展历史最久、影响最广的一种电子信息资源，它产生于 20 世纪 50 年代末 60 年代初，在 70 年代得到迅速发展，到 80 年代逐步走向成熟。进入 80 年代后期，世界上一些著名的联机数据库系统将过去以提供书目与索引等二次文献服务为主变为以全文数据库、数值数据库为主，提供的信息内容除了书目、索引外，几乎涉及了自然科学、社会科学和人文科学的各个领域。数据库是计算机检索系统的信息源和核心。

按照不同的标准，数据库的划分有不同的结果。按信息处理层次划分，数据库可分为书目数据库、文摘数据库和全文数据库。书目数据库存储文献信息加工后的书目数据，提供文献信息的查询。图书馆联机公共检索目录(Online Public Access Catalogue，OPAC)是实现图书馆书目信息资源共享的现代化检索系统。借助图书馆或情报中心的 OPAC，网络用户可以在任何时间、地点检索该机构的馆藏目录。文摘数据库存储原文浓缩后所得的文摘、索引等信息，主要提供各种文献信息的题名、责任者、原文出处、主题词及文摘，一般不提供全文。如中国科学引文数据库(Chinese Science Citation Database，CSCD)、引文索引数据库(Web of Science)等均属于文摘数据库。全文数据库(Full-text Database)是将文献全文以机读版的形式存储起来，并可与相应的软件配合提供文中检索和全文输出的数据库。按照收录的文献类型划分，数据库可分为期刊论文数据库、书目及图书全文数据库、专利数据库、学位论文数据库和产品数据库等。根据收录文献信息的范围划分，数据库可分为综合性数据库和专业性数据库。按媒体信息划分，数据库可分为文本数据库、数值数据库、声音数据库、图像数据库、视频数据库和多媒体数据库。按服务模式划分，数据库可分为单机数据库、联机数据库和网络数据库。

4. 信息检索的发展趋势

科技的迅猛发展推动信息检索不断向前发展。现阶段，软硬件环境有了很大的改善，检索技术也取得了全面突破，开始向智能化、可视化、个性化、集成化、移动化等方向迈进。

1) 信息检索的智能化

信息检索智能化是把人工智能与信息检索技术结合起来应用于信息存取领域的成果。智能化能够基于自然语言检索，计算机可自动分析用户提供的自然语言检索要求，形成检索策略进行搜索。它能够代替或辅助用户完成如选词、选库、构造检索式，甚至在数据库中进行推理查找功能。系统对知识库检索推理的结果，可以使用户得到能够直接加以利用的信息，这就意味着用户将彻底从烦琐的规则中解脱出来。提高信息检索的智能化是信息检索致力于实现的重要原则，主要体现在以下三个方面。

(1) 检索技术的智能化。为了实现信息检索的智能化，新型检索系统在实践中采用了大量的新型检索技术。例如，语义检索技术能自动抽取能够描述文献内容的概念，用文中的关键词或与之相应的主题词加以标引，用户在系统的辅助下选用合适的词语表达自己的信息需求。两者之间执行概念匹配，匹配在语义上相同、相近、相包含的词语。智能化检索技术的另一个例子是基于内容的多媒体检索，它突破了传统基于关键词检索的局限，直接对图像、视频、音频内容进行分析，抽取颜色、形状、纹理等视觉特征的语义，利用这些内容特征建立索引并进行检索。

(2) 检索结果处理的智能化。人们在进行信息检索时，期望获得高查全率、高查准率。新型检索系统提出了各种基于人工智能和机器学习的方法。例如，根据用户的访问量对结果进行排序，根据一定的条件对搜索结果进行优化、过滤，减少重复信息和垃圾信息，应用聚类技术对检索结果进行联机聚类等；跟踪用户的兴趣、爱好及检索需求，建立用户需求模型库，并对信息检索结果进行知识提取。将人类专家的经验知识转换为共享知识，从经验数据、实例、数据库及出版物中获取知识的各种学习方法。

(3) 检索服务的智能化。在检索服务方面，从预测用户的需求入手，判定用户是在寻找快速的回应，还是要精确的检索结果，并分析查询中隐含的"意义范围"，即词语在不同领域的含义。很多网络搜索引擎已开始这方面的尝试，在接受用户提问时，试图了解用户的意图，并相应地将结果进行分类编排。多智能代理系统还具有信息发现、信息筛选、信息推送和信息导航功能，可满足专业研究人员的特定需求，实现网络信息检索与服务的智能化。

2) 信息检索的可视化

可视化信息检索技术缩短了用户理解信息的时间，提供了感觉与思考之间的有效反馈机制，它代表着信息检索的未来。信息检索的可视化，是将数据库中不可见的语义关系以图像的形式可视化。一个可视化的环境能为用户展示更丰富、更直观的信息，使检索更容易、更有效。可视化信息检索包含两个方面：一个是检索过程的可视化，另一个是检索结果的可视化。检索过程的可视化是指用户在检索过程中，各检索对象之间的关系以可视化的形式展现在用户面前，用户顺着可视化检索画面一步一步地发现检索结果。检索结果的可视化是用户检索结果以图形的方式展现，直观、形象地反映检索结果和各种逻辑关系。

3) 信息检索的个性化

信息时代的一大特点就是个性化，不同的人有不同的检索习惯，对检索界面也有不同的要求。所谓个性化信息检索是指能够为具有不同信息需求的用户提供个性化检索的技术，即对不同用户提交的同一种检索词也能够按照用户需求而生成不同的结果。个性化信息检索的目标在于：用户在表达查询请求时，不需要认知和提交所有内容的信息需求。系统会根据用户模型将最有价值的信息自动推荐给用户，同时用户不必进行修改便可得到满意的查询结果，系统为用户提供的信息更有针对性，检索结果的文档排序与用户需求一致。这样，用户就不必浪费时间下载、阅读大量的不相关信息了。由于人们对词义的不同理解及感兴趣的领域不同，不同的用户对相同的检索结果往往会有不同的评价。因此，现代信息存取技术要发现和跟踪用户个性化的需求。

Web 数据库技术、数据推送技术、网页动态生成技术和智能代理技术支撑技术，使不同用户的"个性化"功能得到加强。一些搜索引擎提供个性化设置，用户可以根据自己的喜好设置自己的主页。通过"个性化"选项，用户可在一定程度上改变检索结果显示的格式。用户还可以预先选择自己的信息需求，对命中结果进行进一步限定，要求仅提供权威性的可靠结果，从而提高查准率。一些个人化的网络助手具有分辨和满足不同用户不同检索需要的功能。

4) 信息检索的集成化

信息检索的集成化本着无缝化、集成化、同一界面的检索思想，能实现对数字资源库群的分布式管理及跨平台、跨语种的网络化存取。集成化是对传统信息检索的重要突破，主要体现在以下方面。

(1) 一站式信息检索。一站式信息检索是信息检索服务的一种发展模式。它是将多种类型的信息整合到同一界面，在搜索时只需输入一次查询目标，就可满足用户的全部查询要求。一站式信息检索的优势主要体现在：它能够使用户通过一个检索工具满足自己所有的信息检索需求，大量节约用户的检索时间。例如，超星发现系统能够整合图书、期刊、报纸、学位论文、标准、专利等分布在不同地域的各类异构数据库，实现了图书馆电子资源的一站式检索和目录级管理。它可通过引文分析、分面筛选、可视化图谱等手段，帮助读者从整体上掌握学术发展趋势,发现高价值学术文献。

(2) 多语种跨语言检索。多语种跨语言检索是指用户用母语提交查询信息，检索工具在多种语言的数据库中进行信息检索，返回能够回答用户问题的所有语言的文档。如果再加上机器翻译，返回结果可以用母语显示。

(3) 分布式信息检索。分布式信息检索综合应用分布式的人工智能、神经网络、智能演算、并行推理、机器学习等技术，根据用户应用需要和存取方便程度来配置信息资源，评估各类资源与用户需求的相关性，选择最好的知识源和数据库集合，分别执行并行检索，最后利用聚类、综合分析与学习等智能处理方法，产生一致的、有效的检索结果。

5) 信息检索的移动化

随着信息技术的高速发展，信息的迅速膨胀，手机、平板等移动设备已经成为信息传递的主要设备。移动搜索是指以移动设备为终端，进行网络信息的搜索，从而高速、准确的实现信息需求。移动搜索不同于传统的搜索方式。移动搜索行为常发生在不同的环境和场所。面对不同的场景，用户的搜索需求也会不同，如何根据环境、场景的变化为用户提供个性化的搜索结果，就成了移动搜索发展的关键。语音搜索也是移动搜索的重要特征，它能够分析语音、语义，代替烦琐的键盘输入。很多网络数据库也推出了移动服务，用户可随时随地通过移动平台查阅所需的信息和文献。

2.2.4　文献信息检索过程

文献信息检索就是根据检索课题的要求，利用一定的检索工具，选择适当的检索途径和方法，实施查找有关资料的具体过程。

1. 分析检索课题

分析检索课题是信息检索成功与否的关键，其目的在于理清检索的基本思路，明确检索的目的、要求与检索范围，并从检索需求中发掘检索的已知条件。分析检索课题是正确选择检索工具、确定检索策略，进行检索效果评价的基础。通过对检索课题分析，应明确的内容包括：检索课题的学科与主题属性；课题所需文献的类型；课题所需文献生成的具体时间段；课题的检索已知条件。

2. 选择检索工具或检索系统

根据检索课题的要求，选择最能满足检索要求的检索工具书或检索系统。在选择工具或检索系统时，要考虑的主要问题有：在内容上和时间上，考虑检索工具或检索系统对课题的覆盖程度和一致性；在手段上和技术上，有机检条件一般不选择手检工具，机检无疑有较高的效率；在价格和可获取性上，选择价格低廉，容易获取的检索系统和数据库。一般说来，如果需要关于某一课题的系统、详尽的信息，如撰写博硕论文、申请研究课题、科技查新和专利鉴定等，要尽可能选用一些收录年份较长的综合型和专业型数据库，如中国知网系列数据库、重庆维普"中文科技期刊数据库"、EBSCO、Elsevier 等；如果需要关于某一课题的最新信息，可以选择一些更新及时的联机数据库、网络数据库和搜索引擎等；如果需要了解某一方面的信息以解决一些具体问题，可以选择一般的数据库和网络搜索引擎进行。另外，检索课题涉及专业性较强、学科单一，要求检中文献对口性强的，可选择专业型检索系统；若是涉及技术性的课题，应考虑是否使用专利信息检索系统等。

3．检索策略的制定

检索策略的制定包括确定检索途径与拟定检索式。检索途径的选择是以检索课题的分析为基础。常用的检索途径包括分类、主题、题名和作者。此外还有号码途径，主要包括一些以号码为特征的文献、信息，如专利文献、技术标准等。

一般说来，主题途径是最常用的检索途径。选择主题途径检索时，需要分析所涉及的主要概念，并找出能代表这些概念的若干个词或词组，进而分析各概念之间的上、下、左、右关系。如"数字图书馆的知识产权保护"可选"知识产权""数字图书馆"作为关键词。有些课题的实质性内容很难从课题的名称上反映出来，其隐含的概念和相关内容需从专业的角度做深入的分析，才能提炼出确切反映课题内容的检索概念。如"数字图书馆的知识产权保护"中的"知识产权"一词隐含着"著作权""版权"等概念。有些检索词概念已体现在所使用的数据库中，这些概念应予以排除。如 World Textiles 中"世界"一词应排除。另外有些比较泛指、检索意义不大的检索概念，如"发展""现状""趋势"等在检索时也应予以排除。通常情况下，检索词选取时应注意的五个问题：① 检索词应意义明确，具有专指性，涵盖主要主题概念。一般应优先选择规范化主题词作检索词，但为了检索的专指性也可选用关键词配合检索。② 尽可能考虑相关的同义词、近义词作为检索词，以保证检全率。如同一概念的几种表达方式，同一名词的单复数、动词、动名词、过去分词形式，上位概念词与下位概念词，化学物质的名称、元素符号，植物和动物名的英文、拉丁名等。③ 避免使用低频词或高频词。一般不选用动词、形容词和禁用词，少用或不用不能表达课题实质的高频词，如"分析""研究""应用""建立""方法""发展""趋势""现状""设计"等。必须用时，应与能表达主要检索特征的词一起组配，或增加一些限制条件。④ 选用国外惯用的技术术语。在查阅外文文献时，一些表示技术概念的英文词可先查阅有关外文文献，也可通过中文数据库(如数字化期刊数据库的英文题名)来确定。⑤ 尽量使用代码，以提高检全率。不少数据库有自己的特定代码，如《世界专利索引》(WPI)文档的国际专利分类号代码 IC、《世界工业产品市场与技术概况》文档中的产品代码 PC 和事项代码 EC、《化学文摘》(CA)中的化学物质登记号 RN 等。

在手工检索时，每次检索只能从一个检索点出发，而且只能选择其中的一个属性值，检索范围比较窄。而机检系统适应多点、多属性值检索，对课题所涉及的方方面面，对包含的多个概念或多种限定都可以做出相应的处理。因此，计算机检索需要制订一个可执行的方案，这就是检索式的构造，它是检索策略的具体表现。检索式的拟定应根据检索课题的需要进行。如检索课题涉及两个或两个以上的检索条件，应考虑使用逻辑组配；检索需求需要由多个检索词进行表达，而检索词出现的位置相距的远近会影响检准率的情况下，可以考虑使用位置算符；检索课题对文献的类型与生成时间有具体要求，应考虑使用限制检索。

4．实施检索操作

确定了具体的检索式后，就要利用检索工具，在一定范围内具体查找。手工检索时可以一边检索一边分析取舍，获得符合要求的文献。计算机检索时，在输出最终结果之前，检索可能要经过多次反复的过程。用户需要对每次检索结果作出判断，并对检索策略(检索式)作出相应的修改和调整，直到得到比较满意的结果。

通常情况下，衡量检索效果好坏主要依靠"检全率"和"检准率"两个指标。检全率是对所需信息被检出程度的量化，用来表示信息系统能满足用户需求的完备程度，可以用检索文献中合乎需要的文献数量占检索系统中存在的合乎需要的文献总量的比率来表示；检准率是衡量信息系统拒绝非相关信息的能力的量度，可以用检出文献中合乎需要的文献数量占被检出文献总量的比率来表示；检全率的误差是漏检率；检准率的误差是误检率。

检全率 ＝ 检索出的相关文献数量/系统中的相关文献总量 × 100%

检准率 ＝ 检索出的相关文献数量/检索出的文献总量 × 100%

检全率和检准率既可以用来评价检索系统质量，又可以用来衡量具体课题的检索效果。一般来说，检全率和检准率之间存在互逆关系，即当某一系统的检全率与检准率处于最佳比例关系时，如果继续提高检全率，会导致检准率降低；如果继续提高检准率，就会造成检全率降低。而且，由于检索系统中与检索课题相关的文献信息数量和检出文献的"相关性"判断不可能十分准确，因此，检全率和检准率在很大程度上是一种有意义的理论性指标。在实际的检索工作中，检全率和检准率是不可能达到100%的。

对于信息检索系统来说，系统内信息存储不全面，收录遗漏严重；词表结构不完善，索引词汇缺乏控制；标引不详尽或者标引的专指度缺乏深度，不能精确描述信息主题；组配规则不严密，容易产生歧义等，都是影响检全率和检准率的因素。对于信息用户来说，检索课题要求不明确；检索系统选择不恰当；检索途径和检索方法单一；检索词使用不当或者检索词缺乏专指性；组配关系错误等也都影响检索效果。

从理论上讲，理想的检索效果应当是全面而又精确的检索。要提高检索效果，可以从以下两方面采取措施和方法。

(1) 提高检索系统的质量。提高检索系统的质量包括不仅要扩大数据库中信息资源的收录范围，而且数据库的著录内容要详尽、准确，辅助索引完备，具有良好的索引语言专指性和较高的标引质量等。

(2) 提高用户利用检索系统的能力。用户要具备一定的检索语言知识；检索课题要符合数据库的收录内容；能够选取正确的检索词和合理使用运算符完整表达信息需求的主题；灵活运用各种检索技术、检索方法和检索途径；能够结合使用综合性检索系统和专业性检索系统，实施跨库检索；制定优化的检索策略，准确地表达检索要求，尝试多次检索并随着背景知识的增加，不断调整检索策略。比如，检索到的文献数量太多，就要考虑适当紧缩检索式，如通过增加限定性检索词或选用较专指的检索词等方法，来减少检出文献数量；反之，检出文献量太少，则考虑采取相反的措施；认真遵循检索操作步骤，预防操作失误，最大限度地发挥检索系统的作用；根据不同检索课题的需要，合理兼顾和调整检全率和检准率的要求。

5. 获取原始文献

文献检索的最终目的是获取相关的原始文献。传统的原文获取方式是根据检索结果中提供的文献来源(通常利用馆藏目录或联合目录查找文献收藏单位)，到图书馆借阅复印。现在，随着网络技术的发展和全文数据库的兴起，获取原文的方式也越来越多。主要有以下几种途径：

(1) 通过全文数据库直接获取。

(2) 通过网络信息检索获取。

(3) 通过馆际互借获取。

(4) 通过文献传递系统获取。

(5) 通过文献著者获取。

(6) 通过联机检索系统订购原文。

2.2.5　文献信息检索方法与技术

1. 文献信息检索方法

文献信息检索方法即查找文献信息的方法，它与检索课题的性质和要求有关。掌握文献信息检索方法，目的在于寻求一种省时、准确、有效的捷径。在实践中，人们总结出了以下几种常用的检索方法。

1) 常用法

常用法又称工具法，就是直接利用书目、索引、文摘等检索工具查找文献信息的一种方法。使用常用法，首先需要明确检索课题的学科内容和检索范围，熟悉各类型检索工具的收录范围与使用方法，从中选择合适的检索工具。常用法的具体操作，又可分为顺查、倒查和抽查三种方式。

(1) 顺查法。顺查法是一种依照时间顺序，按照检索课题涉及的起始年代，由远及近地查找信息的方法。顺查法的优点是所查得的文献较为系统全面，基本上可反映某学科专业或某课题发展的全貌，检全率较高，特别适合于检索范围较大、时间较长的复杂课题或专题文献的普查工作；缺点是涉及文献年代久远、检索工作量大、费时费力、效率不高。顺查法适合于检索理论性或学术性的课题。

(2) 倒查法。倒查法是一种依照时间顺序由近及远地进行查找，直到满足信息检索的需要为止。此法多用于检索新课题或有新内容的老课题，或对研究已有一定基础的某课题，需要了解其最新研究动态的检索课题。其优点在于可以最快地获得新信息，而新信息中往往又包含着原有研究成果的精华，从而可了解检索课题的发展状况和最新观点。在检索中，还可以根据所获资料的完备程度随时中止检索。该方法灵活高效、节约时间，可以保证文献信息的新颖性，但检索不够全面系统，有可能遗漏重要的文献。

(3) 抽查法。抽查法是针对检索课题的特点，选择与该课题有关的文献信息最可能出现或最多出现的时间段，进行重点检索的方法。它是一种花费较少时间获得较多文献的检索方法。但此法必须以熟悉学科发展为前提，否则很难达到预想效果。

2) 引文法

引文法是利用文献之间的引用关系查找相关文献的方法，包括追溯法和引文索引法两种。

(1) 追溯法。追溯法是利用现有文献后附的参考文献或引用文献作为线索，由近及远地逐一追溯查找相关文献的方法。追溯法往往在缺乏检索工具，同时又拥有丰富的原始文献的情况下使用。在实际的操作中，可以从已掌握的一种文献入手，按照文后参考文献中提供的题名、作者、出版情况或刊名、年、期等信息，查找到所需的文献的原文，再根据这些文献的原文，继续查找它们所引用的文献，如此反复，即可获得大量的有关文献信息。

这种方法的缺点是，作者引用的参考文献往往有限，且多与作者观点相同；同时，追溯的年代越远，所获取的文献越陈旧，故检索结果系统性差，漏检、误检率都高。在缺乏检索工具或系统时，追溯法便成为常用的检索方法。即便是在拥有检索工具或检索系统时，也可用此种方法进行必要的补充检索。

(2) 引文索引法。引文索引法是从被引论文开始查找引用它的全部论文的一种检索方法。这种方法通过先期文献被后来文献的引用情况，来说明文献之间的相关性及先前文献对当前文献的影响力。如美国的《科学引文索引》(SCI)，就是从被引用的文献入手，查到引用它的文献，再把所查出的文献作为被引用文献，查找出引用它们的文献，如此反复操作，即可获得大量的有关文献信息。

追溯法是向前回溯检索的过程，所查文献会越来越老；而引文索引法则是向后追踪检索的过程，查找获得的文献越来越新。

3) 循环法

循环法又称综合法、交替法或分段法，是交替使用常用法和追溯法来查找文献的一种检索方法。在查找文献信息时，一般先用常用法，即利用检索工具查出一批文献资料，然后选择出与检索课题针对性较强的文献，再利用这些文献所附的参考文献追溯查找。如此交替、循环使用常用法和追溯法，不断扩检，直到满足检索要求为止。

这种方法的好处是综合了常用法和追溯法的优点，能够弥补检索工具不完善或收藏不全的缺陷，最大限度地获得所需的文献信息。

4) 浏览法

浏览法比较适合查找新近发表的还未被各检索工具收录的文献，是通过浏览的方式查阅文献原文而获取所需文献信息的方法。一般说来，浏览法只能浏览获取本地馆藏文献，资料的全面性和系统性受到很大的限制，因而具有很大的局限性，不能作为查阅文献的主要方法。

以上四种检索方法各具特色。在实际检索中，可根据检索的要求和所具备的条件灵活选用，以便达到更好的检索效果。

2. 计算机文献信息检索技术

在计算机信息检索系统中，虽然各数据库提供给用户的检索功能各不相同，但通常都具有浏览、简单检索和高级检索等功能。浏览功能是由信息工作者将各种信息按一定的方式组织起来，按信息的主题、分类等方式编制成树状结构体系，供用户层层点击，进入不同分支查看检索结果列表。简单检索和高级检索是利用检索词(或检索式)进行检索，返回与之相符的检索结果。利用检索词(或检索式)检索时通常会用到布尔逻辑检索、截词检索、位置检索和限制检索等检索技术。

1) 布尔逻辑检索

在计算机信息检索中，单独的检索词一般不能满足课题的检索要求。19 世纪由英国数学家乔治·布尔提出来的布尔逻辑运算符的运用，在一定程度上满足了用户的检索需求。布尔逻辑检索是运用布尔逻辑运算符对检索词进行逻辑组配，以表达两个检索词之间的逻辑关系。常用的组配符有 AND(与)、OR(或)、NOT(非)三种。布尔逻辑检索是最常用的计算机检索技术，一些检索系统中 AND、OR、NOT 算符可分别用 *、+、一代替。

(1) 逻辑"与"(AND，*)。逻辑"与"是具有概念交叉和限定关系的一种组配，用来组配不同的检索概念，其含义是检出的记录必须同时含有所有的检索词。如 A AND B(或 A * B)，表示命中记录中必须同时含有检索项 A 和 B。逻辑"与"可缩小检索主题范围，有助于提高检准率。用逻辑"与"组构的检索词越多，检索范围越小，专指性越强。在运用时，应把出现频率低的检索词放在"与"的左边，节省计算机处理时间，有利于中断检索。

(2) 逻辑"或"(OR，+)。逻辑"或"是具有概念并列关系的一种组配，其含义是检出的结果只需满足检索项中的任何一个即可。在实际检索中，一般用逻辑"或"来组配同义词、近义词、相关词等，以扩大检索范围，避免漏检，提高检全率。如 A OR B(或 A+B)表示记录中凡单独含有检索项 A 或检索项 B，或者同时含有 A 和 B 的均为命中记录。逻辑"或"组构检索式时，可将出现频率高的词放在"或"的左边，以利于提高检索速度，使选中的答案尽早出现。

(3) 逻辑"非"(NO，一)。逻辑"非"是具有概念删除关系的一种组配，可从原检索范围中剔除一部分不需要的内容，即检出的记录中只能含有 NOT 算符前的检索词，不能同时含有其后的检索词。如 A NOT B(或 A 一 B)表示含有检索项 A 而不含检索项 B 的记录为命中记录。逻辑"非"缩小了检索范围，提高了检索的专指度。逻辑"非"的缺点，即取消部分往往会把切题的文献也丢弃，故运用时一定要慎重。

需要指出的是，不同的检索系统，布尔逻辑运算的次序可能不同，检索结果也会大不一样。一般检索系统的"帮助"会有说明。

2) 截词检索

在数据库检索时，常常会遇到词语单复数或英美拼写方式不同，词根相同、含义相近而词尾形式不同等情况。为了减少检索词的输入，提高检索效率，通常使用"?""*"等截词符加在检索词的前后或中间，以扩大检索范围，提高检全率。截词的方式有多种。按截断的字符数量来分，可分为有限截断和无限截断。有限截断是指说明具体截去字符的数量，通常用"?"表示；而无限截断是指不说明具体截去字符的数量，通常用"*"表示。按截断的位置来分，可分为后截断、中截断和前截断。

(1) 后截断。后截断是最常用的截词检索技术，又称前方一致的检索，是将截词符号放置在一个字符串右方，以表示其右边的有限或无限个字符将不影响该字符串的检索。后截断可以省略输入各种词尾有变化的检索词的麻烦，有助于提高检全率。例如，输入"inform *"，则前 6 个字符为 inform 的所有词均满足条件，因而能检索出含有 informant、informal、information、informative、informed、informer 等词的文献。而输入"inform??"，可检索出含有 inform、informal、informed、informer 的文献。

(2) 前截断。前截断是一种后方一致的检索，是将截词符号放置在一个字符串左方，以表示其左方的有限或无限个字符不影响该字符串检索。前截断在各种词头有变化的复合词的检索中应用比较多，如输入"*magnetic"，可以检索出含 magnetic、electro-magnetic 等词的文献。

(3) 中截断。中截断是把截断符号放置在一个检索词的中间。一般地，中截断只允许有限截断。中截断主要解决一些英文单词拼写不同，单复数形式不同的词的输入。例如，输入"m?n"，可以检索出含有词 man、men 的文献；输入"mod?????ation"可以检索出含有词 moderation、modernization、modification 的文献。

利用截词检索技术可以减少检索词的输入量，简化检索，扩大检索范围，提高检全率。但是，不同的检索工具有不同的截词规则，使用的截词符号也没有统一的标准。

3) 位置检索

位置检索，也称临近检索，主要是通过位置运算符来规定和限制检索词之间的相对位置或者检索词在记录中的特定位置来实施检索的技术。

(1) W(With)算符。A(W)B 表示 A、B 两词必须紧挨(之间不允许有其他词)且位置关系(词序)不可颠倒。如 x(W)ray 表示包含 x ray 和 x-ray 的文献记录均被命中，IBM(W)PC 表示包含 IBM PC 和 IBM-PC 的文献记录均被命中。

A(nW)B 表示 A、B 之间最多可插入 n 个单词且位置关系(词序)不可颠倒。其中 n 为整数，但 n 不能太多，否则运算符将失去意义。如 computer(1W)retrieval 表示检索含有"computer information retrieval""computer document retrieval"等词的记录。

(2) N(Near)算符。A(N)B 表示 A、B 两词必须紧密相邻，词间不允许插入任何词，但词序可以颠倒。

A(nN)B 表示 A、B 两词间可插入 n 个单词(行为整数)，而且词序可变。在计算机信息检索系统中存在一些如 of、this、and、for、on、to、are、from、that、with、as、in、the、would 等不允许出现在检索式中的词为系统禁用词，可用 Near 运算符来表示。如 A(1N)B 包含 A in B 和 B of A 等情况，而 cotton(2N)processing 则表示包含 cotton processing、processing of cotton、processing of Chinese cotton 等的文献记录都会被命中。

(3) F(Field)算符。A(F)B 表示 A、B 检索词必须同时出现在同一记录的同一字段中，两词的词序、中间可插入单词的数量不限，但使用此算符时必须指定所要查找的字段(如 AB、TI、DE、AU 等)。如 pollution(F)control/AB 表示检索出文摘字段中同时含有 pollution 和 control 两词的文献记录。

(4) L(Link)算符。A(L)B 表示 A、B 检索词之间存在从属关系或限制关系，如果 A 为一级主题词，则 B 为二级主题词。

(5) SAME 算符。A(SAME)B 表示 A、B 检索词同时出现在同一个段落(paragraph)中。

4) 限制检索

限制检索是通过限制检索范围，从而达到约束和优化检索结果的一种方法。限制检索的方式有多种，常用的有字段限制检索和限制符限制检索。

(1) 字段检索。数据库记录是由若干个字段组成的，字段检索是把检索词限定在数据库记录的特定字段中的检索方法，如果记录的相应字段中含有输入的检索词则为命中记录。字段限制检索可以缩小检索范围，提高检准率。数据库中提供的可供检索的字段通常分为基本索引字段和辅助索引字段两大类。基本索引字段表示文献的内容特征，有 TI(篇名、题目)、AB(摘要)、DE(叙词)、ID(自由标引词)等；辅助索引字段表示文献的外部特征，有 AU(作者)、CS(作者单位)、JN(刊物名称)、PY(出版年份)、LA(语言)等。在检索提问式中，可以利用后缀符"/"对基本索引字段进行限制，利用前缀符"="对辅助索引字段加以限制。例如，"(information retrieval/TI OR digital library/DE) AND PY＝2006"所表达的检索要求是，查找 2006 年出版的关于信息检索或数字图书馆方面的文献，并要求 information retrieval 一词在命中文献的 TI(篇名)字段中出现，digital library 一词在 DE(叙词)字段中出现。

(2) 限制符检索。是使用 AU(作者)、CS(作者单位)、JN(刊物名称)、PY(出版年份)、LA(语言)等限制符号从文献的外部特征方面限制检索范围和检索结果的一种方法。限制符的用法与后缀符相同，而它的作用则与前缀符相同。例如，"aircraft/TI，PAT"表示检索结果只包含 aircraft 这一主题的专利文献。限制符还可以与前、后缀符同时使用，这时字段代码与限制符之间的关系是逻辑"与"，即最终的检索结果应同时满足字段检索和限制符检索两方面的要求。

5) 加权检索

加权检索是某些检索系统中提供的一种定量检索技术。加权检索同布尔逻辑检索、截词检索等一样，也是信息检索的一个基本检索手段。但与它们不同的是，加权检索的侧重点不在于是否检索到某篇文献，而是对检索出的文献与需求的相关度作评判。加权检索的基本方法是：在每个检索词后面给定一个数值表示其重要程度，这个数值称为权。在检索时，先查找这些检索词在数据库记录中是否存在，然后计算存在的检索词的权值总和。权值之和达到或超过预先给定的阈值，该记录即为命中记录。

运用加权检索可以命中核心概念文献，因此它是一种缩小检索范围、提高检准率的有效方法。但并不是所有系统都能提供加权检索这种检索技术，而能提供加权检索的系统，对权的定义、加权方式、权值计算和检索结果的判定等方面，又有不同的技术规范。

6) 聚类检索

聚类检索是在对文献进行自动标引的基础上，构造文献的形式化表示——文献向量，然后通过一定的聚类方法，计算出文献与文献之间的相似度，并把相似度较高的文献集中在一起，形成许多文献类的检索技术。根据不同的聚类水平的要求，可以形成不同聚类层次的类目体系。在这样的类目体系中，主题相近、内容相关的文献便聚在一起，而相异的则被区分开来。文献自动聚类检索系统能够兼有主题检索系统和分类检索系统的优点，同时具备族性检索和特性检索的功能。

总之，计算机信息检索是利用计算机的逻辑运算功能来实现文献的有无、多少、异同的比较匹配，以达到检索目的。在实际使用中，应配合使用布尔逻辑检索、截词检索、词间位置检索、限定字段检索、限定范围检索等达到较高的检全率和检准率，保证检索质量。

思 考 与 练 习

1. 一、二、三次文献有何区别与联系？
2. 什么是特种文献？特种文献主要有哪些文献类型？
3. 简述我国主要的文献信息服务系统。
4. 简述信息检索的步骤。
5. 文献检索方法有哪些？各有什么优劣？
6. 常用的检索途径有哪些？
7. 获取原文的途径有哪些？

8. 信息检索评价指标有哪些?

9. 简述逻辑运算符、截词运算符的种类和数据库记录中的常见字段，说明限定字段检索的好处。

10. 自选课题，确定检索词以及各检索词之间的逻辑组配关系，并制定该课题的检索策略。

第3章　图书馆信息资源利用

　　图书馆是对文献进行搜集、整理、存储并提供服务的机构。自从产生以来，图书馆一直承担着保存人类文化遗产、进行社会教育、提供信息服务等职能。高校图书馆是学校的文献信息中心，是为教学和科学研究服务的学术性机构，是学校信息化和社会信息化的重要基地。高校图书馆既是大学生专业教育的"第二课堂"，也是提高大学生思想道德、人文和信息等综合素养的重要场所。如何高效地从图书馆获取所需文献信息是一项基本技能，也是评价大学生信息素质的一项重要指标。

3.1　图书馆概述

3.1.1　图书馆的产生和发展

　　图书馆的产生与文字的产生、书写材料的使用、文献史料的增加以及社会劳动的分工有着密切的联系。埃及、巴比伦、希腊、罗马等文明古国，很早就有了记录知识的载体。例如古埃及的莎草纸，古希腊的羊皮纸，犊皮纸等。英国考古学家 1850 年考古发现，公元前 7 世纪亚述国王阿树尔巴纳帕尔就在宫廷里建立了图书馆。根据史料记载，我国在距今 3500 多年前的殷商时代就有了甲骨文，到了周朝时就有了藏书机构——"藏室"。

　　图书馆的发展可分为三个阶段：古代、近代和现代。古代图书馆源于有史料、有文献的奴隶社会，建立和发展于封建社会。中国自秦始皇统一全国直至鸦片战争以前的藏书机构，均属于古代图书馆。在国外，英国产业革命以前的图书馆称为古代图书馆。无论中国还是外国，古代图书馆的主要特征是以藏书为主，仅供王公贵族等少数人享用，所以人们习惯将古代图书馆称为藏书楼。到了 18 世纪，随着资本主义制度的形成，古代图书馆逐渐演进到近代图书馆。近代图书馆的主要标志是公共图书馆的出现。英国于 1850年颁布了建立公共图书馆的法令，1852 年在曼彻斯特建立了公共图书馆。西方国家向社会开放的图书馆方式也传入中国，封建藏书楼逐渐解体。1902 年，浙江古越藏书楼对外开放，成为我国历史上第一所近代意义的图书馆。1912 年，京师图书馆(即现在的北京图书馆)正式向社会开放，成为我国近代意义上的国家图书馆。第二次世界大战结束后，科学技术迅猛发展。特别是随着电子计算机、网络技术和高密度存储技术在图书馆中的广泛应用，图书馆的面貌发生了巨大变化。今天，新技术仍然不断应用于图书馆，人们可以随时随地访问和获取图书馆的各种服务。

当前世界上有许多著名的图书馆，他们或以丰富的藏量，或以珍贵的藏品，或以悠久的历史，或以独特的建筑，或以便捷的服务设施而为人们熟知。综合来看，下面十大图书馆最具影响力：美国国会图书馆、大英图书馆、中国国家图书馆、加拿大图书馆和档案馆、俄罗斯国家图书馆、纽约公共图书馆、日本国立国会图书馆、法国国家图书馆、丹麦皇家图书馆、德国国家图书馆。

3.1.2　图书馆的种类

在图书馆发展过程中，由于学习、研究、管理等各方面的需要，图书馆演化出各种不同的类型。由于所采用的标准不同，图书馆的类型划分有较大差异。目前常用的图书馆类型划分标准主要有：

(1) 按图书馆主管部门和领导系统划分，主要包括文化系统的公共图书馆、教育系统的学校图书馆、科学院系统的科学图书馆、工会系统的工会图书馆、军队系统图书馆、政府系统图书馆、企业图书馆等。

(2) 按信息资源体系的覆盖范围划分，可分为综合性图书馆、多科性科学图书馆、专科图书馆。

(3) 按读者对象划分，有儿童图书馆、青年图书馆、老年图书馆、盲人图书馆、少数民族图书馆等。

(4) 按主要任务划分，可分为大众图书馆和科学图书馆。

(5) 按照科技发展不同阶段划分，可分为传统图书馆、复合图书馆以及数字图书馆。

1974 年国际标准化组织颁布了"ISO2789—1974(E)国际图书馆统计标准"。在该标准中，专门有"图书馆的分类"一章，将图书馆划分为国家图书馆、高等院校图书馆、其它主要的非专门图书馆、学校图书馆、专门图书馆和公共图书馆六种类型。现阶段我国规模和影响力较大的图书馆主要是公共、高校和科学院三大系统的图书馆。

1. 高校图书馆

高校图书馆是学校的文献信息资源中心，是为人才培养和科学研究服务的学术性机构。高校图书馆的藏书范围一般与本校的学科、专业设置密切结合，藏书质量高，而且比较系统完整。高校图书馆的服务对象主要是本校的师生，其主要职责是通过提供文献信息资源和服务，保证学校完成其教学、科研任务。高校图书馆的文献资源十分丰富，各种专业文献信息总量远远超出其它两大系统，是国家文献信息保障体系的重要组成部分。

2. 公共图书馆

公共图书馆是面向社会公众开放的图书馆，主要包括国家图书馆，省、市、自治区图书馆和区、县图书馆。公共图书馆担负着为科学研究服务和为大众服务的双重任务，在促进国家经济、科学、文化、教育事业的发展，提高全民族的科学文化水平方面起着重要的作用。

国家图书馆全面收藏本国出版物，以及各种珍、善本特藏文献，有选择地入藏国外文献，起着国家总书库的作用。国家图书馆是图书馆资源和互借中心、国家书目中心、馆际互借和国际书刊交换中心，也是图书馆技术现代化、组织网络化的枢纽。它既为从事教学和学术研究的专家、学者服务，也为普通读者服务。世界上著名的国家图书馆有美国国会图书馆、俄罗斯国家图书馆、法国国家图书馆、英国国家图书馆(不列颠图书馆)、中国国家图书馆等。

省、市、自治区图书馆全面收藏地方性文献，有选择地收藏各种中、外文书刊以及其他文献，主要为本地区各层次的读者服务。

区、县级图书馆主要收藏大众化的通俗读物、科普读物、非专业研究性的科技书刊等，主要为普通读者提供文献服务。

3. 专业图书馆

又称专门图书馆，是指政府部门、议会、协会、科学研究机构(大学研究所除外)、学术性学会、专业性协会、事业单位、工业企业等或其他有组织的集团所属的图书馆。其特点是，馆藏具有较强的学科专业性，一般按所属单位的科研、生产任务建设藏书体系；除日常业务工作外，还根据各单位的研究课题开展针对性的情报服务。专业图书馆类型复杂，数量众多，收藏的大部分是某一特殊领域或课题的文献资料。

在我国，专业图书馆主要是指科学院系统的图书馆、政府部门所属的研究院(所)和大型厂矿企业的技术图书馆。它们主要为本系统或本单位的科学研究服务，兼顾其它社会需求。

我国规模最大的专业图书馆是中国科学院图书馆，又称中国科学院文献情报中心(http://www.las.ac.cn)，它是集文献信息跟踪服务、情报研究服务、科学文化传播服务和图书馆学情报学高级人才培养功能于一身的研究型国家科学图书馆。

3.1.3　图书馆的服务

传统图书馆的服务主要是以文献借阅为主。20 世纪 70 年代前后，图书馆工作开始计算机化，但主要应用于内部业务，未能在根本上改变图书馆服务的基本架构。随着信息化热潮的兴起，图书馆传统的服务得到了突破。文献利用的"场所束缚"、图书馆利用的"时间限制"、文献与利用者的"地理间隔"等问题不复存在。目前，图书馆服务的变化主要表现为：服务的便利性、服务的自助利用和馆外利用等。图书馆的核心能力定位在知识服务，即以信息知识的搜寻、组织、分析、重组为基础，根据用户的问题和环境，融入用户解决问题的过程之中，提供能够有效支持知识应用和知识创新的服务。总的看来，图书馆服务经历了从封闭到开放，从仅提供一次文献到提供一、二、三次文献服务，从借阅服务到参考服务，从坐等服务到主动推送服务，从信息服务到知识服务，从按时服务到即时服务，从在馆服务到多馆服务，从在线服务到全球服务的过程。

1. 外借服务

外借服务是图书馆最基本、最普遍的读者服务方式，是通过一定的手续，允许读者将图书借到馆外自由阅读，并在规定的时间内归还的服务方式。外借服务突破了图书馆服务时间和场地的限制，可使读者充分利用馆藏文献资源。外借服务主要包括个人外借、集体外借、预约借书等方式。

2. 阅览服务

阅览服务是读者利用文献信息进行学习研究的重要形式，是图书馆利用一定的空间和设施，组织读者在图书馆内阅读文献的服务方式。现在，除了普通阅览服务以外，阅览室还提供文献推荐、阅读指导、参考咨询等形式多样的阅览服务。通常情况下，图书馆根据文献的类型、语种、读者对象等设置不同的阅览室或阅览区。除古籍外，大多数印刷型图书、期刊和工具书都实行开架阅览；音像型、缩微型文献和电子出版物一般实行闭架管理，读者向馆员索取到所需文献后，利用图书馆提供的设备，进行"阅览"。

3. 馆际互借与文献传递服务

馆际互借是指图书馆之间、图书馆与文献情报部门之间，相互利用对方的馆藏文献以满足读者特殊需要的外借服务形式。通过馆际互借，可以弥补本图书馆馆藏资源的不足，扩大文献利用的范围，实现文献信息资源的共享。同时，还可以加强图书馆之间的联系和合作，促成文献信息资源的共建，节约文献经费投入，促进文献信息的合理布局。馆际互借服务分为返还式(馆际互借)和非返还式(文献传递)两种方式。

(1) 馆际互借。通常馆际之间只进行图书互借，且以本地区间为主。

(2) 文献传递。提供期刊论文、学位论文、会议论文、科技报告、专利文献、标准文献等的复印件、扫描件、电子文档等。

4. 参考咨询服务

参考咨询是读者在利用图书馆的过程中遇到各种疑难问题时，由图书馆员利用各种参考工具、检索工具，为读者解答和解决问题的一种服务方式。常见的咨询方式主要有馆内现场咨询、电话咨询、邮件咨询、实时在线咨询、图书馆主页的留言簿和常见问题解答(FAQ)等形式。随着互联网的应用与普及，虚拟参考咨询得到了广泛的应用。虚拟参考咨询是以网络为依托，以本馆馆藏和网上数字化信息资源为基础，通过邮件、实时交流等方式为读者提供的不受时空限制的参考咨询服务。读者可以通过网络提出咨询问题，请求在线馆员给予解答。

5. 读者教育与培训

读者培训是图书馆开展的旨在提高用户信息意识和检索技能的教育活动。主要内容包括两个方面：一是向读者宣传和介绍图书馆的资源与服务，二是提高读者的信息素养，主要是提高读者检索与利用信息资源的水平。图书馆通过开展新生入馆教育、讲授文献检索与利用课程、举办不同层次培训班或讲座等多种手段，增强读者的信息意识和获取、利用文献信息的能力，为其终身学习打好基础。

6. 定题检索和科技查新

定题服务又称为文献跟踪服务、对口服务，是指图书馆工作人员根据科研人员的信息需求，针对其提供的课题范围，围绕某一科研项目，定期追踪和搜集相关研究课题的最新文献信息，并及时传递给科研人员的信息服务形式。其主要目的是节省科研人员查找资料的时间，帮他们及时掌握和了解该课题在国内外的最新研究进展，随时解决研究过程中的问题。如有必要，也可为用户提供与课题相关的文献信息分析报告，协助建立指定课题的专题文献数据库，方便用户组织管理专题信息并随时检索。

科技查新简称查新，是指查新机构根据查新委托人提供的有关科研资料，通过系统全面的文献检索，查证其课题、研究内容或科研成果是否具有新颖性，并出具相关佐证文献资料的文献调研工作。查新是文献检索和情报调研相结合的情报研究工作，它以文献为基础，以文献检索和情报调研为手段，以检出结果为依据，并与课题查新点对比，对其新颖性做出结论并出具查新报告。查新可为科研立项，为科技成果的鉴定、评估、验收、奖励、专利申请等提供客观依据，也可为科技人员进行研究开发提供快捷、可靠、丰富的信息。

3.2　图书馆文献信息组织与检索

3.2.1　图书分类

图书馆的藏书数量庞大，类别繁多，一个小型图书馆也拥有几万甚至几十万册文献资料。如果没有一个科学的方法组织、整理它们，使用起来就不会得心应手。图书分类就是图书馆组织与管理图书的方法，是指按照图书内容的学科属性或其他特征，揭示图书馆藏书，并分门别类地将它们系统地组织起来的一种手段。所谓分门别类地组织藏书，就是把特征相同的图书集中在一起、相近的联系在一起、不同的区别开来。图书分类必须依照一定的标准和原则进行。图书分类的主要标准是图书内容的学科属性，此外，还有一些辅助标准，如图书的体裁、语言、编辑形式、读者对象等。图书分类是图书馆组织、管理图书文献的重要手段，也是向读者揭示馆藏的重要途径。

3.2.2　图书分类法

中国古代，已经有人发明了"七略""四库"等图书分类体系。公元前 26 年，西汉的刘向、刘歆父子在整理图书的基础上编辑了我国第一部综合性的分类目录——《七略》。实际上，《七略》也是世界上最早的一部规模较大的分类法。四部法，起源于魏晋的郑默和荀勖，定于李充，定名于《隋书·经籍志》，至乾隆时代达到鼎盛。西晋初，秘书监荀勖与中书令张华整理典籍，依郑默的《中经》编成《中经新簿》，分甲、乙、丙、丁四部，创立四部书目分类体系。东晋李充编纂的《晋元帝四部书目》依荀勖的四部书目分类体系，并改史书为乙部，诸子为丙部，从而正式确立了四部排列顺序。至唐初贞观年间，魏徵等编撰《隋书·经籍志》，始将甲、乙、丙、丁四部名称换成经、史、子、集。乾隆时代完成的《四库全书总目》，把选定的 3470 种 79337 卷图书分成经部十类，史部十五类，子部十四类，集部五类，组成了一个比较严密的四库图书分类体系，四部法到了鼎盛时代。

近代以来，随着西方科学技术广泛传入和出版社、图书馆的兴起，反映新学科、新文化的书籍日益增多，中国传统的四部分类法已难以适应新兴图书分类的需要，我国学者开始尝试引进外国文献分类方法。据统计，20 世纪前半期引进的外国文献分类方法主要有 23 种。在外国文献分类法及其理论的基础上，我国学者寻求解决图书分类问题的新途径与新方法，初步建立了我国现代文献分类理论与方法体系。目前，我国图书馆采用的图书分类法主要有《中国图书馆图书分类法》(简称《中图法》)、《中国科学院图书馆图书分类法》(简称《科图法》)和《中国人民大学图书馆图书分类法》(简称《人大法》)。其中影响最大、使用面最广的是《中图法》，它是国家推荐统一使用的一部大型、综合性图书分类法，目前95%以上的图书馆都采用这种分类法。

3.2.3　《中国图书馆分类法》

《中国图书馆分类法》简称《中图法》，原名《中国图书馆图书分类法》，1971年着手编制，1975年出版第1版，1980年、1990年、1999年、2010年分别出版第2、3、4、5版。第5版通过新增类目，调整完善类目体系，修改类名、扩大类目外延，增加使用注释等修订方法，补充了新主题、新概念，增强了类目主题的容纳性，明确了类目含义和使用方法。第5版还增加了复分、仿分等使用标记，完善了类目相互参见注释，同时继承第4版对增删改类目加沿革注释等办法，使类表的实用性有了很大的提高。另外，第5版对与人类生活息息相关的经济、生产和生活服务业(包括金融、房地产、公共设施、社会福利、娱乐业等)，以及发展迅速的通信业、交通运输业、计算机技术等方面的大类进行了重点修订，使其更符合社会发展趋势。

1.《中图法》的体系

《中图法》按学科和专业集中文献，类目划分遵循从总到分、从一般到具体、从简单到复杂、从理论到实践的原则，形成一个层层隶属、详细列举的等级分类体系。《中图法》将人类全部知识归纳为5个基本部类：马克思主义、毛泽东思想、邓小平理论；哲学、宗教；社会科学；自然科学；综合性图书。

在此基础上，社会科学和自然科学2个基本部类再分别展开，就形成了22个基本大类的知识分类框架。具体如表3-1所示。以此框架为基础，《中图法》再逐级展开，就形成包含多级类目的类目体系。

表3-1　《中图法》一级类目

类号	类　名	类号	类　名
A	马克思主义、列宁主义、毛泽东思想、邓小平理论	N	自然科学总论
B	哲学、宗教	O	数理科学和化学
C	社会科学总论	P	天文学、地球科学
D	政治、法律	Q	生物科学
E	军事	R	医药、卫生
F	经济	S	农业科学
G	文化、科学、教育、体育	T	工业技术
H	语言、文字	U	交通运输
I	文学	V	航空、航天
J	艺术	X	环境科学、安全科学
K	历史、地理	Z	综合性图书

2. 简表和详表

简表是由基本大类进一步展开所形成的基本类目表，由一、二级类目组成。简表起着承上启下的作用，可以帮助图书室管理人员和读者了解分类法的概貌。对于小型图书室，也可以直接作为文献分类的依据。

详表是由简表展开的各种不同等级的类目所组成的类目表，是详细分类文献的真正依据。《中图法》的所有编制原则和技术都表现在详表之中。

3. 辅助表

为了增强细分程度和缩小类目表的篇幅，在编制时把按同一标准区分出来的子目汇集起来，编列成表，作为有关类目用这个标准进一步区分时的共同子目，称为复分表。由于这些复分表都是用辅助标准制定的，故又称为辅助表。《中图法》的辅助表包括总论复分表、世界地区表、中国地区表、国际时代表、中国时代表、中国民族表、世界种族与民族表、通用时间和地点复分表等 8 个通用复分表，以及供各类细分时组配使用的 67 个专类复分表。专类复分表一般是每个表只适用于具体某一大类。

4. 标记制度和标记符号

《中图法》采用英文字母与阿拉伯数字相结合的混合制标记符号，以英文字母标记基本大类，以阿拉伯数字标记各级类目。由于工业技术大类范围广泛，内容繁多，所以采用双字母标记其所属的 16 个二级类目，如表 3-2 所示。类号采用由左至右逐位对比的方法进行排列。字母部分按英文字母固有的次序排列，数字部分按小数制排列。为了醒目，数字从左起每隔三位，以小圆点分隔。

下面是"I 文学"类部分类目的类号及类名。

I 文学	(一级类目)
……	
I2 中国文学	(二级类目)
……	
I24 小说	(三级类目)
……	
I247 当代作品(1949 年—)	(四级类目)
I247.4 章回小说	(五级类目)
I247.5 新体长篇、中篇小说	
I247.51 革命	(六级类目)
I247.52 军事	
I247.53 史传	
I247.54 经济、政治	
I247.55 科学、科幻	
I247.56 惊险、推理	
I247.57 社会、言情	
I247.58 武侠小说	
I247.59 其它题材	
I247.7 新体短篇小说	(五级类目)
I247.8 故事、微型小说	

I25　报告文学　　　　　　　　　　　　　　　　　　　　　　（三级类目）

……

I26　散文

……

I3　亚洲各国文学　　　　　　　　　　　　　　　　　　　　　（二级类目）

表 3-2　T 工业技术类二级类目

类号	类　名	类号	类　名
TB	一般工业技术	TL	原子能技术
TD	矿业工程	TM	电工技术
TE	石油、天然气工业	TN	无线电电子学、电信技术
TF	冶金工业	TP	自动化技术、计算机技术
TG	金属学与金属工艺	TQ	化学工业
TH	机械、仪表工业	TS	轻工业、手工业
TJ	武器工业	TU	建筑科学
TK	能源与动力工程	TV	水利工程

为了扩大号码系统的容纳性,《中图法》还采用了八分法、双位制法、借号法、预留空号法、字母标记法等来增加配号的灵活性。为了进一步增强标记符号的表达能力,《中图法》还采用了一些其他特殊符号作为辅助标记符号,包括:间隔符号" . ";推荐符号"a";起止符号"/";交替符号"[ ]";总论复分符号"-";国家、地区区分号"( )";时代区分号"=";民族、种族区分号""";通用时间、地点区分号"〈 〉";组配符号":";联合符号"+"。辅助标记符号只能和主分类号组合起来使用,如 TP316.8,TP316.81,TP316.81-43,TP316.81-61,TP316.81-62,TP316.82 等 。

下面是几种常用的总论复分号:

-33 试验方法　　　　　　　如　《计算机网络实验教程》　TP393-33

-42 教学法、教学参考书　　如　《物理教学参考书》　　　O4-42

-43 教材　　　　　　　　　如　《大学英语》　　　　　　H31-43

-44 习题、试题及题解　　　如　《高等数学题解》　　　　O13-44

-53 论文集　　　　　　　　如　《管理科学论文集》　　　C93-53

-61 百科全书、词典　　　　如　《心理学词典》　　　　　B84-61

-62 手册、名录、指南　　　如　《无线电手册》　　　　　TN-62

-64 图解、图册、地图　　　如　《建筑抗震设计图说》　　TU352-64

3.2.4　藏书排架与检索系统

1. 分类索书号的组成

分类索书号(又称索书号、排架号)表示每种图书在整个藏书组织中所处的位置,是组织藏书和读者查找图书的依据。索书号能够把性质相同的图书集中起来、性质不同的图书区分开来,方便读者从学科角度检索或浏览文献,所以,国内外的图书情报单位几乎都采用了分类索书号来藏书排架。

索书号通常由分类号、书次号和辅助区分号三部分组成，分类号前面已详述，书次号和辅助区分号介绍如下。

(1) 书次号。又称同类区分号，通常位于分类号之后，是用以确定同类中不同图书先后次序的号码。由于没有统一的国家标准，书次号的取号方法也比较多，如年代号、著者号、种次号等。在众多的方法中，最为普遍使用的是著者号和种次号。

著者号是依第一责任者的姓氏取号排列同类文献的方法。著者号法又可分为拼号法和查号法两大类型。拼号法是按著者姓名的字形和字音拼取著者书次号，它无需编制号码表，只编写一个使用说明即可。拼号法的字形法有王云五的四角号码法，音序法有蒋完奎的著者号码法。查号法是将著者姓名汉字依检字法编成序列，配以相应的顺序号码编制成著者号码表。在提倡汉语拼音前，按汉字笔划、笔形编号的有杜定友编的《杜氏形位著者号码表》、王风翥编的《笔划起笔著者号码表》。在提倡语拼音之后，按汉语拼音字母编号的有袁涌进、周树基编的《汉语拼音著者号码表》、武汉大学图书馆编的《汉语拼音著者号码表》。目前我国国内影响最大的著者号码表是《通用汉语著者号码表》。著者号的优点是可以将同类图书中同一作者的不同著作集中到一起，也有利于全国统一集中编目与编目标准化的实行，但前提是要采用统一的著者号码表；其缺点是取号烦琐，编号冗长复杂，排架不便。

种次号是按同类中各种图书分编的先后次序给号，一般以流水号为顺序。种次号的优点是号码简短、易取，排架也简便，同类书基本上按照图书出版时间顺序由旧到新排列，有利于读者查找新书。其缺点是同一著者的书将分散开，如果分类法更改或修改以后，书次号也要相应改变，工作量将非常大。

如《马克思主义经典著作选编与导读》一书的索书号为 A5/T117，其中 A5 是分类号，T117 是著者号；《Access2003 数据库应用》一书的索书号为 TP311.13/64，其中 TP311.13 是分类号，64 是本馆收藏该类书的次序号。

(2) 辅助区分号。辅助区分号通常是在分类号、书次号的基础上确定的。在书次号采用著者号、种次号的情况下，对同类书的区分只能到著者或同一种著作，对同一著者下存在的不同种著作和同一种著作下存在的不同版本、译本、卷次等，并没有实现个别化。为了适合文献组织和检索的需要，一般仍需要进一步区分，并赋予相应的辅助区分号。因此一个完整的分类索书号通常包括分类号、书次号、辅助区分号三个层次。辅助区分号位于书次号之后，如《中图法》第 1～4 版，各版的索书号分别为：G254.122/Z657，G254.122/Z657=2，G254.122/Z657=3，G254.122/Z657=4。又如某馆的《红楼梦》上、下册，索书号分别为 I242.4/1/:1 和 I242.4/1/:2 等。

2. 藏书排架方法

藏书排架是将馆藏文献按一定的方法，科学、系统、合理有序地排列在书架上，使每一种文献在书库及书架中都有固定的位置，图书馆工作人员和读者均能准确方便地按这个位置索书及归架。藏书排架的目的是为了藏书的检索利用。图书排架的方法很多，包括分类排架、专题排架法、序号排架法、固定排架法、字顺排架法、年代排架法、语种排架法，等等。目前通用的是分类排架法。图书分类排架时先按照图书分类号的顺序确定书架中该类书的位置，然后再在该类图书中按照书次号的顺序确定每种图书在书架上的具体位置。

需要注意的是，排架时分类号中的所有字母、数字都采用对位比较法比较排序(如 TB 排在 TD、TE 前，I247.58 排在 I3 前面)。当所有图书按照排架规则排列完成时，实际上已经形成了一个检索系统。我们只需依据排架规则，就能快速定位所需图书。在现实图书馆的使用中，人们发明了图书馆目录、OPAC 等检索工具，能够将馆藏图书的相关信息揭示出来，帮助我们更好地利用图书馆资源。

3. 图书馆目录

目录是指著录一批相关的文献，并按照一定的次序编排而成的一种揭示和报道文献的工具。图书馆目录就是图书馆揭示、识别和检索馆藏文献的工具。所谓揭示文献，包括记录和报道文献。记录是指通过各种款目准确地将文献的内容和形式特征描述下来，向读者提供各种文献的目录，帮助他们了解馆藏文献的内容；报道是指根据读者的需要，从一定编制目的出发，围绕某一问题，向他们宣传、报道有关文献。所谓识别文献，就是通过各种款目的著录内容和结构形式，向读者提供鉴别、确认文献的依据。所谓检索文献，就是通过款目的集中、组配，从题名、责任者、主题、分类等方面，向读者提供选择文献、索取文献的途径。图书馆目录的基本职能在于揭示馆藏文献的内容特征和外表形式特征。具体地讲，图书馆目录可以反映馆藏文献中某一特定题名的文献及其不同版本；反映馆藏文献中某一特定责任者的文献收藏情况；反映馆藏文献中某一知识门类的所有文献；反映馆藏文献中某一主题的全部文献；反映馆藏文献中某一种文献在图书馆的不同收藏地点。

为了适应读者对图书馆目录的不同要求，图书馆编制出了种类繁多、职能各异、各具特色的目录。

1) 按载体划分

按照图书馆目录的载体分类，图书馆目录种类可分为书本目录、卡片目录、缩微目录以及机读目录。

(1) 书本目录。书本目录是以纸张为载体装订成册的目录，是一种最古老的目录形式。书本目录的特点是体积较小，便于携带，查阅不受地点限制，可分发给馆外用户查阅，有利于宣传馆藏，扩大影响。但书本目录不能及时补充新的记录，随着时间的推移，内容易过时。

(2) 卡片目录。卡片目录是以卡片为载体的目录，是将款目按照一定的排列规则组织起来，并分装在目录盒内，可供多人同时查阅的检索工具。卡片目录具有增删灵活、随时补充新款目、及时报道馆藏动态的优点。其缺点是体积庞大，占据图书馆空间；携带不便，查阅信息资源受地点限制；组织、维护、管理目录的工作繁杂。

(3) 缩微目录。缩微目录又称 COM 目录，是以感光材料为载体，利用缩微阅读机阅读的目录，包括缩微胶卷目录与缩微平片目录。缩微目录体积小，速度快，成本低，便于携带和广泛发行。

(4) 机读目录。在 20 世纪 60 年代，出现了利用计算机编制的、新型的目录——机读目录(Machine Readable Catalogue，MARC)。随着时代的前进，机读目录发展成为联机目录。联机目录通常又称为联机公共查询目录，是指以代码形式和特定结构将书目记录储存在计算机存储器中，通过终端设备进行联机编目、检索、阅读、输出的目录。联机目录可分为两大类，一类是反映单个馆馆藏的联机目录，另一类是反映若干个馆馆藏的联机联合目录。联机目录能够全面系统地反映馆藏信息，具有数据更新及时、检索方便快捷、检索途径多样、检准率高的特点。

2) 按检索途径和排列方式划分

按照图书馆目录的检索途径和排列方式分类，可分为题名目录、责任者目录、分类目录、主题目录和字典式目录。

(1) 题名目录。题名目录又称书名目录，是按文献的题名字顺组织起来的目录。它可以按题名揭示图书馆的信息资源，可以集中同一著作的不同版本或译本，便于用户从题名的角度检索馆藏资源。题名目录是一种字顺目录，在具体使用时，读者只要知道题名，并熟悉排检方法，就可以很快检索到所需文献。

(2) 责任者目录。责任者目录又称著者目录，是按责任者名称字顺组织起来的目录。责任者目录能够将某一特定责任者的各种著作予以集中，有利于用户检索某一特定责任者的信息资源。责任者目录有利于专业研究人员研究某一作者的作品及著者的思想发展过程，也有利于全面研究特定著者。

(3) 分类目录。分类目录是款目按文献内容的学科体系组织起来的目录，是按照文献内容特征之间的关系组织而成的检索工具。通过区分和类聚，分类目录可以将具有相同属性或特征的文献集中在一起，将具有不同特征或属性的资源区分开来。同时，它还可以将各种门类的文献按照类目之间的关系加以组织，根据其远近亲疏，组织成一个具有等级性、次第性的系统。分类目录有利于用户按类索书，有利于目录的缩检或扩检，有利于全面搜罗某一知识门类的文献。

(4) 主题目录。主题目录是指以表示文献主题内容的规范化词语为检索标识，并按主题款目的字顺组织起来的目录。主题目录可以集中有关某一主题的信息资源，为用户提供从具体的事物、对象或问题入手查找信息资源的途径，为深入研究某一专门课题提供便利条件。

(5) 字典式目录。字典式目录是将题名款目、责任者款目、主题款目等按其字顺混排而成的目录。字典式目录不仅可以集中同一责任者的不同著作、同一著作的不同版本或译本，而且可以集中同一主题的文献。在机读目录问世前，英美国家的图书馆通常设字典式卡片目录，而不单独设题名目录、责任者目录以及主题目录。

4. OPAC 查询系统

1) OPAC 简介

OPAC 是英文 Online PubLic Access Catalogue 的首字母缩写，可译作"联机公共书目查询系统"，是一个基于网络的供读者查询馆藏书目信息的联机检索系统。早期的 OPAC 系统是 20 世纪 70 年代末由美国一些大学图书馆和公共图书馆共同开发，主要作为图书馆编目记录的查找工具而提供作者和书名方面的搜索功能。这时的 OPAC 仅仅是传统卡片目录的自动化版本，虽然比手工方式方便快捷，但在检索功能的本质上没有多大的变化。第二代 OPAC 系统吸收了信息系统的优点，增加了包括主题、关键词和布尔搜索功能与浏览功能，扩大了收录范围，同时还更多地考虑了读者的需求，注重设计简便易用的用户接口，用户可以在任何地方查询各个图书馆的 OPAC 资源。20 世纪 90 年代形成的第三代 OPAC，在智能化检索、交互式查询和参考咨询服务等方面都取得了长足发展。系统从更加宏观的角度满足用户需求,成为读者使用图书馆数字化资源的主要入口。随着 Web2.0 和 Library2.0 的迅猛发展,OPAC 也正在向 OPAC2.0 时代迈进。由于加入了更多的读者参与和互动功能、网络资源整合功能,OPAC2.0 的检索界面更加人性化,相关信息更加丰富多彩,功能也更加强大。可视化技术的广泛使用,不仅能够实现检索热词的云图展示,图书所处书架具体空间位置也可以以平面或 3D 的方式动态显示。移动 OPAC 不断发展,书目浏览检索、在线阅读、信息定制、图书馆业务办理等通过移动终端即可实现。

目前,OPAC 系统已成为用户获取图书馆信息最直接、最常用的途径。众多的公共图书馆、大学图书馆及学术研究机构的图书馆都提供 OPAC 服务,通过网络将馆藏书目数据库对外开放。通过快速有效的远程网上检索,读者很快就能了解相关图书的流通借阅状况,以决定是否去图书馆借阅。可以说,OPAC 的使用从根本上改变了读者手工查找图书或期刊的历史。

2) OPAC 主要功能

OPAC 已广泛用于图书馆,国内外研制的图书馆管理集成系统都带有 OPAC。虽然各种信息服务系统的系统平台、用户界面有所不同,但是,它们的 OPAC 系统的功能基本相同,一般都提供馆藏文献目录查询、读者信息查询(如本人注册信息、借阅信息、预约信息、违章欠款信息查询)、信息发布(如新书通报、预约到馆信息、违章欠款信息、到期催还信息)和订购征询等功能。下面介绍馆藏查询、书刊联合目录查询和读者查询。

(1) 馆藏查询。馆藏查询是对本地图书馆收藏的中西文图书和期刊、多媒体电子出版物以及视听资料信息的查询。通过馆藏查询,读者可了解所有馆藏资源的题目、作者(或责任者)、出版发行单位、馆藏地点(书库位置)、索书号、馆藏状态(是否出借)、载体形态(书刊、光盘或视听材料)、ISBN、价格、主题词、分类号等信息。读者可通过查看馆藏状态了解所需资料是否允许借阅、复本数量、已借出数量等信息,从而决定是否去图书馆借阅,去何处借阅。当馆藏资料复本全部借出时,读者还可通过书刊预约功能预约该资料。其他读者归还该资料时,系统或图书馆工作人员通过 Email、电话、手机短信或书面等方式通知预约读者来馆借阅。馆藏联机公共书目的一般查询方法是通过作者、索书号、题名、文献号、主题、ISBN/ISSN 号、关键词等检索途径输入相应信息查询。另外,大多数 OPAC 提供截词检索、前方一致检索、二次检索、布尔逻辑复合检索等检索方式。

例如,要到国家图书馆借阅钱学森的著作。可以登录国家图书馆"联机公众目录查询系统(http://opac.nlc.cn/)",选择"著者"字段,输入"钱学森",点击搜索后即可得到国家图书馆钱学森的著作的收藏情况,如图 3-1 所示。点击所要借阅的图书书名可以查看该图书的详细情况。根据馆藏地和索书号等信息可以迅速找到该书。

(2) 书刊联合目录查询。书刊联合目录是对多个图书馆馆藏资源的共同揭示,是实现图书馆之间馆际互借、资源共享的前提。通过书刊联合目录,读者可迅速了解所需书刊或电子资源的分布,在读者所在馆不能提供的情况下,可通过馆际互借系统向其他图书馆借阅或获取需要的资料或信息。比较常用的书刊联合目录有 OCLC 提供的 WorldCat、CALIS 联合目录、全国期刊联合目录、全国医学图书馆书刊联合目录及地区性的高校联合目录等。书刊联合目录的查询方法与馆藏联机公共书目基本一致,查询结果中最重要的信息是馆藏项，馆藏项中详细记录了各个图书馆收藏该资料的状况，读者可凭这些信息利用馆际互借系统就近获取该资料。

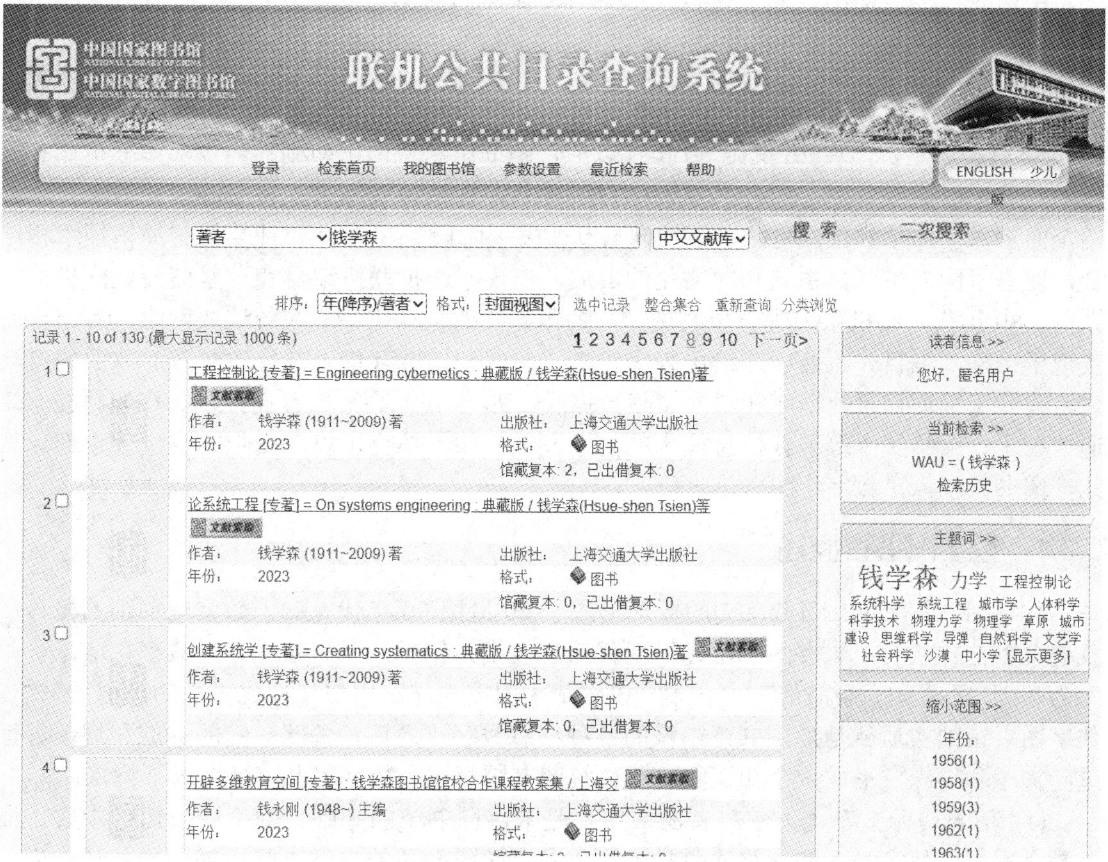

图 3-1　国家图书馆"联机公众目录查询系统"搜索结果

(3) 读者查询。对于传统图书馆，读者需要查询借阅卡片或通过图书馆内部局域网查询系统才能了解自己的借阅情况。而通过 OPAC 的读者查询，读者不用去图书馆就可了解自己的借阅状况。读者借阅信息查询方法是在查询系统界面下，输入读者登录账号和口令(或读者姓名、个人标识号)。登录以后就可查看借阅书刊的数量、书刊详情、借阅日期、归还日期、借阅历史等信息。对于借阅的书刊即将到期，而又想继续使用的书刊，读者可以在系统中选择续借选项，办理续借手续。续借成功与否，取决于该书刊是否被其他人预约。若有他人预约，读者续借将被拒绝。有些系统的 OPAC 在"读者查询"中提供了"图书荐购"功能。读者可以根据 OPAC 上的电子征订目录，向图书馆推荐需要采购的图书、期刊等文献。对于征订目录中没有的书刊，也可以向图书馆推荐采购，这时一般需要提供书刊名称、作者、ISBN、出版社/出版年、推荐理由等信息。一些系统还提供了个性化信息服务，主要包括读者订制信息及系统推荐信息。读者订制的信息有新书通报、预约到书、超期图书、即将到期图书提醒和外部 RSS 源订阅等信息。系统推荐信息是系统根据读者的借阅历史、学科背景和各种订制信息等为不同用户提供个性化的信息推送服务。

3.3　数字图书馆

数字图书馆的产生和发展与现代信息技术紧密相连。过去的 100 年，飞速发展的信息技术不仅对人类社会产生了很大的影响，对图书馆的发展也影响甚深。尽管电子计算机在 1946 年已经诞生，但在 20 世纪 60 年代以前，图书馆馆藏仍以印刷品为主，图书馆业务工作的开展也以手工为主。60 年代以后，以计算机、通信以及网络为核心的现代信息技术开始全面渗入图书馆领域，将图书馆推向自动化发展阶段。70 年代，计算机与通信技术相结合，促进了图书馆联机系统和网络化的发展，出现了一批联机编目和一些商业性联机检索系统。80 年代，联机系统进一步发展，与各馆建立的自动化集成系统连成网络。各馆普遍实现了采购、编目、流通、连续出版物管理、检索和馆际互借以及行政管理等方面的自动化，建立了机读目录数据库和二次文献数据库。90 年代，高密度存储技术、多媒体技术、通信技术、网络技术等现代信息技术的高速发展，图书馆已可以对文献本身进行管理。从此，图书馆步入了数字化图书馆阶段。

3.3.1　数字图书馆概述

数字图书馆(Digital Library)的概念形成于 20 世纪 90 年代。对于数字图书馆的概念，我们可以这样认为：数字图书馆是以现代信息技术为依托，以分布式海量数字化信息资源库为基础，不受地理位置和时空限制，以求最大限度地满足用户个性化需求的虚拟图书馆。数字图书馆的实质就是把图书馆馆藏的各种信息数字化之后，按照一定的标准和规范进行重新加工和组织，形成一个知识库。和传统图书馆相比，数字图书馆具有以下特点：

(1) 信息资源数字化。信息资源数字化是数字图书馆的基础。数字图书馆的本质特征就是利用现代信息技术和网络通信技术，将各类传统介质的文献进行压缩处理并转化为数字信息。转化后的信息一般储存在电脑光盘或硬盘里，与纸质资料相比占地很小。而且，传统图书馆管理中的一大难题就是资料多次查阅后的磨损问题，因而一些原始的比较珍贵的资料，一般读者很难看到。数字图书馆就避免了这一问题。

(2) 信息传递网络化。数字图书馆的服务，通过以网络为主的信息基础设施来实现。数字图书馆依据高速宽带网构筑的网络，以高速、大容量、高保真的计算机和网络系统，将世界各国的图书馆和无数台计算机联为一体。信息传递网络化带来了信息服务的跨时空，信息利用的开放化和信息传递的标准化和规范化。

(3) 信息利用共享化。数字图书馆的信息服务以数字化和网络化为基础，与传统图书馆相比，数字图书馆在信息利用方面体现出更大的共享性。这种共享性使得更大范围内的用户更方便、更快捷地获取自己所需要的信息，消除了原先的信息壁垒和围墙。因而，信息利用共享化是数字图书馆所具有的最强大优势。

(4) 信息内容多元化。数字图书馆收藏的数字信息，除了纸质书刊资料中的文字、数值、图形外，还广泛收录其他一切可以数字化的信息，如音频、视频资料、计算机程序等。通过多媒体、超文本、超媒体等技术和智能化的信息检索手段，为读者展示各种生动具体、形象逼真的信息。

(5) 信息提供知识化。数字图书馆是可以实现智能检索的知识中心。与传统图书馆不同，数字图书馆实现了由提供文献向提供知识的转变。数字图书馆将图书、期刊、照片、声像资料、数据库、网页、多媒体资料等各类信息载体与信息来源在知识单元的基础上有机地组织并链接起来，以动态分布式的方式为用户提供一站式服务。数字图书馆能够为读者一次性地提供有关某一主题的目录、论文和著作的全文、照片、图像、声音等各种知识信息，而不是仅提供包含这些知识信息的文献。

3.3.2　移动图书馆

移动图书馆源自英文"Mobile Library"一词，也称"流动图书馆"，最初指在大型的交通工具内部配备书架或阅读空间，布置成图书馆的缩小版，以流动形式为读者提供信息服务。随着移动通信技术和移动设备的发展，移动图书馆逐渐从流动的实体形式转变成依靠手机、PDA 等便携设备来访问获取图书馆信息的虚拟数字图书馆。移动图书馆是依托成熟的无线移动网络、互联网以及多媒体技术，通过手机、电子书阅读器、PDA、平板电脑等便携式移动设备，以短信或网页等无线传输方式输送信息，为数字图书馆管理系统用户终端提供图书馆服务的平台。移动图书馆的优点在于它的"可移动性"。读者对图书馆信息的使用不再局限于物理图书馆馆舍或传统有线局域网终端设备，通过手中的手机、电纸书、MP3、MP4、无线上网本等便携数字阅读设备，读者便可随时随地自由访问数字图书馆系统，进行图书借阅、信息访问与获取等。移动数字图书馆的信息内容来源不仅包括传统意义上的图书和杂志，报纸、音频和视频资料也越来越成为重要的内容。因此可以说，移动图书馆是数字图书馆在移动设备上的完美呈现。移动图书馆通过无线网络将便携终端用户和数字图书馆连接起来，其目的在于延伸和拓展数字图书馆的服务模式与服务空间，图书馆就像云一样可以飘到任何地方，用户可随时随地走进图书馆查找所需信息。移动图书馆弥补了普通 PC 机不能随用户移动或移动不便的缺陷，可真正实现信息的无障碍获取。在个性化信息服务模式下，用户可按需求点播、定制信息，不仅节省时间，更重要的是轻松愉悦的信息获取体验。

国外手机图书馆的应用，最早开始于日本和欧洲。日本富山大学图书馆于 2000 年 9 月开发出 I-Mode 手机的书目查询(OPAC)系统，东京大学图书馆于 2001 年 5 月开通 I-Mode 手机书目查询(OPAC)系统。芬兰赫尔辛基科技大学图书馆于 2001 年 11 月应用芬兰软件公司 Portalify 开发的 Liblet 软件，为读者提供 SMS 短信和 WAP 及其他接入技术服务。迄今为止，在芬兰、日本、新加坡、韩国、英国、美国、中国等国家出现了一系列提供手机图书馆移动服务的系统。此外，一些数据库生产商(如 IEEE XPlore，EBSCOhost Mobile，OCLC WorldCat 等)和网络出版商(如 Google Books，BBC Audiobooks，Amazon Kindle for the iPhone 等)也成为移动数字图书馆服务的主导者。中国知网、北京世纪超星等数据服务商开发了"全球学术快报""手机知网""中国知网数字出版阅读""学习通"等 APP 和微信小程序，成为移动数字图书馆的服务者。

目前，移动图书馆的服务主要有以下几个方面。

(1) 移动数字图书馆站点导航和移动 OPAC。越来越多的图书馆创建网站移动版本，提供图书馆馆藏信息、图书馆目录、展览信息、学科导航、电子期刊、图书馆开馆时间等信息查询服务。传统 OPAC 的大多数功能，利用移动终端就可完成。

(2) 移动馆藏。图书馆为读者提供可远程访问的数字馆藏。全美有超过 7500 家图书馆提供包括电子书、音频和视频文件的数字媒体服务。借助移动设备，用户可以将丰富的媒体资源传送到自己的手机和电子书阅读器上阅读。

(3) 移动教学。一些图书馆已经将专业技能培训的音视频文件上传至图书馆系统中，用户可以借助手机和移动设备访问。iTunes 上有许多来自学院和大学图书馆的视频播客可供用户下载。

(4) 移动数据库。不仅图书馆关注移动网络的使用，学术软件和数据库制造商也开始对之关注。和 Westlaw 立法研究数据库一样，Factiva 的新闻数据库为移动网络用户开发了检索入口。用户可以通过 Hoover 移动设备访问公司的详细信息。国内的超星数字图书馆、中国知网等也推出了移动图书馆。

(5) 移动语音导航。一些图书馆为用户提供可以下载到手持设备上播放的语音导航文件，用户无需订制或下载新软件就可以使用。另外一种形式是通过电话服务提供向导，用户可以拨打免费电话获得感兴趣的导游指南。

(6) 图书馆短信息通知。短信通知为移动用户提供信息通知、重要事件提醒和用户定制等信息。

(7) 虚拟参考咨询。图书馆开始面向移动用户提供虚拟参考咨询服务。即时消息、Email 和 SMS 短信息技术在参考咨询中的运用越来越普遍，新的"咨询馆员"服务就是以短信、即时通信等形式和用户交流。

3.3.3　读秀学术搜索

1. 概述

读秀学术搜索(http://www.duxiu.com/，如图 3-2 所示)是由北京世纪读秀技术有限公司研发的集资源整合、深度搜索和文献传递于一体的知识库平台，是由海量全文数据及元数据组成的超大型数据库。读秀知识库以 278 万种书目信息、210 万种图书原文、8 亿页中文资料为基础，为读者提供深入图书内容的目录和全文检索，文献试读，以及通过 Email 获取文献资源。除图书外，读秀还提供期刊、报纸、学位论文、会议论文、专利、标准等文献的检索和文献传递服务。

图 3-2　读秀学术搜索基本搜索页

2. 检索方法

读秀提供了基本检索、高级检索和专业检索等检索方式，其中最常用的是基本检索和高级检索。基本搜索提供图书、期刊、报纸、学位论文、会议论文、标准、专利和视频等检索类型，用户可根据需求选择相应类型。每种类型文献的检索字段不同，如图书可以在全部字段、书名作者及主题词字段中检索，期刊可通过全部字段、作者、刊名、关键词和作者单位等途径检索。系统默认为知识检索，是在图书资料的章节、内容中搜索包含检索词内容的知识点。知识检索突破了通过一本本图书翻找知识点的搜索模式，更有利于资料的收集和查找。

对于图书、期刊、报纸、学位论文和会议论文等，读秀还提供了高级检索类型。高级检索不仅可实现多个字段的逻辑组配检索，还可对检索年代范围、每页显示检索结果数等进行设置。图书高级检索页面如图 3-3 所示。

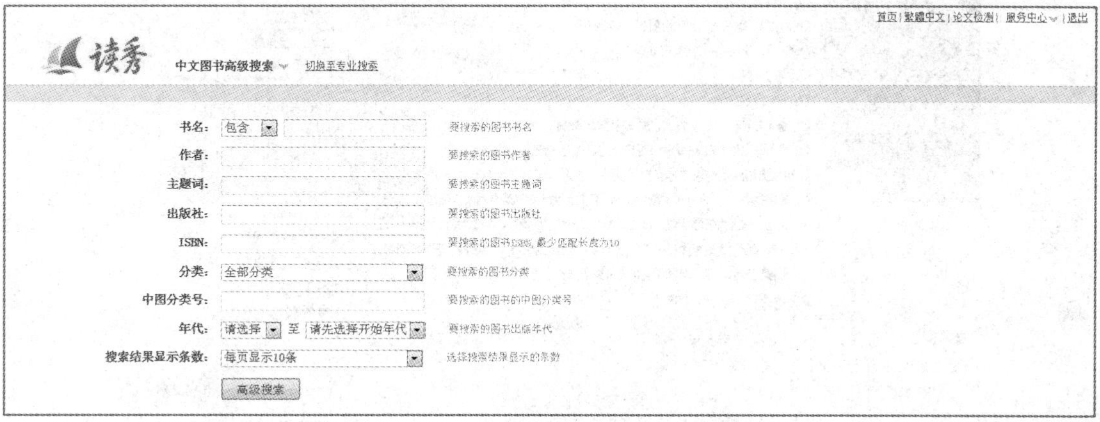

图 3-3　读秀学术搜索图书高级搜索页

读秀提供了几种精确检索结果的方法，帮助读者快速锁定目标文献。一是"在结果中搜索"，即更换或添加检索词，进行二次检索，进一步缩小检索范围；二是在左侧资源分类列表中，点击相应的年代或学科分类，缩小检索范围；三是按照出版时间、访问量、收藏量、引用量等排序检索结果，如图 3-4 所示。在检索结果页面右侧显示有与检索词相关的人物、相关词条、相关期刊、相关报纸、相关网页等信息，单击相关链接可以直接进入各类信息检索频道。

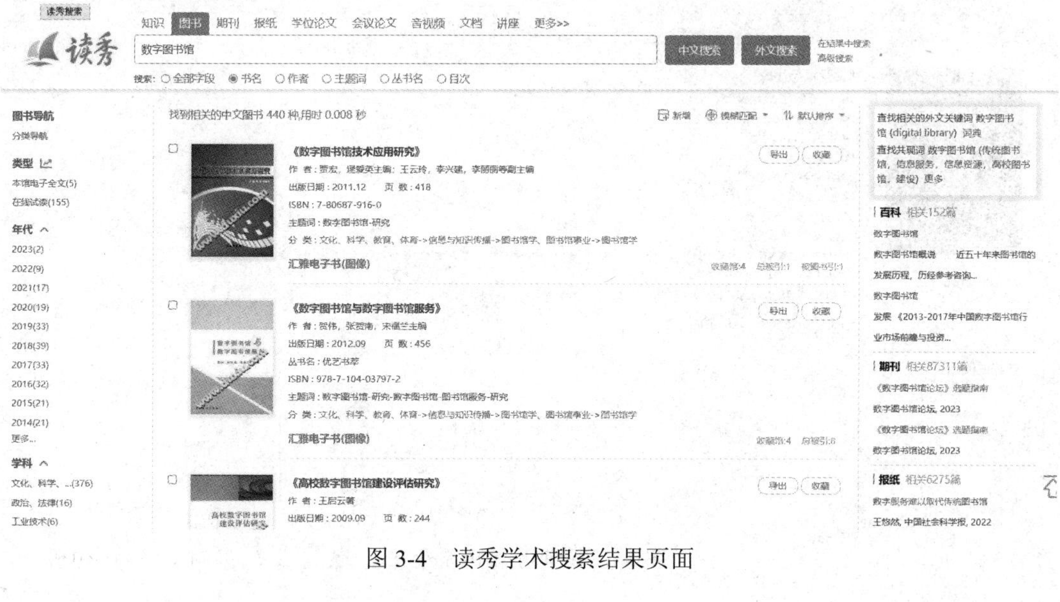

图 3-4　读秀学术搜索结果页面

3. 获得文献的方式

(1) 本馆馆藏纸本。检索结果的标题后有"馆藏纸本"按钮，或图书的详细信息页面中有"本馆馆藏纸书"链接，点击即可进入本单位图书馆 OPAC 系统查看该书详细信息，如图 3-5 所示。

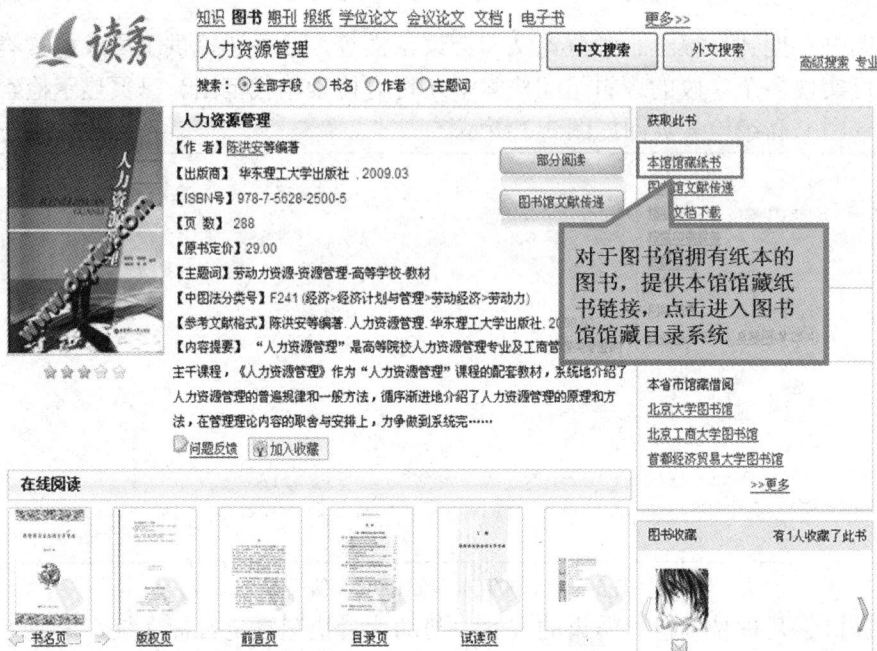

图 3-5　获取本馆馆藏纸本

(2) 本馆电子全文。可点击检索结果标题后的"包库全文"按钮，或详细信息页面中的"本馆电子全文"按钮，即可在线阅读全文，如图 3-6 所示。

图 3-6　获取本馆电子全文

(3) 文献传递。在图书详细信息页面，点击"图书馆文献传递"按钮，进入"图书馆参考咨询服务"页面。在图书馆参考咨询服务页面，填写包括"咨询范围""电子邮箱"和"校验码"等信息的文献传递表单后，读秀会自动将读者所咨询的文献资料或问题答案发送至读者的邮箱，如图 3-7 所示。

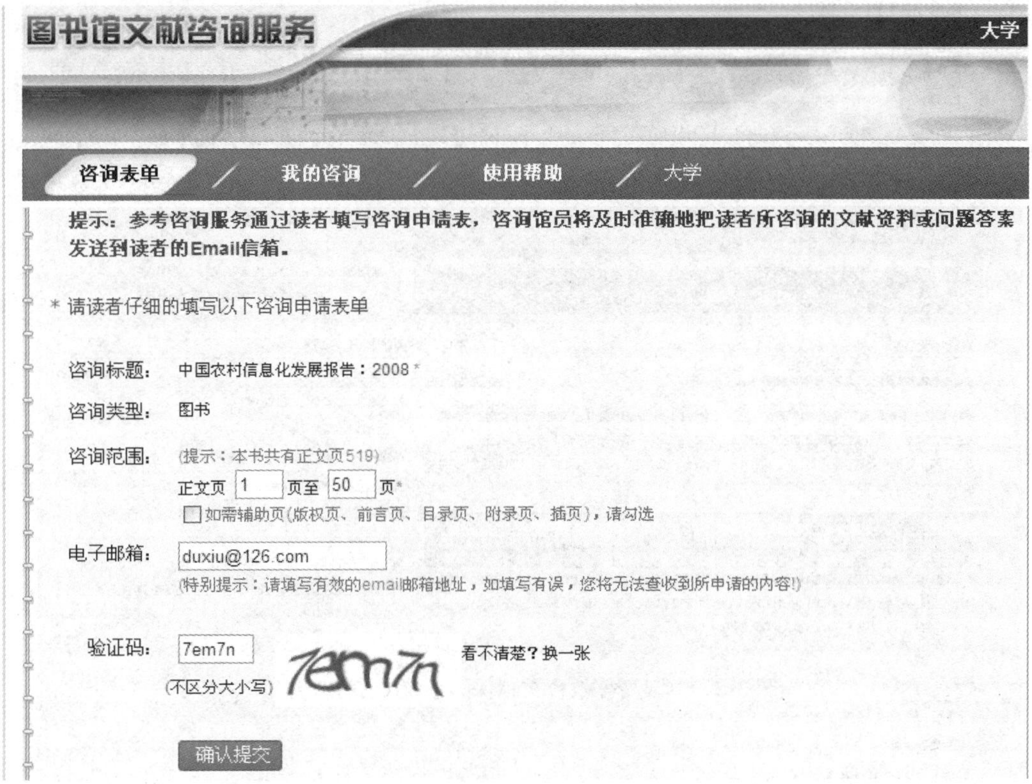

图 3-7　参考咨询服务页面

3.3.4　中国高等教育文献保障系统(CALIS)

1. CALIS 概述

中国高等教育文献保障系统(China Academic Library & Information System，CALIS)是经国务院批准的我国高等教育"211 工程"中"九五""十五"和"十一五"总体规划中三个公共服务体系之一。CALIS 的宗旨是，在教育部的领导下，把国家的投资、现代图书馆理念、先进的技术手段、高校丰富的文献资源和人力资源整合起来，建设以中国高等教育数字图书馆为核心的教育文献联合保障体系，实现信息资源共建、共知、共享，发挥最大的社会效益和经济效益，为中国的高等教育服务。

CALIS 管理中心设在北京大学，下设文理、工程、农学、医学四个全国文献信息服务中心，华东北、华东南、华中、华南、西北、西南、东北七个地区文献信息服务中心和一个东北地区国防文献信息服务中心。

从 1998 年开始建设以来，CALIS 管理中心引进和共建了一系列国内外文献数据库，包括大量的二次文献库和全文数据库，采用独立开发与引进消化相结合的方式，主持开发了联机合作编目系统、文献传递与馆际互借系统、统一检索平台、虚拟参考咨询系统、资源调度系统，形成了较为完整的文献信息服务网络。在此基础上，CALIS 开展了公共目录查询、联合编目、馆际互借、文献传递、网络导航等网络化、数字化文献信息服务。

CALIS(http://www.calis.edu.cn/)的主页如图 3-8 所示。

图 3-8 中国高等教育文献保障系统(CALIS)主页

2. CALIS 主要信息服务

(1) e 得文献获取服务。e 得(易得)是 CALIS 为读者提供"一个账号、全国获取""可查可得、一查即得"一站式服务的原文文献获取门户。e 得门户集成了电子原文下载、文献传递、馆际借书、单篇订购、电子书租借等多种原文获取服务。结合专业馆员提供的代查代检服务，可在 CALIS 各类检索工具覆盖的文献资源之外，帮助读者在全国乃至全世界范围查找并索取中外文图书、期刊、学位论文、会议论文、专利标准等各种类型的电子或纸本资源全文。支撑 e 得全文服务的不仅有 800 多家 CALIS 高校成员馆，还有以国家图书馆、上海图书馆为代表的众多公共图书馆，NSTL、科学院图书馆为代表的各类科技情报所，CASHL、外国教材中心、CADAL 等为代表的教育部资源共享项目，以及以方正阿帕比、同方知网、维普资讯、万方数据等为代表的国内资源数据库商。

(2) e 读学术搜索服务。e 读学术搜索引擎整合全国高校纸本资源和电子资源，揭示资源收藏与服务情况，通过一站式检索从海量资源中快速发现与获取有用的信息，为读者提供全新的用户体验。e 读学术资源主要包括联合目录、外文期刊网、学位论文、教学参考书、特色库、古籍等九千余万条数据。e 读学术搜索可集成各成员馆的 OPAC，提供电子资源全文阅读、章节试读，并无缝链接 CALIS 馆际互借体系，为用户提供便捷的原文获取。e 读学术搜索还具有 SaaS 定制、API 定制、分面浏览、个性化、输入提示、聚类检索、wiki、

Google 预览等功能。

(3) 外文期刊网服务。CALIS 外文期刊网(http://ccc.calis.edu.cn)是全面揭示国内高校外文期刊的综合服务平台，是获取外文期刊论文的最佳途径，也是图书馆员开展文献传递服务的强大基础数据源和进行期刊管理的免费服务平台。外文期刊资源主要包括 10 万多种纸本期刊和电子期刊、7000 多万篇文章检索信息、100 多个全文数据库的链接(如 Science Direct、Ebsco 和 Jstor 等)、11 个文摘数据库的链接(如 SCI、SSCI、AHCI 和 EI 等)、196 个图书馆的馆藏纸本期刊信息及 497 个图书馆购买的电子期刊信息，资源信息每周更新。除了期刊导航、文章信息检索、电子刊链接、文章全文链接及纸本刊的文献传递服务以外，CALIS 还提供个性化期刊服务定制、期刊分析和管理服务及图书馆本地化服务。

(4) 高校古文献资源库(http://rbsc.calis.edu.cn:8086/)。高校古文献资源库是一个汇集高校古文献资源的公共检索与服务平台，面向全国高校用户提供古文献资源的检索与获取服务。"高校古文献资源库"由北京大学联合国内外高校图书馆合力建设，汇集了国内 23 家与港澳 2 家高校图书馆、海外 3 家著名高校东亚图书馆的古文献资源。资源库中的古文献类型目前有各馆所藏古籍和舆图，今后将增加金石拓片等古文献类型。资源库内容不仅包括各参建馆所藏古文献资源的书目记录，而且还配有相应的书影或图像式电子图书。

(5) 高校教学参考资源库(http://cr.calis.edu.cn/)。高校教学参考资源库在尊重知识产权的基础上，为高校师生提供全国高校教参电子全文书、国内课程信息、国外课程信息等特色资源的多种分类检索。教参系统以高校教学参考信息元数据集中服务和全文电子教学参考书数字对象分布式服务为基本服务方式，信息分散采集、集中管理，为全国高校教学提供高水平的教学信息和全文电子教参书文献保障，实现全国高校教学参考信息资源的共建共享，促进高校之间教学信息的交流，提升全国高校的整体教学水平。

(6) 学位论文数据库(http://etd.calis.edu.cn)。学位论文数据库收集了国内高校学位论文、联合采购的 PQDT 学位论文数据以及 NDLTD 学位论文数据，涉及文、理、工、农、医等多个领域，是学术研究中十分重要的信息资源。该系统面向用户提供学位论文的检索与全文获取。

(7) CALIS 联合目录服务。CALIS 联合目录数据库(http://opac.calis.edu.cn)于 2000 年 3 月正式启动服务。CALIS 联合目录数据库是国内外颇具影响力的联合目录数据库，涵盖印刷型图书和连续出版物、古籍、部分电子资源及其他非书资料等多种文献类型，覆盖中、英、日、俄、法、德、意、西、拉丁、韩、阿拉伯文等四十多个语种，包括书目数据 510 万余条、规范数据 130 万余条及近九百家成员单位的 3500 万余条馆藏信息，书目内容囊括教育部普通高校全部学科。

(8) 其他服务。主要包括 CALIS 共享系统服务、CALIS 与上图的馆际借书服务、CALIS 与 NSTL 的文献传递服务、电子书在线阅读和租借式借阅服务及 CALIS 中文期刊论文单篇订购服务等。

3.3.5　中国高校人文社会科学文献中心(CASHL)

1. CASHL 概述

中国高校人文社会科学文献中心(China Academic Social Sciences and Humanities

Library，CASHL)是在教育部的统一领导下，为我国哲学社会科学教学科研提供外文文献及相关信息服务的最终保障平台。CASHL 是教育部高校哲学社会科学"繁荣计划"的重要组成部分，也是全国性的唯一的人文社会科学文献收藏和服务中心。

CASHL 以"国家人文社会科学信息资源平台"为建设目标，通过组织国内具有学科、资源和服务优势的高等学校图书馆，有计划、有系统地引进国外人文社会科学图书、期刊和电子资源，借助现代化的服务手段，整合国内高校人文社科领域研究成果，服务国家发展战略，为人文社会科学教学科研、人才培养提供文献信息资源保障。在全面建设引进文献资源体系的同时，CASHL 努力打造中国人文社会科学走向世界的成果平台，加强中文特色文献资源建设，积极参与中国特色哲学社会科学话语体系的建设。

CASHL 在资源建设上本着整体建设、统筹安排、相对集中、讲求效益的原则，通过建设全国中心、区域中心和学科中心三级体系，实现高校图书馆馆际文献收藏与服务的分工合作，建设我国人文社会科学领域最高水平、最全面和最可持续的人文文献资源中心。

CASHL 在服务建设上本着"共建、共知、共享"的原则、由 CASHL 中心馆和高校文科图书引进专款项目院校以集中式平台和分布式服务相结合的方式共同合作，建设集中式的 CASHL 网络服务体系，揭示报道 CASHL 收藏的印本期刊、电子资源、文专图书、大型特藏及其他非 CASHL 馆藏的人文社科学术资源，面向全国高校、哲学社会科学研究机构和工作者提供综合性文献信息服务。

CASHL 于 2004 年 3 月 15 日正式启动并开始提供服务。目前可服务资源包括：人文社科核心期刊和重要期刊、印本图书、电子资源数据库。除此之外，CASHL 还提供"高校人文社科外文期刊目次库"和"高校人文社科外文图书联合目录"等数据库，提供数据库检索和浏览、书刊馆际互借与原文传递、相关咨询等服务。任何一所高校，只要成为 CASHL 成员馆，即可享受服务和相关补贴。

CASHL 服务辐射面也进一步拓展。CASHL 目前已拥有近 900 家成员单位，个人注册用户逾 15.4 万多个，CASHL 服务惠及上千万用户。

CASHL(http://www.cashl.edu.cn/)主页如图 3-9 所示。

图 3-9　中国高校人文社会科学文献中心主页

2. CASHL 主要服务

(1) 文献传递。CASHL 收录了 2 万多种人文社会科学外文期刊，其中核心期刊 4000 多种。可通过检索"CASHL 资源发现系统"查找所需要的文献，当无法直接获得电子全文时，可通过提交文献传递申请获得。文献一般通过电子邮件直接发到用户邮箱。

(2) 图书借阅。CASHL 收录了 70 所"教育部文科图书引进专款"受益院校共计 129 万种人文社会科学外文图书，涉及地理、法律、教育、经济/商业/管理、军事、历史、区域学、人物/传记、社会科学、社会学、体育、统计学、图书馆学/信息科学、文化、文学、心理学、艺术、语言/文字、哲学/宗教、政治等学科。此外，CASHL 还收录了上海图书馆 10 万种人文社科外文图书。CASHL 图书面向全国 CASHL 成员馆用户提供馆际互借服务。读者通过检索"CASHL 资源发现系统"，查到所需要的图书，可直接向收藏馆提交馆际互借申请借阅图书。

(3) 代查代检。为了更好地满足广大高校与科研院所人文社科研究人员的文献需求，弥补 CASHL 目前资源的不足，CASHL 特推出国内外文献代查代检服务。当在"CASHL 资源发现系统"平台上检索到一篇文献无收藏馆时，表明该文章 CASHL 未收藏，可以选择通过 17 家中心馆中任意一家图书馆代为查找。或者如果知道文献的信息，可直接"提交申请"，手工填写文献申请信息，由 CASHL 全国中心北京大学图书馆代为查找所需文献。代查代检服务为用户提供了一种资源间接获取的服务方式。

3.3.6　国家科技图书文献中心(NSTL)

国家科技图书文献中心(National Science and Technology Library，NSTL)是 2000 年 6 月组建的一个虚拟的科技文献信息服务机构。成员单位包括中国科学院文献情报中心、工程技术图书馆(中国科学技术信息研究所、机械工业信息研究院、冶金工业信息标准研究院、中国化工信息中心)、中国农业科学院图书馆、中国医学科学院图书馆。网上共建单位包括中国标准化研究院和中国计量科学研究院。NSTL 根据国家科技发展需要，按照"统一采购、规范加工、联合上网、资源共享"的原则，采集、收藏和开发理、工、农、医各学科领域的科技文献资源，面向全国开展科技文献信息服务。其发展目标是建成国内权威的科技文献信息资源收藏和服务中心、现代信息技术应用的示范区、同世界各国著名科技图书馆交流的窗口。NSTL 登录网址为 http://www.nstl.gov.cn ，主页如图 3-10 所示。

图 3-10　国家科技图书文献中心主页

经过多年的建设和发展，国家科技图书文献中心已经发展成为集中外文学术期刊、会议录、学位论文、科技报告、图书、专利、标准和计量规程等于一体，形成了印本和网络资源互补的保障格局，资源丰富、品种齐全的国家科技文献信息资源保障基地。目前，外文印本文献每年订购品种约为26000余种，其中外文科技期刊17000多种，外文会议录等文献9000余种；收藏外文科技类图书11万余册，包括科技丛书、文集汇编、工具书、科技专著的印刷版和电子版图书；收藏中文标准约54万余条；外文标准文献200万余条，主要涵盖国际组织标准、美国标准、欧洲标准、亚洲标准、大洋洲标准等数据库。计量检定规程3600余条；收藏中国大陆专利数据1250万余条，台湾省专利110万余条，欧美日韩等发达国家及世界知识产权组织专利文摘共计1400多万余条；国外学协会及出版机构等出版的会议录文献总量近20万册；中文学位论文220多万篇，外文学位论文70多万篇。

文献服务是NSTL的主要服务项目，具体内容包括文献检索、全文传递、代查代借等。

文献检索面向用户提供各类型科技文献题录或文摘的查询服务。文献类型涉及期刊、会议录、学位论文、科技报告、专利标准和图书等，文种涉及中、西、日、俄等。检索方式有一框检索、高级检索、专业检索等多种。注册用户在NSTL网站上检索到的文献资源，可通过全文传递和代查代借方式请求原文传递服务。

全文传递服务是在文献检索的基础上延伸的一项服务内容，即根据用户的请求，以电子邮件的方式提供全文。用户检索到所需文献后，点击"文献传递"，即跳转至申请单页面。填写申请单，选择支付方式后，点击"提交申请"即可。

代查代借服务面向中国大陆地区注册用户提供各类型文献全文的委托复制服务。用户填写"代查代借请求申请表"并完成提交后，接收单位工作人员将根据用户限定的地域、时间与费用要求，依次在NSTL成员单位、国内其他文献信息机构和国外文献信息机构查找用户所需文献。NSTL成员单位馆藏范围内资源，原则上在2个工作日内提供原文；如需到国内其他机构或国外机构查找文献，发送原文的时间将视具体情况而定。代查代借服务为收费服务，根据文献提供机构不同，文献的复制费用有所不同。

思 考 与 练 习

1. 图书馆的服务一般包括哪些？

2. 《中图法》分为几大部类，几个大类？将下面的分类号按《中图法》分类排架的顺序排列。

I247.5，I1，A766，I242，I2-61，I247.59，I24，I251，I2，I25

3. 在索书号 H31-43/10/:1 中，H31-43 表示_____，10 表示_____，:1 表示_____。

4. 利用学校图书馆OPAC系统，查找学校收藏的鲁迅的所有作品。写出检索途径和检索表达式。

5. 《中图法》中与自己专业相关的是哪一个大类？本校收藏该类文献多少种？写出符合要求的两条记录的书名、作者、出版社。

6. 读者可通过哪些方法向图书馆荐购图书？在学校OPAC"读者荐购"子系统中，推荐自己感兴趣的2本图书。要求写出推荐步骤及推荐图书信息(书名、作者、出版社)。

7. 利用读秀学术搜索检索自己学过的一门课程，写出检索途径、表达式、命中结果数。找出收藏量和被引量较高的 3 种图书，写出题名、作者、出版社和出版日期。利用该方法找出本学科其他课程的高质量图书。

8. 利用读秀检索《如何阅读一本书》(莫提默·J. 艾德勒，查尔斯·范多伦著)，查看相关章节，了解读书方法。

9. 如何从图书馆快速找到自己感兴趣的图书？若本馆没有收藏此书，可通过哪些途径获取此书？

第4章 网络信息资源检索

网络的发展改变了人们的生活和工作方式，它让人们在轻松获取信息的同时，也彻头彻尾地将人们抛弃在无边无际的信息海洋之中。2018 年中国互联网络信息中心(CNNIC)发布的第 42 次《中国互联网络发展状况统计报告》显示，中国网页数目已超过 2600 亿个，年增长率 10.3％。同时，由于网络信息的无序、优劣混杂、缺乏有效的管理和控制等特点，使得上网用户在纷繁复杂的信息和数据面前变得无所适从。如何准确、及时、有效地找到所需的信息，对所有人来说都是十分重要的。

4.1 网络信息资源概述

4.1.1 网络信息资源的定义和特点

1. 网络信息资源的定义

网络信息资源是指通过计算机网络可以利用的各种信息资源的总和，即以数字化形式记录的，以多媒体形式表达的，分布式存储在网络计算机的存储介质以及各类通信介质上，并通过计算机网络通信方式进行传递的信息内容的集合。网络信息资源将原本相互独立、分布于世界各地的数据库、信息中心、文献中心等联结在一起，形成一个内容与结构全新的信息整体。

2. Internet

Internet 是世界上规模最大、覆盖面最广、信息资源最为丰富的计算机信息资源网络。它将遍布全球的各个国家和地区的计算机系统连接而成了一个计算机互联网络。从技术角度看，Internet 是一个以 TCP/IP 作为通信协议连接各国、各地区、各机构计算机网络的数据通信网络；从资源角度来看，它是一个集各部门、各领域的各种信息资源为一体的，供网络用户共享的信息资源网络。

Internet 最早起源于美国国防部高级研究计划局(Advanced Research Project Agency, ARPA)建立的军用计算机网络 ARPAnet，它是利用分组交换技术将斯坦福研究所、加州大学圣巴巴拉分校、加州大学洛杉矶分校和犹他大学连接起来，于 1969 年开通。ARPA 后改名为 Defense Advanced Research Project Agency，简称 DARPA，ARPAnet 被称为 DARPAnet Internet，简称为 Internet。1974 年提出的 TCP/IP 协议在 ARPAnet 上的应用使 ARPAnet 成为初期 Internet 的主干网。1985 年，美国国家科学基金会(National Science Foundation, NSF)筹建了互联网中心，将位于新泽西州、加州、伊利诺伊州、纽约州、密歇根州和科罗拉多州的 6 台超级计算机连接起来，形成 NSFnet，并通过 NSFnet 资助建立了按地区划分的近

20 个区域性的计算机广域网。同时，NSF 确定了 Internet 的 TCP/IP 通信协议，所有网络都采用 TCP/IP 协议集并连接 ARPAnet，从而使各个 NSFnet 用户都能享用所有用于 Internet 的服务。随后，NSFnet 又把各大学和学术团体的各种区域性网络与全国学术网络连接起来。1990 年 3 月，ARPAnet 停止运转，NSFnet 接替 ARPAnet 成为 Internet 新的主干网络。1995 年 4 月，NSFnet 停止运行，由美国政府指定的 Pacific Bell、Ameritech Advanced Data Services and Bellcore 和 Sprint 三家私营企业介入网络的运作，网络进入了商业化全盛发展时期。很快，Internet 将遍布世界各地的大小不等的网络连接成一个开放的计算机网络体系。1997 年 6 月，诺基亚、爱立信、摩托罗拉和无线星球(Unwired Planet)共同组成了 WAP 论坛。在 WAP 论坛成员的努力下，WAP(无线通信协议)诞生了。WAP 是在数字移动电话、互联网或其他个人数字助理机(PDA)、计算机应用乃至未来的信息家电之间进行通讯的全球性开放标准。通过 WAP 技术，可以将 Internet 的大量信息及各种各样的业务引入到移动电话、PALM 等无线终端之中。无论你何时何地需要信息，只需打开 WAP 手机，就可享受无穷无尽的网上信息或者网上资源。

　　1987 年至 1993 年，以中国科学院高能物理研究所为首的一批科研院所与国外机构合作开展了一些与 Internet 联网的科研课题，通过拨号方式使用 Internet 的电子邮件系统，并为国内一些科研机构提供 Internet 电子邮件服务。1990 年 10 月，中国正式向国际 Internet 网络信息中心(InterNIC)登记注册了最高域名 CN，从而开通了使用自己域名的 Internet 电子邮件。1994 年 4 月，由中国科学院主持建设的中国国家计算与网络设施(The National Computing and Networking Facility of China，NCFC，又称中关村地区教育科研示范网 NCFCnet)，以专线形式连入 Internet，开通了 Internet 的全功能服务。

　　据《中国互联网发展状况统计报告》显示，截止到 2018 年 6 月底，我国上网用户总人数达 8.02 亿，其中手机网民规模达到 7.88 亿，网站总数升至 544 万个。

3. 网络信息资源的特点

　　网络信息资源是通过网络生产和传播的数字化资源。在 Internet 这个信息媒体和交流渠道的支持下，网络信息资源日益成为人们获取信息的首选。与传统信息资源相比，网络信息资源在数量、结构、分布、传播范围、类型、载体形态等方面都有显著的差异。

　　1) 信息量大、传播广泛

　　Internet 具有结构的开放性和信息发布的自由性。近 20 年来，人类生产的信息已超过过去 5000 年信息生产的总和。网络信息资源又有着广泛的可获取性，通过 Internet，用户可以利用分布于世界各地的信息资源，远远突破了传统检索系统所能提供的信息资源范围。

　　2) 信息类型多样、内容丰富

　　网络信息资源是多媒体、多类型、集成式的信息混合体，覆盖了人类生活、工作、学习等各个领域。从信息的类型来看，有文本、图表、图像以及多媒体信息；从存在的形式看，有文件、数据库、超文本和超媒体等。

　　3) 信息时效性强、动态、不稳定

　　网络信息更新快、时效性很强。不但各种信息处在不断生产、更新、淘汰的状态，它所连接的网络、网站、网页也都处在变化之中。网络信息的快速变化和不可预测性，大大增加了网络组织和管理的难度。

4) 信息分散无序、但关联程度高

分散存储在联网计算机上的信息没有统一的控制。从宏观上看，网络信息是分散的、无序的、不规范的，但从某个局部来看，如某个网站、网页、数据库，信息是有控制的、也是相对集中、有序和规范的。而且网络信息资源是借助于 Internet 特有的超文本和超媒体链接技术组织在一起的，内容之间具有较高的关联程度。这种局部有序、总体无序的特点，凸现了网络信息组织与整合的重要性。

5) 信息价值差异大、难于管理

网络的共享性与开放性使得人人都可以通过网络获取和存放信息。由于缺乏质量控制和监管机制，很多信息没有经过严格编辑和整理，导致大量不良和无用的信息充斥在网络上，形成了一个纷繁复杂的信息世界，给用户选择和利用网络信息带来了障碍。

4.1.2　网络信息资源的类型

1. 按网络传输协议划分

1) WWW 信息资源

WWW 信息资源是建立在超文本、超媒体技术以及超文本传输协议(Hyper Text Transfer Protocol，HTTP)基础上的集文本、图形、图像、声音于一体，以直观的图形界面展现和提供信息的网络资源形式。WWW 其实是 Internet 中一个特殊的网络区域，这个区域是由网上所有超文本格式的文档(网页)集合而成。超文本文档里既有数据又有包含指向其他文档的"链"(Link)，使得不同文档里的相关信息连接在一起。通过这些"链"，用户在 WWW 上查找信息时可以从一个文档跳到另一个文档，而不必考虑这些文档在网络上的具体地点。WWW 信息资源是 Internet 信息资源的最主要、最常见的形式。

2) TELNET 信息资源

TELNET 信息资源是指在远程登录协议(Telecommunication Network Protocol，TELNET)的支持下，用户计算机经 Internet 登录远程计算机，使自己的本地计算机暂时成为远程计算机的一个终端，进而可以实时访问，并在权限允许的范围内实时使用远程计算机系统中的各种硬件资源和软件资源。通过 TELNET 方式提供的信息资源主要有政府部门和研究机构的对外开放数据库、图书馆的公共目录系统及信息服务机构的综合信息系统等。Dialog、OCLC 等商用联机信息检索系统提供了 TELNET 形式的连接方式，付费取得账号和口令后，可以检索其数据库资源。

3) FTP 信息资源

信息资源文件传输协议(File Transfer Protocol，FTP)的主要功能是利用网络在本地与远程计算机之间建立连接，从而使不同操作系统的计算机之间实现文件传送。FTP 不仅允许从远程计算机获取和下载文件(download)，也可将文件从本地机复制到远程计算机(Upload)。因此，FTP 实质上相当于在网络上两个主机之间复制文件。FTP 信息资源是指借助于 FTP 访问 Internet 上各种 FTP 服务器，以文件方式在联网计算机之间传输的信息资源。FTP 一般在组织或机构内部比较常见，使用的网络信息资源可为任何类型，不过目前以应用程序软件和多媒体信息资源为主。目前，FTP 仍是发布、共享、传递软件和长文件的主要方法。

4) 新闻组信息资源

新闻组(Usenet Newsgroup)是一种利用网络环境提供专题讨论服务的应用软件，是 Internet 服务体系的一部分。在此体系中，有众多的新闻组服务器，它们接收和存储有关主题的消息供用户查阅。新闻组实质上是由一组对某一特定主题有共同兴趣的网络用户组成的电子论坛，用户在自己的主机上运行新闻组阅读程序(newsreader)，申请加入某个感兴趣的新闻组，便可以从服务器中读取新闻组信息。同时，用户也可以将自己的见解发送到新闻组中，供其他用户参考。新闻组信息资源是一种丰富、自由、开放的信息资源。

5) 电子邮件信息资源

电子邮件(Electronic Mail，E-mail)是借助网络传递信息的现代化通信方式。只要知道收件人的邮箱地址，就可以利用计算机网络将邮件发送给对方。同时，也可以接收来自世界各地的邮件。用户可向提供电子邮件服务的机构申请电子邮箱来利用该类信息资源。

6) Gopher 信息资源

Gopher 是一种基于菜单的网络服务程序，能为用户提供广泛、丰富的信息。通过 Gopher，用户无需知道信息的存放位置和掌握相关的操作命令就能快速找到并访问所需的网络资源。用户的全部操作是在各级菜单的指引下，逐层展开菜单，在菜单中选择项目和浏览相关内容，就能访问因特网上远程联机计算机信息系统。这是 Gopher 的一大优势，即它可以跨越多个计算机系统，在本地计算机与远程 Gopher 服务器之间实现连接与信息共享。此外，Gopher 还设有工具转换接口，可直接调用其他的信息资源检索工具或转入其他的服务器，如 WWW、FTP、Telnet、WAIS、Archie 服务器等。Gopher 曾经以其简单、统一的界面，方便易用的特点和丰富的资源构成 Internet 上的一种重要的资源类型，然而随着网络的发展，只能提供文本信息的 Gopher 服务器已大多被 Web 服务器所取代。

7) WAIS 信息资源

信息资源广域信息服务器(Wide Area Information Servers，WAIS)是一种双层客户机/服务器结构的网络全文信息资源和检索体系，允许用户在不同结构的远程数据库之间传输和检索信息。网上有数百个免费的 WAIS 数据库，可通过访问匿名服务器 ftp://ftp.wais.com/pub.Directory-of-servers，了解所需信息存放的 WAIS 服务器后，再通过相应的 WAIS 服务器查询所需的数据库。

2. 按照网络信息资源的组织方式划分

信息组织是将无序状态的特定信息，根据一定的原则和方法，使其成为有序状态的过程。其目的在于将无序信息变为有序信息，方便人们有效利用和传递信息。面对纷繁、无序的网络信息，人们采取了多种方式对其进行组织。目前使用较为普遍的主要有以下四种。

1) 文件方式

文件(File)是一种较为古老的信息组织方式，适用于网络信息资源。文件方式简单方便，适合存储文本、程序、图形、图像、图表、音频、视频等非结构化信息。在 Web 中，网页就属于超文本文件，FTP 类检索工具也是用来帮助用户利用那些以文件形式组织和保存的信息资源。但是文件方式对结构化信息的管理则显得力不从心，因为文件系统只能涉及信息的简单逻辑结构，当信息结构较为复杂时，就难以实现有效的控制和管理。而且，随着网络信息量的不断增长,以文件为单位的信息资源共享和传输还会使网络负载加大。因此,文件本身只能作为信息单位成为其他信息组织方式的管理对象。

2) 超文本/超媒体方式

超文本/超媒体方式是一种新型的信息管理组织方式,不仅注重所要管理的信息本身,而且更加注重信息之间关系的建立与表示。超文本/超媒体方式是将网络信息按照相互关系非线性存储在许多节点(Node)上,节点间以链路(Link)相连,形成一个可任意连接的、有层次的、复杂的网状结构。超文本方式以线性和静态的文本信息为处理对象,超媒体方式是超文本与多媒体技术的结合,将文字、图表、声音、图像、视频等多媒体信息以超文本方式组织。超文本/超媒体方式不仅体现了信息的层次关系,而且也符合人们思维的联想和跳跃性习惯。用户既可以根据链路的指向进行检索,也可以根据自己的需要和思维,任意选择链路进行信息的检索,从而在高度链接的各种信息库中自由航行,无须专业检索技巧就可找到所需的信息。正是由于这个优点,超文本/超媒体方式已成为 Internet 上占主流地位的信息组织与检索方式。但对于一些大型的超文本/超媒体检索系统,由于涉及的节点和链路太多,用户很容易出现信息迷航和知识认知过载的问题,很难迅速而准确地定位到真正需要的信息节点上。为了避免这些检索瓶颈,需要设立导航工具,并辅以搜索查询机制,以便用户在任何位置都能到达想要去的节点。

3) 数据库方式

数据库是对大量的规范化数据进行管理的技术。它将要处理的数据经合理分类和规范化处理后,以记录形式存储于计算机中,用户通过关键词及其组配查询,就可以找到所需信息或其线索。利用数据库技术组织信息资源可在很大程度上提高信息的有序性、完整性和安全性,提高对大量的结构化数据的处理效率。此外,数据库以字段作为存取单位,用户可根据需要灵活地改变查询结果集的大小,从而大大降低网络数据传输的负载。传统数据库方式对非结构化信息的处理难度较大,不能提供数据信息之间的知识关联,无法处理结构日益复杂的信息单元,检索界面缺乏直观性和人机交互性。但随着信息处理技术的发展,Web 数据库在克服上述缺点方面取得了很大进步。集 Web 技术和数据库技术于一体的 Web 数据库已经成为 Web 信息资源的重要组成部分,所存储的都是经过人工严格收集、整理加工和组织的具有较高学术价值、科研价值的信息。由于各个数据库后台的异构性和复杂性,以及对其使用的限制,利用一般的网络信息检索工具是无法检索其信息资源的,因此必须利用各个数据库的专用检索系统。

4) 网站

网站(WebSite)一般综合采用文件、超文本/超媒体和数据库等方式将内容相关的信息组织到主页和从属页面中。它们既是信息资源开发的要素,又是网络中的实体。从网络的组织结构可以看出,信息资源主要分布在网站上。作为网络信息与网络用户之间的中介,网站集网络信息提供、网络信息组织和网络信息服务于一体,其最终目的是将网络信息有序化、整合,向用户提供优质的信息服务。

3. 按照网络信息资源的内容划分

1) 网络数据库

网络数据库是借助 Internet,以 Web 为检索平台提供信息检索服务的数据库,它是数据库技术和 Web 技术相结合的产物。除了传统纸本工具书、联机数据库与光盘数据库改造而成的网络数据库外，还出现了大量依托 Web 产生的商业网络数据库。这些网络数据库内容涉及各种不同的专业领域和文献出版类型，如万方知识服务系统、OCLC 的数据库系列、INSPEC 网络数据库等。

2) 网络出版物

网络出版物是以数字代码形式将文字、图像、声音、视频等信息存储在磁、光、电介质上，通过 Internet 高速传播，并通过计算机或者类似设备阅读使用的出版物。信息技术和网络技术为出版物的出版、发行和传播创造了良好的条件，不仅大量的纸本文献开始发行电子版本，很多出版物完全以电子化、数字化形式编辑、制作、出版和发布，并以网络化形式发行。

3) 社会信息

社会信息是机构和个人发布的数据、资料、新闻和服务等多方面的信息。社会信息范围广泛，内容庞杂，主要包括政府机构部门的政策和服务信息、社会新闻、生活娱乐信息、机构名录、产品目录、广告信息、商品信息、股市信息和专题评论等。

4) 软件资源

软件资源主要是指通过网络提供给用户使用的各种应用程序。它们以文件形式存在，帮助用户实现某些应用功能，如杀毒、解压、聊天、系统维护、多媒体播放、文件传输、程序编辑等。

5) 其他类型的信息

其它类型的信息包括网络论坛交流信息、电子公告、网络日志等存在于 Internet 上的信息。

4.1.3　网络信息检索的一般方法

网络信息资源存储在连接到网络的主机和服务器中，如果知道资源的地址，就可通过浏览器或其他方式利用这些信息。不管是哪一种检索方法，都是以找到服务器在网上的地址(URL)为目标，再通过该地址去访问服务器提供的信息。

1. 网上浏览

网上浏览需要从一个相关网站或网页出发，通过超文本文档中的链接找到一批新的相关网站或网页，在浏览这些网页后，再从这些网站或网页提供的链接找到下一批相关网站，如此循环下去，像滚雪球一样不断扩大搜索范围。网上浏览类似于文献检索方法中的引文法，只是检索对象不是普通文献，而是网站。用网上浏览的方法，通常会有意外的发现，但耗费的时间多，且需要预先收集网址。在研究课题时用这种方法收集信息，效率可能就比较低，而且收集到的信息也不全面。

2. 网络资源指南

网络资源指南是专业人员对网络信息资源进行采集、评价、组织、过滤和控制，从而开发出的可供用户浏览和检索的多级主题分类体系。当用户需要某一类信息资源的时候，通过逐级浏览网页主题指南的分类体系，就可获取相关信息。网络资源指南的局限性在于管理、维护跟不上网络信息的增长和更新，收录范围不够全面，各网站的分类体系不统一。

3. 搜索引擎

利用搜索引擎是较为普遍的网络信息检索方式。用户以关键词、词组或自然语言构成检索表达式，提出检索要求，搜索引擎代替用户在数据库中检索，并将检索结果提供给用户。利用搜索引擎检索的优点是简单方便，检索速度快、范围广，能及时获取新增信息。其缺点在于检索准确性不理想。

4. RSS 阅读工具

RSS 是一种用于发布和获取网络内容的 XML 格式的工具。使用 RSS 阅读工具，用户可以轻松地订阅所需信息。这些被称作 RSS 阅读工具的软件，会自动将用户订阅的 RSS 源内容聚合成一个网页，并不断自更新，用户无需一个个打开有关的目标网页即可浏览所需内容。

4.2　搜　索　引　擎

4.2.1　搜索引擎的概念

搜索引擎是根据一定的策略，运用特定的计算机程序搜集互联网上的信息，在对信息进行组织和处理后，为用户提供检索服务的系统。换句话说，搜索引擎是通过 Internet 接受用户的查询指令，并向用户提供符合查询要求的信息资源网址系统。它在 Web 中主动搜索信息(网页上的单词和特定的描述内容)并将其自动索引，存储在可供检索的大型数据库中。当用户输入关键词查询时，搜索引擎会告诉用户包含该关键词信息的所有网址，并提供通向该网络的链接。搜索引擎既是用于检索的软件，又是提供查询、检索的网站。所以，搜索引擎也可称为 Internet 上具有检索功能的网页。

4.2.2　搜索引擎的基本工作原理

看似简单的搜索引擎背后涉及包括数据结构、索引、算法、知识表示、自然语言处理、信息检索、人工智能、计算机网络、分布式处理、数据库、数据挖掘等多个方面的内容。通常，搜索引擎主要包括信息采集、信息加工、信息检索与检索结果提供这几个部分。

信息采集模块(搜集器)以一定的策略在因特网等信息源中采集相关信息。大多数搜索引擎利用能够从互联网上自动收集网页的 Spider 系统程序，自动访问互联网，并沿着网页中的 URL 爬到其它网页。不断重复这过程，并把爬过的所有网页收集回来，形成原始数据库。

信息加工是对收集到的网页资源进行标引、建立索引、编制摘要、完成分类等过程。即由分析索引系统程序对收集回来的网页进行分析，提取相关网页信息(包括网页所在 URL、编码类型、页面内容包含的关键词、关键词位置、生成时间、大小、与其他网页的链接关系等)，根据一定的相关度算法进行大量复杂计算，得到每一个网页针对页面内容中及超链接中每一个关键词的相关度(或重要性)，然后用这些相关信息建立网页索引数据库。

信息检索模块根据用户的检索提问对检索项与索引项进行匹配运算以获取对应的检索

结果集。当用户输入关键词搜索后，由搜索系统程序(搜索器)从网页索引数据库中找到符合该关键词的所有相关网页。因为所有相关网页针对该关键词的相关度已算好，所以只需按照现成的相关度数值排序，相关度越高，排名越靠前。

检索结果提供是在进行必要的相关分析后以超链形式给出检索结果，即由页面生成系统将搜索结果的链接地址和页面内容、摘要等内容组织起来返回给用户，如图 4-1 所示。

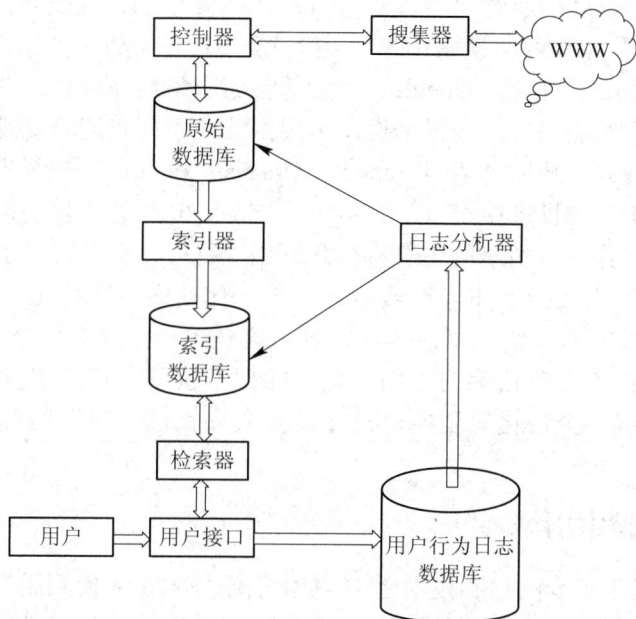

图 4-1　搜索引擎基本工作原理图

事实上，搜索引擎并不真正搜索互联网，它搜索的实际上是预先整理好的网页索引数据库。真正意义上的搜索引擎，通常指的是收集了因特网上几千万到几十亿个网页并对网页中的每一个词(即关键词)进行索引，建立索引数据库的全文搜索引擎。当用户查找某个关键词的时候，所有在页面内容中包含了该关键词的网页都将作为搜索结果被搜出来。在经过复杂的算法进行排序后，将这些结果按照与搜索关键词相关度的高低，依次排列并呈现。现在的搜索引擎已普遍使用超链分析技术，除了分析索引网页本身的内容，还分析所有指向该网页的链接页面内容。所以，有时候，即使某个网页 A 中并没有某个词比如"信息素质"，但如果有别的网页 B 用链接"信息素质"指向这个网页 A，那么用户搜索"信息素质"时也能找到网页 A。而且，如果有越多网页(C、D、E、F……)用名为"信息素质"的链接指向这个网页 A，或者给出这个链接的源网页(B、C、D、E、F……)越优秀，那么网页 A 在用户搜索"信息素质"时也会被认为更相关，排序也会越靠前。

4.2.3　搜索引擎的发展历史

一般认为搜索引擎的雏形是 1990 年由加拿大麦吉尔大学开发的 Archie 系统，它通过定期搜集并分析 FTP 系统中的文件名信息，提供查找分布在各个 FTP 主机中的文件。1993 年，美国内华达大学开发出功能更为全面的提供网页检索的 Veronica 系统。紧随其后，搜索引擎开始采用网页自动采集器，即网络蜘蛛 Spider 来提高信息采集的性能，如美国麻省理工学院的 MatthewGray 开发的基于 Spider 技术的搜索产品 World Wide Web Wander。1994年初，美国华盛顿大学开发出了因特网上实现全文搜索的搜索引擎 WebCrawler。同年 7 月，Michael Mauldin 开发出基于 Spider 技术的搜索引擎 Lycos。接着，美国斯坦福大学的大卫·菲勒(David Filo)和美籍华人杨致远(GerryYang)共同开发出目录索引式搜索引擎 Yahoo。从此，搜索引擎进入了快速发展的新时期。1995 年 12 月，DEC 的正式发布 AltaVista。AltaVista是第一个支持自然语言搜索的搜索引擎，也是第一个实现高级搜索语法的搜索引擎(如AND、OR、NOT 等)。近年来，Google、百度等搜索引擎日益成熟，功能日趋完善。

纵观搜索引擎的发展历史，一般来说，可根据其在不同时期的研发重点和性能的不同分为三代。第一代搜索引擎以早期的 Yahoo、AltaVista 和 Infoseek 等为代表，这类搜索引擎的特征是基于人工分类目录搜索。以 Google、DirectHit 等为代表的搜索引擎一般称为第二代搜索引擎。第二代搜索引擎的主要特征是运用"符号计算"，基于关键词搜索以及以关键词组合为基础的全文搜索和模糊搜索。与第一代搜索引擎相比，基于关键词搜索的优势是使用方便，搜索速度快，直接搜索内容，这是第一代搜索引擎无法比拟的。目前，搜索引擎已进入了一个空前繁荣的时期。现今的搜索引擎不仅索引规模大，而且更多地结合了自然语言理解、个性化等智能化技术，有人亦称这一时期的搜索引擎为第三代搜索引擎。

4.2.4　发展中的搜索引擎

作为 Internet 必不可少的核心技术之一，搜索引擎技术是人们利用海量网络资源的重要工具。目前的搜索引擎，对于不同的用户，如果基于相同的关键词进行搜索，得到的结果基本相同。但是由于用户的个人爱好、文化背景等不同，虽然使用相同的关键词，但是想要的结果却不一样。Google 中国原总裁李开复也认为，目前的搜索引擎只是对海量的网页进行简单排序，事实上，最聪明的搜索引擎，并非要提供多元化信息，而是能够为用户提供所提出问题的答案，甚至解决问题。因此，随着 Internet 的快速发展，未来的搜索引擎应该更能够满足用户的信息查询需求。事实上，已经有人指出，整合搜索、社区搜索和移动搜索等正在成为今后发展的趋势。

1. 整合搜索

用户通过网络搜索获得海量信息是基于信息抓取技术，属于刚性搜索。如果搜索引擎能够通过对用户信息的整合，预知用户搜索的目的后，就能从海量信息中整理出用户最需要、最实用的信息，并通过整合其他渠道帮助用户解决实际问题，这就是刚性搜索的软化处理。网络实名、用户注册信息以及 IP 地址分析等是软性搜索的必要条件。整合搜索不是简单地把搜索结果罗列在一起，而是经过页面搜索、垂直搜索之后，在更高层次上为用户提供最佳搜索结果，即通过将其他搜索产品的结果整合到网页搜索中，使结果信息内容更加丰富、形式更为多媒体化。整合搜索的前提是基于对关键字的智能分析判断。但是，随着用户需求的提高，对整合检索的要求也越来越高。如何美观、简洁地呈现多种类型的信息，如何提高信息查询结果的精度、检索的有效性与整合的质量，仍然是搜索引擎不可回避的命题。

2. 社区搜索

社区搜索代表一种理念，即把大众的智慧汇集起来给需要的人(搜索)使用，许多志同道合的人汇集在一起分享思想。比如通过百度旗下的"百度知道"，用户可以用提问的形式，将问题提交给搜索引擎，不同的人将会回答提出的问题，过一段时间后大多能有令人满意的答案。这些答案汇集起来，逐渐壮大，形成一个知识库。当然，对于很多问题，用户可以直接搜索得到答案。据百度内部人士分析，"百度知道"每天的浏览量达到千万级，发展势头很猛。其他互联网公司也在做"知识搜索"方面的产品，比如中国雅虎的"知识堂"、奇虎的"经验搜索"、腾讯的"问问"等。虽然大部分都还处于发展初期，不过在不久的将来，社区搜索将会越来越完善。

3. 移动搜索

随着手机等移动终端的逐渐普及，移动搜索已经成为获取信息资源的重要方式。移动搜索是基于移动网络的搜索技术的总称，用户可以通过 SMS(Short Message Service，短信息)、WAP(Wireless Application Protocol，无线应用协议)、IVR(Interactive Voice Response，互动式语音应答)等多种接入方式进行搜索，获取互联网信息、移动增值服务及本地信息等信息服务内容。移动搜索的核心是将搜索引擎与移动设备有机结合，生成符合产品和用户特点的搜索结果。目前，知名的移动搜索引擎有百度、搜狗、360 搜索、神马搜索、Google、Bing、微信搜一搜、头条搜索、中国搜索、夸克搜索等。Google 已在全球范围发布谷歌中文语音搜索，谷歌手机搜索已经加入中文语音搜索功能，用户在手机上只需按下通话键即可进行语音搜索，这是手机搜索与 PC 互联网搜索最大的不同之处。苹果公司也推出了 Siri 语音控制功能。通过这个语音功能，可以把 iPhone 变成一个智能化的机器人，可以实现天气查询、搜索查询等功能。未来的移动搜索将会变得更加的个性化，移动的搜索结果也将基于搜索位置、搜索偏好、以及个人的社交网络信息等。

4. 垂直搜索

垂直搜索引擎(Vertical Search Engines)也常常被称为专业搜索引擎(Specialty Search Engines)、专题搜索引擎(Topical Search Engines)，是有针对性地为某一特定领域、某一特定人群或某一特定需求提供有专门的信息检索服务，以满足用户个性化的信息需求。垂直搜索引擎是对特定领域或行业的内容进行专业和深入的分析挖掘、过滤筛选，信息定位为更精准的专业搜索，实际上是搜索引擎的细分和延伸。垂直搜索引擎的特点是"专、精、深"，且具有行业特色，即与综合搜索引擎的海量信息无序化相比，垂直搜索引擎则更加专业、具体和深入。就垂直搜索引擎的工作模式来说，很多垂直搜索引擎是依靠人工或者半人工的方式来提取结构化信息的，但近年智能化的非结构化信息提取技术取得了重大进展，在一些领域也得到了有效应用。具体而言，垂直搜索引擎的 Spider 更加专业化和可定制化，能够定向采集与垂直搜索范围相关的网页，对内容相关的以及适于进一步处理的网页进行优先采集。其信息采集可以通过人工设定网址和网页分析等方式共同进行，在定向分字段抽取出所需要的数据并处理后再以某种形式返回给用户。比如，购物搜索引擎的整体工作流程大致如下：在 Spider 抓取网页后，对网页中的商品信息进行抽取，抽取出商品名称、价格、简介等信息，然后对信息进行比较、去重、分类，最后提供给用户搜索。还可以通过分析挖掘为用户提供市场行情报告。由于垂直搜索引擎在信息抓取的过程中已经进行了去重、分类、比较分析、数据挖掘等深度加工，因此，垂直搜索引擎提供给我们的信息具有较高的价值。

4.2.5 搜索引擎的类型

搜索引擎按不同的分类原则可以有多种分类方式。如按信息标引的方式划分，搜索引擎可以分为目录式搜索引擎、机器人搜索引擎和混合式搜索引擎；按信息查询的方式划分，搜索引擎可分为浏览式搜索引擎、关键词搜索引擎、全文搜索引擎、智能搜索引擎；按语种划分，搜索引擎又可以分为单语种搜索引擎、多语种搜索引擎和跨语言搜索引擎等。

按工作方式或者检索机制来划分，搜索引擎主要可分为目录型搜索引擎、索引型搜索引擎和元搜索引擎 3 种类型。

1. 目录型搜索引擎

目录型搜索引擎(Search Index/Directory)，也被称为网络资源指南，是浏览式的搜索引擎。它是由专业人员以人工或半自动的方式搜集网络信息资源，并将搜集、整理的信息资源按照一定的主题分类体系编制的一种可供浏览、检索的等级结构式目录(网站链接列表)。用户通过逐层浏览该目录，在目录体系的从属、并列等关系引导下，逐步细化来查找所需的信息资源。目录型搜索引擎往往根据资源采集的范围设计详细的目录体系，检索结果是网站的名称、地址和内容简介，因此，目录型搜索引擎是一种网站级搜索引擎。

目录型搜索引擎层次结构清晰、易于查找，而且所收录的网络信息资源经过专业信息人员的鉴别、选择和组织，从而确保了检索工具的质量和检索的准确性。但目录型搜索引擎的数据库规模相对较小，某些分类主题收录内容不够全面，系统更新、维护的速度受到很大的制约，查全率不高。目录型搜索引擎比较适合于查找综合性、概括性的主题概念或类属明确的课题。

著名的目录型搜索引擎有 Yahoo、Galaxy、搜狐、新浪、Open Directory、Infoseek、The WWW Virtual Library、BUBL LINK、AOL Search 和蓝帆等，目前只有数量很少的目录搜索仍在提供服务。

2. 索引型搜索引擎

索引型搜索引擎(Robot Search Engine)也被称为机器人搜索引擎或关键词搜索引擎，它实际上是一个 WWW 网站。与普通网站不同的是，索引型搜索引擎网站的主要资源是包括 WWW 等众多资源的索引数据库。索引式搜索引擎主要使用"网络机器人"(Robot)或"网络蜘蛛"(Spider)的自动跟踪索引软件，通过自动分析网页的超链接，依靠超链接和 HTML 代码分析获取网页信息内容，并采用自动搜索、自动标引、自动文摘等方式建立和维护索引数据库，以 Web 形式提供用户检索界面，用户输入关键词后，其后台的检索代理软件代替用户在索引数据库中查找出与检索提问匹配的记录，并将检索结果反馈给用户。

索引型搜索引擎索引数据库的容量非常庞大，收录、加工信息的范围广，速度快，能向用户及时提供最新信息。但由于标引过程缺乏人工干预，加之检索代理软件的智能化程度不是很高，导致准确性不是很高。索引型搜索引擎比较适合于检索特定主题的信息以及较为专深、具体或类属不明确的课题。

比较重要的索引型搜索引擎主要有百度(http://www.baidu.com/)、谷歌(http:// www.

google.com/)、搜狗(http://www.sogou.com/)、Bing(必应)(http://bing.com.cn/)、雅虎(https://www.yahoo.com/)、SOSO 搜搜(http://www.soso.com/)、有道搜索(http://www.yodao.com/)、中国搜索(http://www.chinaso.com/)、360 搜索(http://www.so.com/)、LookSmart (http://www.looksmart.com/)、Yandex(https://www.yandex.com/)、WebCrawler(http:// www. WebcRawler.com/)等。

3. 元搜索引擎

元搜索引擎(Meta Search Engine，MSE)是一种将多个独立的搜索引擎集成到一起，提供统一的用户查询界面，将用户的检索提问同时提交给多个独立搜索引擎，检索其共享的独立搜索引擎的资源库，再经过聚合、去重和排序等处理，将最终检索结果一并返回给用户的网络检索工具。元搜索引擎是对搜索引擎进行搜索的搜索引擎，是对多个独立搜索引擎的整合、调用、控制和优化利用。因此，元搜索引擎也被称为"搜索引擎之母"(The Mother of Search Engines)。相对于元搜索引擎，可被利用的独立搜索引擎称为"源搜索引擎"(Source Search Engine)或"成员搜索引擎"(Component Search Engine)。元搜索引擎一般都没有自己的网络机器人及数据库，但在检索请求提交、检索接口代理和检索结果显示等方面，通常都有自己研发的特色元搜索技术。

在搜索引擎发展进程中，元搜索引擎有一种初级形态称为集合式搜索引擎(All-In-One Search Page)。集合式搜索引擎曾以其方便、实用在网络搜索工具家族中占据一席之地。集合式搜索引擎是通过网络技术，在一个网页上链接很多个独立搜索引擎，检索时需点选或指定搜索引擎，一次输入，多个搜索引擎同时查询，搜索结果由各搜索引擎分别以不同的页面显示，其实质是利用网站链接技术形成的搜索引擎集合，而并非真正意义上的搜索引擎。集合式搜索引擎无自建数据库，不需研发支持技术，也不能控制和优化检索结果。

比较重要的元搜索引擎主要有：MetaCrawler(http://i.search.metacrawler.com/)、Dogpile(http://www.dogpile.com)、Mamma(http://www.mamma.com)、Search.com(http:// www. search.com)、SurfWax(http://www.surfwax.com)Kartoo(http://www.kartoo.com)、One2Seek (http://one2seek.com)、ceek(http://www.ceek.jp/)等。

4.2.6 常用的搜索引擎

1. 索引型搜索引擎

1) 百度(http://www.baidu.com)

百度是全球最大的中文搜索引擎，1999 年底由李彦宏、徐勇创建于美国硅谷，2000 年开始在中国发展。2000 年 5 月，百度首次为门户网站——硅谷动力提供搜索技术服务，之后迅速占领中国搜索引擎市场，成为最主要的搜索技术提供商。2001 年 8 月，百度发布了Baidu.com 搜索引擎 Beta 版，从后台服务转向独立提供搜索服务，并且在中国首创了竞价排名商业模式。2001 年 10 月 22 日，百度正式发布 Baidu 搜索引擎。2005 年 8 月 5 日，百度在美国纳斯达克上市，成为 2005 年全球资本市场上最为引人注目的上市公司，百度由此进入一个崭新的发展阶段。百度主页如图 4-2 所示。

图 4-2　百度主页

百度搜索引擎把先进的超级链接分析技术、内容相关度评价技术结合起来，在查找的准确性、全面性、更新时间、响应时间等方面具有优势。百度每天响应来自 138 个国家超过数亿次的搜索请求。用户可以通过百度主页，在瞬间找到相关的搜索结果。同时，超过 3 万个搜索联盟会员，通过各种方式将百度搜索结合到自己的网站，使用户不必访问百度主页也能进行百度搜索。此外，百度运用了中文智能语言的处理方法，支持主流的中文编码标准，包括汉字内码扩展规范(GBK)、简体(GB2312)、繁体(BIG5)等，并且能够在不同的编码之间转换，极大方便了来自全球各个国家的中文搜索请求。百度搜索结果来自超过数百亿的中文网页数据库，并且，这些网页的数量正以每天千万级的速度在增长。除网页搜索外，百度还提供 MP3 音乐、新闻、地图、影视等多样化的搜索服务，创造了以贴吧、知道、百科、空间为代表的搜索社区。百度还为各类企业提供竞价排名推广业务，以及关联广告服务。随着移动互联网的发展，百度网页搜索完成了由 PC 向移动的转型，由连接人与信息扩展到连接人与服务，用户可以在 PC、Pad、手机上访问百度主页，通过文字、语音、图像多种交互方式瞬间找到所需要的信息和服务。在提供同样的海量应用、精准搜索外，百度移动应用客户端还具备云推送、精准语音搜索等功能。

(1) 网页搜索。百度网页搜索简单方便，仅需在主页的搜索框内输入关键词，然后按回车键或单击"百度一下"按钮，即可得到符合查询需求的网页内容。

(2) 视频搜索。百度视频是百度旗下的视频聚合平台，主要依托百度在视频搜索、推荐、大数据等领域的核心技术，面向用户推荐个性化的视频内容。百度视频通过全系列产品向网民提供服务，包括百度视频官方网站、百度影音播放器、百度视频 App 等。百度视频是全球最大的中文视频搜索平台，聚合了超过 5 亿条视频，包括影视相关、音乐 MV、游戏、娱乐、体育、搞笑等内容。

(3) 图片搜索。百度图片搜索引擎是世界上最大的中文图片搜索引擎。百度图片拥有来自几十亿中文网页的海量图库，收录数亿张图片，并在不断增加中。百度新闻图片搜索从中文新闻网页中实时提取新闻图片，具有新闻性、实时性、更新快等特点。在百度首页单击"图片"链接，或者在地址栏中输入 http://image.baidu.com/，可以打开百度图片搜索主界面。在图片搜索框中输入要搜索的关键字(党的二十大)，点击"百度一下"按钮，即可搜索出相关的图片。搜索结果页面支持图片尺寸选择、颜色选择、图片类型等筛选项，可以得到更为精确的结果，如图 4-3 所示。

图 4-3　百度图片搜索

(4) MP3 搜索。百度音乐目前已更名为千千音乐，网址为 http://music.taihe.com/。千千音乐是中国音乐门户之一，拥有正版高品质音乐，权威音乐榜单，新歌速递，契合用户需求的主题电台以及人性化的歌曲搜索。网站支持曲名、歌手、歌词搜索功能，可在搜索栏查找需要的歌曲。千千音乐另提供 PC 客户端、移动版客户端、千千随心听等版本。千千音乐移动版是为 iPhone、Android 用户倾力打造的手机音乐播放软件，可以随时随地，便捷获取音乐资源，尽享免费高品质海量曲库。千千随心听是千千音乐推出的一款在线音乐电台收听页面，其优点是界面简洁，操作简便，不用添加任何播放列表，一键畅听好音乐。千千音乐 PC 客户端是千千音乐旗下一款支持多种音频格式播放的音乐播放软件，拥有自主研发的全新音频引擎，集播放、音效、转换、歌词等众多功能于一身。同时，可以调用千千音乐搜索的功能。因为版权问题，目前千千音乐不支持外部链接。

(5) 新闻搜索。2003 年 7 月，百度推出了新闻搜索。百度新闻是目前世界上最大的中文新闻搜索平台，每天发布 80000～100000 条新闻，新闻源包括 500 多个权威网站。百度新闻是一种 24 小时的自动新闻服务，与其他新闻服务不同，它从上千个新闻源中收集并筛选新闻报道，将最新最及时的新闻提供给用户。热点新闻由新闻源网站和媒体每天"民主投票"选出，不含任何人工编辑成分，真实反映每时每刻的新闻热点。焦点新闻是通过自动计算一篇新闻被所有新闻网站转载和引用的次数，鉴于越受关注的新闻将会被越多的转载或引用，相当于由每个新闻网站和报纸杂志的编辑记者一起参与投票民主选举热点新闻。

百度新闻包括新闻浏览、新闻搜索、个性化新闻、RSS 新闻订阅、历史新闻、地区新闻等多个新闻搜索服务。单击百度首页中"新闻"链接或者在地址栏中输入 http://news.baidu.com/，可以打开百度新闻搜索主界面。

(6) 地图搜索。百度地图是百度提供的一项网络地图搜索服务，覆盖了国内近 400 个城市、数千个区县。在百度地图里，用户可以查询街道、商场、楼盘的地理位置，也可以找到距离最近的所有餐馆、学校、银行、公园等。2010 年 8 月，百度地图服务在普通的电子地图功能基础新增加了三维地图按钮。百度地图提供了丰富的公交换乘、驾车导航的查询功能，提供最适合的路线规划。不仅能知道要找的地点在哪，还可以知道如何前往。同时，百度地图还提供了完备的地图功能(如搜索提示、视野内检索、全屏、测距等)，便于更好地使用地图，便捷地找到所求。单击百度首页中"地图"链接或者在地址栏中输入 http://map.baidu.com，可以打开百度地图搜索主界面。

(7) 百度学术搜索。百度学术搜索(https://xueshu.baidu.com/)是百度旗下提供海量中英文文献检索的学术资源搜索平台，涵盖了各类学术期刊、会议论文。数据来源于超过 70 万家的国内外学术站点，包含大量商业学术数据库，如中国知网、万方、维普、ScienceDirect、Wiley、ACM、IEEE、EBSCO、Springer 等，以及百度文库、道客巴巴、豆丁网、OA 数据库、杂志社和高校的机构仓储等大量提供全文链接的网站。百度学术搜索可通过发表时间、关键词、作者、机构、出版物名称、检索词位置等细化指标提高检索的精准性。搜索结果会自动过滤掉普通网页搜索结果中的大量垃圾信息，只显示经过筛选、查重、结构化提取和有序化整理等处理后的各种学术文献信息，供用户免费使用，提高用户的科研体验。百度学术搜索的推出，就像在各文献网站中架设起了错落有致的桥梁，使得用户可以随意穿梭，极大地降低了搜索成本。对于专业学术网站而言，其丰富的内容也有了最大化的输出渠道。

(8) 常用搜索。百度常用搜索是百度在 2008 年推出的一款网络产品，主要针对用户日常使用频率高的搜索功能进行了整合。百度常用搜索主要提供天气预报、火车车次、航班班次、电视预告、常用电话、文档搜索、手机号码、股票信息、计算器、度量转换、英语辞典、消费者维权、地区区号、邮政编码、政府机构、交通处罚、IP 地址、万年历、历史上的今天、成语字典、汉语字典、百科词典和货币兑换等搜索功能。2012 年 2 月百度常用搜索迁移到 hao123 生活助手平台。

(9) 百度的搜索技巧。

① 输入多个词语搜索(不同字词之间用一个空格隔开，相当于逻辑"与")，可以缩小检索范围，获得更精准的搜索结果。在百度查询时不需要使用逻辑符号"AND"或"+"，百度会在空格隔开的词语之间自动添加逻辑"与"运算符。

例如，要了解伦敦奥运会相关信息，可在搜索框中输入"伦敦 奥运会"，搜索效果会比输入"伦敦奥运会"的效果更好。

② 减除无关资料(逻辑"非")。有时候，搜索结果中某一方面的不相关内容特别多，这时可以利用"减除无关资料"功能，缩小查询范围，提高命中率。百度支持"-"功能，用于有目的地删除某些无关网页，但减号之前必须留一空格。

例如，要搜寻关于"欧债危机"，但不含"希腊"的资料，可在搜索框中输入"欧债危机 -希腊"。

③ 并行搜索(逻辑"或")。使用"A | B"来搜索"或者包含词语 A,或者包含词语 B"的网页。例如,要查询"欧债危机"或"次贷危机"的相关资料,无须分两次查询,只要输入"欧债危机|次贷危机"搜索即可。

④ 相关检索。百度的"相关搜索",会列出一些和当前搜索很相似的一系列检索词。当搜索结果不理想时,用户可以通过参考别人进行过的搜索,来获得一些启发。如果无法确定输入什么词语才能找到满意的资料,也可以试用百度相关检索。可以先输入一个关键词搜索,百度搜索引擎会在搜索结果页面的下方显示"其他用户搜索过的相关搜索词语"作参考。点击其中一个相关搜索词,就能得到这个相关搜索词的搜索结果,如图 4-4 所示。

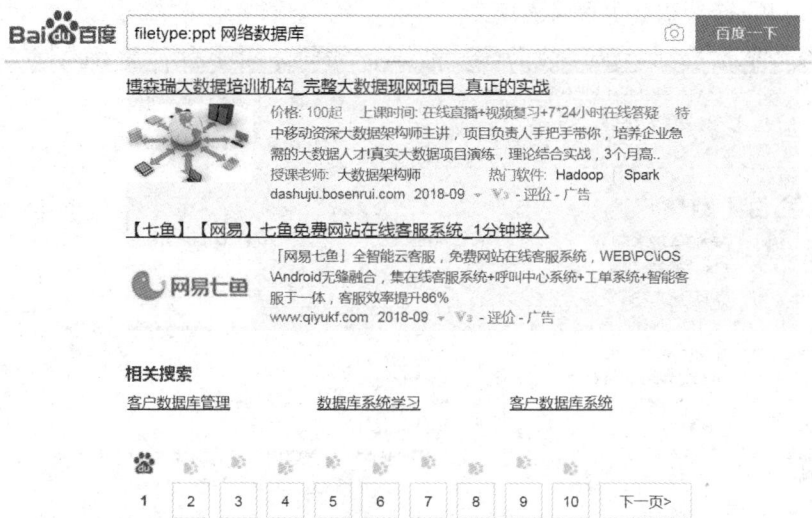

图 4-4　百度相关搜索页面

⑤ 专业文档搜索。网上很多有价值的资料以 Word,PowerPoint,PDF 等格式存在,百度支持这些文档的搜索。搜索时,在输入的关键词后面,加一个"filetype:文档类型"即可。"filetype:"后的文档类型可以是 DOC,XLS,PPT,PDF,RTF,ALL 等文件格式。其中,ALL 表示搜索所有以上文件类型。例如,查找交易费用方面的 WORD 文档,可以输入"交易费用 filetype:doc"。在搜索结果页面下,点击结果标题,可下载文档。

⑥ 在指定网站内搜索。百度默认搜索整个互联网,利用"site:"命令可以限制只搜索某个具体网站、网站频道、或某域名内的网页。例如,"植物生理 site:lzu.edu.cn"表示在兰州大学网站内搜索和"植物生理"相关的资料;"intel site:com.cn"表示在域名以"com.cn"结尾的网站内搜索和"intel"相关的资料;"甘肃.cn"表示在域名以"cn"结尾的网站内搜索和"甘肃"相关的资料。

需要注意的是,利用"site:"命令时,搜索关键词在前,"site:"及网址在后;关键词与"site:"之间须留一空格隔开;site 后的冒号":"可以是半角,也可以是全角,百度搜索引擎会自动辨认;"site:"后最好不要有"http://"前缀或"/"后缀;网站频道只局限于"频道名.域名"方式,不能是"域名/频道名"方式。

⑦ 在标题中搜索。利用"intitle:"命令,可以限制只搜索网页标题中含有这些关键词的网页。例如,"intitle:十八大"表示搜索标题中含有关键词"十八大"的网页;"intitle:

搜索引擎 互联网"表示搜索标题中含有关键词"搜索引擎"和"互联网"的网页。

⑧ 在 url 中搜索。利用"inurl:"命令,可以限制只搜索 url 中含有这些文字的网页。例如:

"inurl:mp3"表示搜索 url 中含有"mp3"的网页;

"inurl:网页"表示搜索 url 中含有"网页"的网页;

"inurl:china news"表示搜索 url 中含有"china"和"news"的网页。

⑨ 高级搜索。如果对百度各种查询语法不熟悉,可以使用百度的高级搜索。例如,要查找题名中包含网络数据库的 PPT 课件,可以在高级搜索页面中按图 4-5 所示进行检索,执行检索后得到的检索结果如图 4-6 所示。

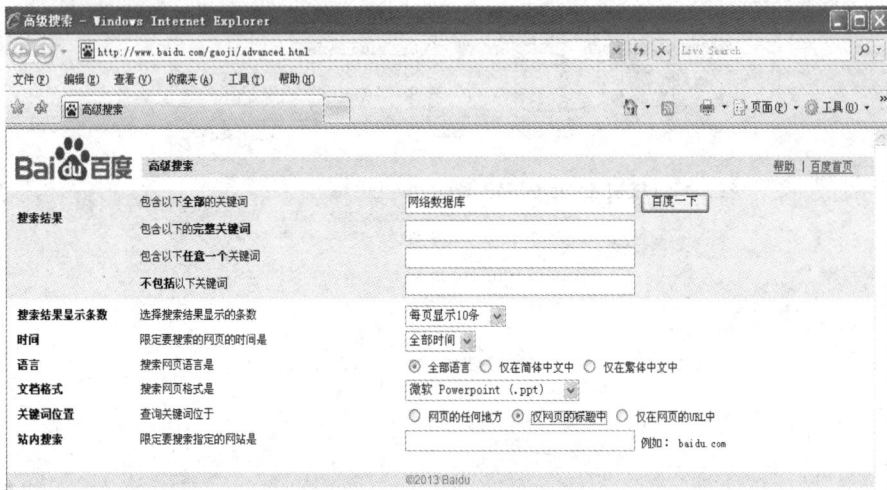

图 4-5　百度高级搜索页面

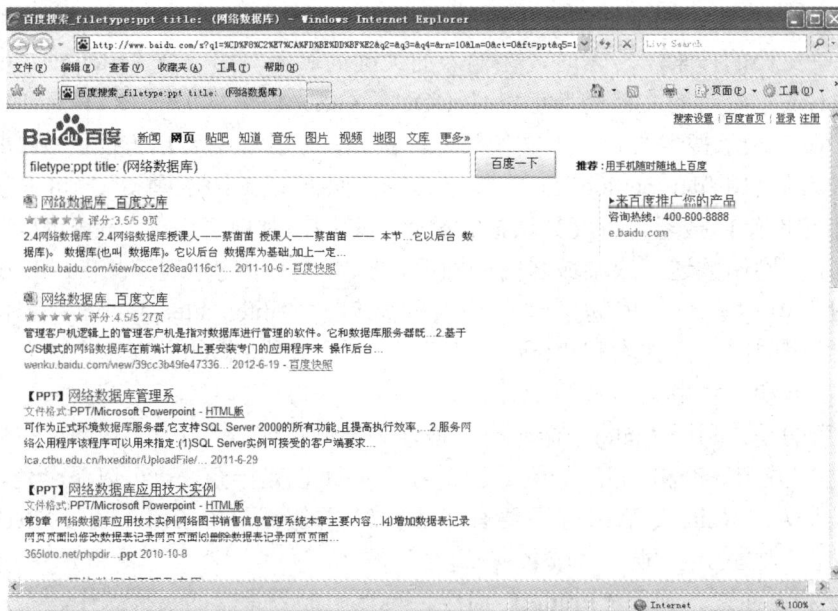

图 4-6　百度高级搜索页面

2) Google 中文版(http://www.google.com.hk/)

Google 公司是由斯坦福大学拉里·佩奇(Larry Page)和谢尔盖·布林(Sergey Brin)于 1998 年 9 月组建的，公司提供的核心服务就是搜索引擎。Google 来自"Googol"，是一个数学名词，表示一个 1 后面跟着 100 个零，Google 使用这一术语作为公司名体现了公司整合网上海量信息的远大目标。自 2000 年开始商业运作以来，Google 以其先进的技术、全面的检索功能和简单有效的服务，在全球范围内拥有了大量的用户。目前，Google 已经发展成为世界范围最优秀的搜索引擎。

Google 搜索引擎的成功得益于其强大的功能和独到的特点。Google 采用超文本链接结构分析技术和大规模的数据挖掘技术，能根据 Internet 本身的链接结构对相关网站用自动方法进行分类，提供最便捷的网上信息查询方法，并为查询提供快速准确的结果。Google 使用 PageRank 技术检查整个网络链接结构，并确定哪些网页重要性最高。然后进行超文本匹配分析，以确定哪些网页与正在执行的特定搜索相关。在综合考虑整体重要性以及与特定查询的相关性之后，Google 可以将最相关最可靠的搜索结果放在首位。PageRank 并不计算直接链接的数量，而是将从网页 A 指向网页 B 的链接解释为由网页 A 对网页 B 所投的一票。这样，PageRank 会根据网页 B 所收到的投票数量来评估该页的重要性。此外，PageRank 还会评估每个投票网页的重要性，因为某些网页的投票被认为具有较高的价值，这样，它所链接的网页就能获得较高的价值。重要网页获得的 PageRank(网页排名)较高，从而显示在搜索结果的顶部。Google 技术使用网上反馈的综合信息来确定某个网页的重要性。搜索结果没有人工干预或操纵，这也是为什么 Google 会成为一个广受用户信赖、不受付费排名影响且公正客观的信息来源。

Google 支持使用中、英、德、日、法等 57 种语言，支持新闻组的 Web 方式浏览和张贴、目录服务、PDF 文档搜索、地图搜索、工具条、搜索结果翻译、搜索结果过滤等功能。Google 拥有世界上最大的搜索引擎数据库，收录的资源类型包括网页、图像、多媒体数据、新闻组资源、FTP 资源和其他各类资源等。除了 HTML 文件外，支持 PDF、DOC、PPT、XLS、RTF、SWF、PS 等 13 种文件的搜索。Google 数据库现存超过 81 亿个 Web 文件，每天处理超过 10 亿次的搜索请求，而且这一数字还在不断增长。Google 不仅拥有自身的独立搜索引擎网站，还将其搜索引擎技术出售给世界上许多公司，目前，包括美国在线(AOL)在内的全球 150 多家公司采用了 Google 搜索引擎技术。2010 年 3 月，Google 宣布停止了中国大陆地区的搜索服务。谷歌香港域名为 www.google.com.hk。

(1) 基本搜索(如图 4-7 所示)。在搜索框内输入需要查询的关键词，单击"Google 搜索"按钮提交查询后，系统根据用户的检索词和查询选项返回查询结果。在搜索结果页面的右上方显示搜索结果命中记录数量和耗时，每个搜索结果记录包括网页标题、网页摘要、URL、网页大小、更新时间、类似网页等内容。Google 将检索词用黑体加下划线显示，单击这些词可以进入其他有用的资源链接。Google 不仅可以自定义每页显示的结果数量(10、30 或 100)，还能根据网页级别，对结果网页排列优先次序。此外，它还具有帮助用户查找性质相似网页和推荐网页的功能。

图 4-7　Google 中文版的主页

Google 具有自己独特的语法结构。词与词之间加空格表示逻辑"与"，"A B"表示搜索同时包含关键词 A 和关键词 B 的网页。词与词之间加"-"号表示逻辑"非"，"A –B"表示搜索包含关键词 A 但没有关键词 B 的网页。Google 用大写的"OR"表示逻辑"或"操作。搜索"A OR B"，意思就是说，搜索的网页中，要么有 A，要么有 B，要么同时有 A 和 B。很多搜索引擎支持通配符号，如"*"代表一连串字符，"?"代表单个字符等。但 Google 对通配符支持有限。它目前只可以用"*"来替代单个字符，而且包含"*"必须用引号引起来。例如，"以*治国"，表示搜索第一个为"以"，末两个为"治国"的四字短语，中间的"*"可以为任何字符。Google 对英文字符大小写不敏感，"GOD"和"god"搜索的结果是一样的。Google 的关键词可以是单词(中间没有空格)，也可以是短语(中间有空格)。但是，用短语做关键词，前后必须加英文引号，表示该检索词组是一个完整的检索单元，否则空格会被当作"与"逻辑运算符。此外，Google 有 9 个禁用词，如 to、by、with、the 等助词或冠词，通常这些词无助于检索，却降低了检索的效率。

(2) 高级搜索。单击 Google 中文主页中的"高级搜索"链接，进入高级搜索页面，如图 4-8 所示。在高级搜索方式下，用户可以通过检索文本框和下拉列表来确定搜索条件。除了可对关键词的内容和匹配方式进行限制外，还可以从语言、文件格式、日期、字词位置、网域、使用权限、搜索特定网页和特定主题等方面进行检索条件和检索范围的限定。此外，Google 允许用户按照个人爱好设置"使用偏好"，并可以保存以供将来使用。

图 4-8　Google 高级搜索

（3）搜索范围限制功能。除了高级搜索提供的多种搜索条件选择外，Google 还提供按链接和网域等进行搜索范围的限制。

"site："表示搜索结果局限于某个具体网站或者网站频道，如"信息素质 site：sina.com.cn"表示在新浪网上搜索信息素质的有关资料。如果是要排除某网站或者域名范围内的页面，只需用"-网站/域名"。

"filetype"是 Google 开发的非常实用的一个搜索语法。也就是说，Google 不仅能搜索一般的文字页面，还能对某些二进制文档进行检索。目前，Google 已经能检索.xls、.ppt、.doc、.rtf、.pdf、.swf等多种文档。如搜索资产负债表的 Office 文档，可输入："资产负债表 filetype:doc OR filetype:xls OR filetype:ppt"。

Google 中可用"inurl"语法，使搜索的关键字包含在 URL 链接中。"inurl"语法表示返回的网页链接中一定包含第一个关键词，后面的关键词可出现在链接中或者网页文档中。有很多网站把某一类具有相同属性的资源名称显示在目录名称或者网页名称中，比如

"MP3""GALLARY"等，于是，就可以用"inurl"语法找到这些相关资源链接，然后，用第二个关键词确定是否有某项具体资料。例如，查找 MIDI 曲"沧海一声笑"，可以输入："inurl:midi"沧海一声笑""。"inurl"语法和基本搜索语法的最大区别在于，前者通常能提供非常精确的专题资料。

Google 中可使用"intitle"语法，使搜索的关键字包含在网页标题中。"intitle"的用法类似于上面的 inurl，只是后者对 URL 进行查询，而前者对网页的标题栏进行查询。网页标题，就是 HTML 标记语言 title 中间的部分。网页设计的一个原则就是要把主页的关键内容用简洁的语言表示在网页标题中。因此，只查询标题栏，通常也可以找到符合要求的专题页面。

Google 可查找所有包含了某个指定 URL 的页面列表。如果你拥有一个个人网站，估计很想知道有多少人对你的网站作了链接。而"link"语法就能迅速达到这个目的。例如，搜索所有含指向华军软件园"www.newhua.com"链接的网页，可输入"link:www.newhua.com"。需要注意的是，"link"不能与其他语法混合操作，所以"link:"后面即使有空格，也将被 Google 忽略。另外还要说明的是，link 只列出 Google 索引链接很小一部分，而非全部，所以如果你用 Google 没有搜到链到你的主页的链接，也不必灰心丧气。除了上述功能，link 语法还有其他妙用。例如，做友情链接的网站都有相似地方。这样，通过这些友情链接，可以找到一大批具有相似内容的网站。

Google 可使用"related"命令查找与某个页面结构内容相似的页面。例如，搜索所有与中文新浪网主页相似的页面，可输入"related:www.sina.com.cn"。

Google 中使用"cache"命令可搜索 Google 服务器上某页面的缓存，查找某些已经被删除的死链接网页。也就是说，"cache"命令相当于使用普通搜索结果页面中的"网页快照"功能。

(4) 特色查询功能。Google 还提供一些特色的查询功能，如"手气不错"、集成化工具条、网页快照、类似网页、网页翻译、单词英文解释和搜索结果过滤等。

① 手气不错。如果在输入关键词后选择"手气不错"按钮，Google 将带你到它所推荐的网页，省去许多麻烦。一般情况下，返回的是符合检索要求的第一个检索结果的页面。

② 网页快照。网页快照是 Google 为网页作的一份索引快照，用户通过"网页快照"功能，可以查看数据库缓存中该网页的存档文件，而无须链接到网页所在的网站。

③ 类似网页。如果用户对某一网站的内容很感兴趣，但网页资源却有限，可以单击"类似网页"，Google 会帮助找寻与这一网页相关的网页和资料。

④ 集成化工具条。为了方便检索者，Google 提供了工具条，集成在 IE 浏览器中，用户无需打开 Google 主页，就可以在工具条内输入关键字进行检索。此外，利用 Google 工具条，用户可以快捷地在 Google 主页、目录服务、新闻组搜索、字典、高级搜索和搜索设定之间进行切换。

⑤ 多元化服务。除了提供 Web 信息资源的检索外，Google 还推出了许多其他方面的服务，如计算器、天气查询、股票查询、邮编区号、电子邮件等。另外，Google 还提供图片搜索、新闻搜索、文档搜索、网上论坛搜索、博客搜索、学术搜索、快讯搜索和代码搜索等功能。用户可以根据自己的需求体会 Google 更多产品，如图 4-9 所示。

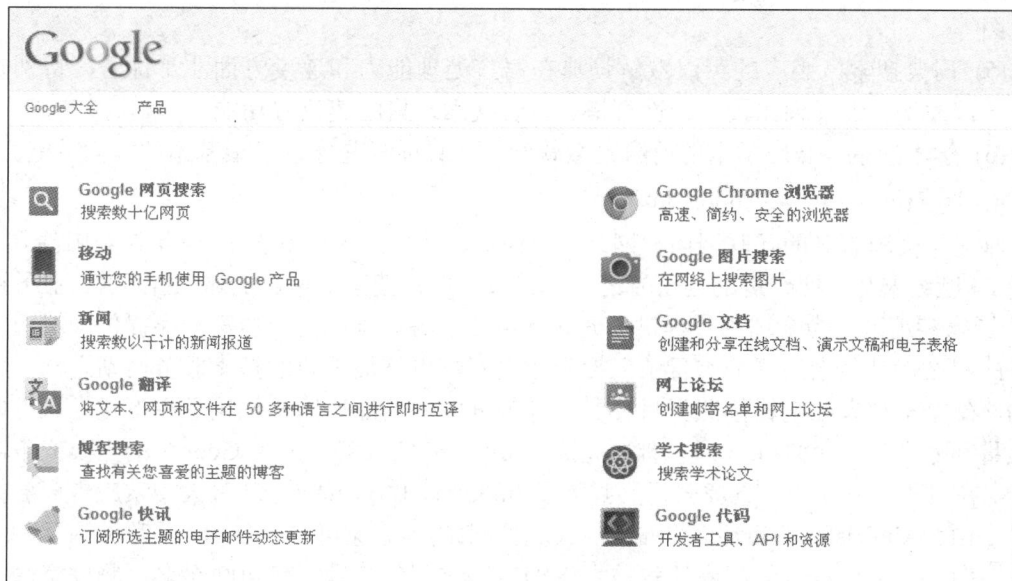

图 4-9　Google 中文版的更多产品

3) 必应(https://cn.bing.com/)

必应(Bing)是微软公司 2009 年推出的用以取代 Live Search 的全新搜索引擎服务。Bing 中文名称被定为"必应",其寓意是"有求必应"。从用户的体验角度来说,必应采取零广告政策,提供搜索记录保存、搜索结果收藏、个性界面设置、无痕式安全搜索、多语言版本搜索等功能。必应检索界面分为"国内版"和"国际版",如图 4-10 所示。中文必应提供网页、图片、视频、地图、词典和学术等类型资源的检索。

图 4-10　必应的检索界面

(1) 网页搜索。网页搜索支持汉字纠错、拼音输入、搜索提示等功能。必应的检索结果按照一定的规则归类,如百科网站结果、论坛结果等归纳在一起。

(2) 图片搜索。图片搜索功能提供了筛选条件和使用方式等选项,除了筛选图片尺寸、颜色、类型等功能外,还增加了版式、人物、日期、授权等筛选条件。

(3) 视频搜索。必应视频提供检索、浏览、观看以及与好友分享功能。

(4) 地图搜索。必应地图是卫星航拍图,比较接近真实色彩。利用必应地图可定位位置、跟踪路线、浏览场地地图及浏览位置和图标、添加和管理自己的企业名录、创建自定义地图等。

(5) 词典搜索。必应的英汉双解词典在语言处理能力和速度方面非常优秀,特别是支持近音词搜索、近义词比较、词性百搭、拼音搜索、搭配建议等功能。

(6) 学术搜索。必应学术的前身是微软学术,目前只是实现了最基本的检索功能。

4) 雅虎(http://www.yahoo.com/)

雅虎是美国著名的互联网门户网站,由杨致远和大卫·费罗于 1994 年在美国创立。雅虎是 20 世纪末互联网奇迹的创造者之一,其服务包括搜索引擎、电邮、新闻等,业务遍及 24 个国家和地区,为全球用户提供多元化的网络服务。雅虎是全球第一家提供因特网导航服务的网站,是最老的"分类目录"搜索数据库,也是最重要的搜索服务网站之一,所收录的网站全部被人工编辑按照类目分类,其数据库中的注册网站无论是在形式上还是内容上质量都非常高。2003 年 3 月,雅虎完成对 Inktomi 的收购,成为 Google 的主要竞争对手之一。在过去的几年中,雅虎公司又收购了 Inktomi、Overtune(全球最大搜索广告商务提供商)、Fast、AltaVista、Kelkoo(欧洲第一大竞价网站)等五家可与 Google 匹敌的国际知名搜索服务商,打造出独特的雅虎搜索技术(YST 技术)。在美国,有 400 余名用雅虎资深工程师组成的开发团队在进行 YST 的核心技术开发。2014 年 9 月,雅虎宣布将关闭目录搜索服务。雅虎主页如图 4-11 所示。

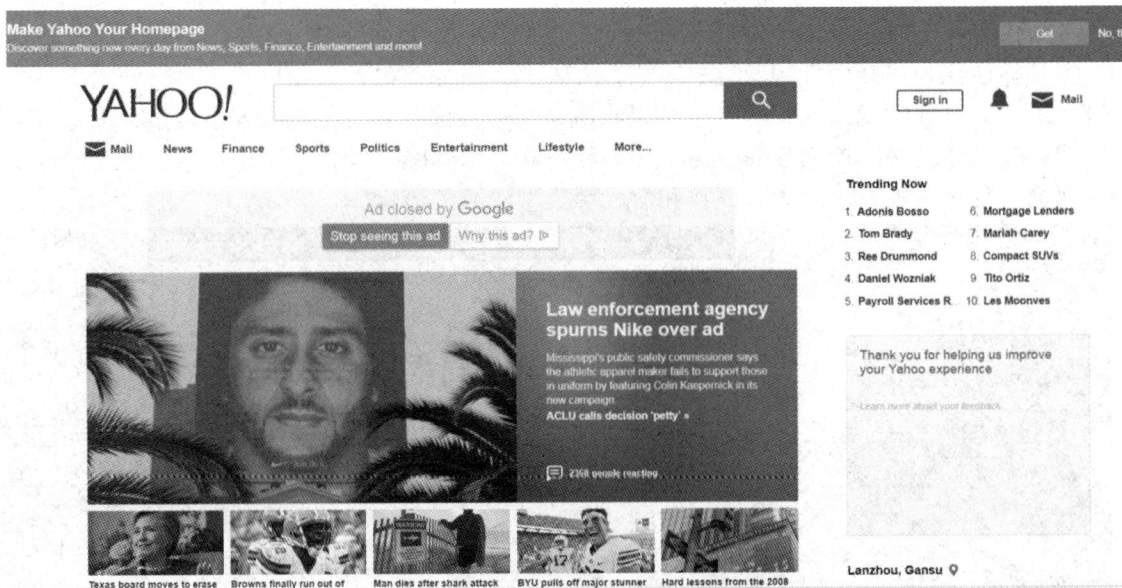

图 4-11　雅虎主页

5) Lycos(http://www.lycos.com/)

Lycos 是一个多功能搜索引擎,主页如图 4-12 所示。它于 1994 年 8 月开始在网上运行,目前是 Lycos 集团公司 Lycos network 服务的成员之一。Lycos 借助于自动搜索软件收集网页、人名、企业名录、多媒体、音乐/MP3、讨论组、新闻、产品信息等多种类型的资源,搜索结果精确度较高,尤其是搜索图像和音频文件的功能很强。Lycos 支持布尔逻辑运算符(AND、OR、NOT)、精确检索符(双引号),也可在检索词前加"+"表示该词一定出现,检索词前加"-"表示该词一定不出现。个人 Lycos 主页可根据个人兴趣和爱好设置相关的检索参数。此外，Lycos 还提供游戏、电子邮件、音乐、购物、个性化 Lycos、新闻快讯等服务。

图 4-12　Lycos 检索页面

6) Excite(http://www.Excite.com/)

Excite 是由斯坦福大学的几个大学生于 1993 年 8 月创建的 Architext 扩展而成的万维网搜索引擎，目前属于 Ask Jeeves 公司。Excite 收录了 100 多家信息提供商的丰富信息资源，包括网页、新闻、体育、股票、天气、企业黄页、人名等。Excite 提供网页检索、主题目录检索、新闻检索、图片检索和视频检索。Excite 可以采用双引号进行精确检索，"+"表示其后的检索词一定出现，"−"表示其后的检索词不能出现。主题目录浏览检索较简单，站点被分为汽车、商业和货币、计算机和网络、游戏、艺术与娱乐、休闲、健康、社会、参考、新闻和媒体、科技、宗教、体育和旅行等大类。此外，Excite 提供个性化定制服务，用户可以根据自己兴趣爱好设置个性化的界面格式、内容、布局或者颜色。除了提供网络信息检索服务外，Excite 还提供网上交流、免费邮件、天气预报、股票指数、体育信息等服务。

2. 元搜索引擎

1) MetaCrawler(http://www.metacrawler.com)

MetaCrawler 是最早的一个集合型搜索引擎，由华盛顿大学的 Eric Selberg 和 Oren Etzioni 于 1994 年开发出来，曾被评为综合性能最优良的集合搜索引擎。2000 年 MetaCrawler 加入 InfoSpaceNetwork 服务，隶属于 InfoSpace 公司。MetaCrawler 没有自己的网页索引数据库，只充当用户的检索代理，可调用 Google、Yahoo!和 Yandex 等几个搜索引擎来查找信息。在检索过程中，MetaCrawler 提供统一的检索界面，将用户检索请求转换成成员搜索引擎的检索指令，然后对检索结果转换、查重和排序。MetaCrawler 可检索网页、图片、视频、新闻、黄页、白页等多种信息资源，检索界面简洁、直观，操作简便，有基本检索和高级检索两种方式。基本检索无法构造复杂检索式，不支持布尔逻辑运算符、精确检索符

("")、通配符(*)等。高级检索提供了大量限制检索条件的选项，如用户可以指定检索式包含的检索词(组)、不包含的检索词(组)，运用布尔逻辑运算符构造检索式，设置是否过滤相关的语种和网站。

2) Dogpile(http://www.dogpile.com)

Dogpile 创建于 1996 年 1 月。早期的 Dogpile 只提供晨报新闻检索，后来逐步发展成为最受欢迎的元搜索引擎之一。Dogpile 是性能较好的元搜索引擎，可以调用包括 Google、Yahoo!等搜索引擎来查找信息。Dogpile 的搜索技术十分先进，可以使用"*"作为通配符，支持逻辑运算符 NOT、AND、OR 和括号。Dogpile 具有智能化的检索程序和简单易用的界面，用户只需输入检索词，然后单击"GoFetch!"即可，如图 4-13 所示。页面中可以选择资源类型，供选择的资源类型包括网页(Web)、图像(Image)、视频(Video)、新闻(News)、购物(shopping)和白页(WhitePages)等。Dogpile 提供了定制偏好功能(Preferences)，用户可根据自己的爱好定制个性化的信息检索服务，并保留这种定制直至下一次改变定制。Preferences 中可以定制的服务包括：通过搜索过滤(Search Filter)，排除一些色情内容；通过最近搜索(Recent Searches)，跟踪和显示最近进行的 15 项搜索任务；设置检索结果的排序方式(有相关性(Relevance)、字母表(Alphabetical)等多种排序方式供选择)；点击搜索结果时在新窗口中显示。

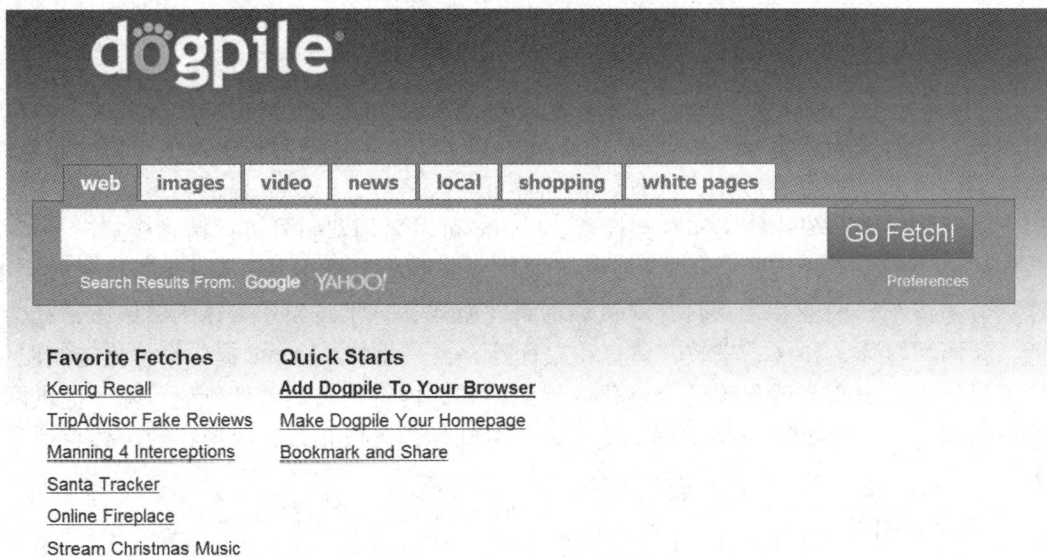

图 4-13　Dogpile 检索主页

3. 垂直搜索引擎(专业性搜索引擎)

1) 图像搜索引擎

万维网上的图像信息有多种形式，如图像、图形、位图和动画等。对于这些信息的查找，可以利用 Yahoo!、百度、Google、Lycos 和 AltaVista 等综合性搜索引擎的图片检索功能，也可以访问一些搜集各种图像资料的专业资料库和俱乐部网站。此外，还可利用一些专门的图像搜索引擎，如 http://www.gograph.com/。

2) 地图搜索引擎

地图搜索引擎是面向公众提供电子地图服务的网站,是检索全国乃至世界地图信息的重要工具。常用地图搜索主要有百度(https://map.baidu.com/)、谷歌(http://www.google.cn/maps)、高德(https://www.amap.com/)、360(https://ditu.so.com/)、腾讯(https://map.qq.com/)等。

3) 视频搜索

搜索感兴趣的视频,可以利用哔哩哔哩(https://search.bilibili.com)、百度视频搜索(http://video.baidu.com)、搜狗视频搜索(http://v.sogou.com)、腾讯视频搜索(https://v.qq.com/)、爱奇艺(http://xy.iqiyi.com/)和 360 视频搜索(https://video.360kan.com/)等。

4) 读书搜索引擎

搜索图书全文,查找感兴趣的图书,可以利用豆瓣读书(https://book.douban.com/)、百度图书(http://book.baidu.com)、网易云阅读(http://yuedu.163.com/book)、多看阅读(http://www.duokan.com/)、超星读书(http://book.chaoxing.com/)和读秀图书搜索(http://www.duxiu.com)等。

5) 论坛搜索引擎

论坛搜索引擎专注于抓取论坛里的内容,是一种专业化的搜索引擎。论坛具有交互性和参与性等特点,很多时候,譬如想查找关于某人某事的评论,论坛搜索引擎都是不错的选择。常用的论坛搜索有搜狗知乎搜索(http://zhihu.sogou.com/)、360 问答(http://wenda.so.com/)和百度知道(https://zhidao.baidu.com/)等。

6) 工作搜索引擎

以前,求职或者招聘信息通常通过纸媒、电视和广播等途径传播。网络兴起以后,有许多专业招聘网站,如 51job 前程无忧(http://www.51job.com)、智联招聘网(http://www.zhaopin.com)等开始提供招聘信息,通过网络找工作成了流行的求职方法。后来,又出现了许多工作搜索引擎,如职友集(http://www.jobui.com)和 Careerjet(http:// www. careerjet.cn)等。

7) 法律搜索引擎

了解有关法律法规内容,可以利用国家法律法规数据库(https://flk.npc.gov.cn/xf.html)、法律教育网(http://www.chinalawedu.com/falvfagui/)、中国法律检索系统(https:// law.pkulaw.com/)、法律快搜(http://so.lawtime.cn/)和法律之星(http://law1.law-star.com/)等。

8) P2P 搜索

P2P(peer-to-peer)意为对等网络,是与 C/S 相对应的网络运作模式,其显著特点是整个网络不存在中心节点(或中心服务器),其中的每一个节点(Peer)同时具有信息消费者、信息提供者和信息通信等三方面的功能。P2P 搜索引擎相对一般网站搜索引擎而言,传播速度更快,获取更方便,适用于大流量网络信息资源的共享和获取。目前,我国的 P2P 搜索主要在 BT 搜索领域,多用于软件、电影、音乐、书籍和游戏的搜索和获取。目前常用的 P2P 工具主要有 P2PSearcher、BTDigg 等。

4.3　开　放　存　取

随着计算机技术和网络技术的发展,科研人员从事科学研究的手段和技术越来越先进,科研成果的数量和质量都大幅度提高,科研人员发布科研成果、进行学术交流的愿望比以往更为迫切。但由于订阅的、传统的、商业化的期刊出版模式的出版周期长、流通渠道不畅、价格昂贵，一些领域的科研工作者开始寻找更加有效的方式来传播和交流成果。

4.3.1　开放存取的含义

开放存取(Open Access，OA)是国际科技界、学术界、出版界、图书馆界为推动科研成果自由传播而发起的运动，其目的是促进科学信息的广泛传播，促进学术信息的交流与出版，提升科学研究的公共利用程度，保障科学信息的长期保存。开放存取是一种新的学术信息交流的方法，作者提交作品不是为了得到直接的金钱回报，而是为了作品的传播和利用。对于"开放存取"，国内外很多组织和研究者都分别按照自己的理解下过定义。

2001 年 12 月 1—2 日，开放社会研究所(Open Society Institute，OSI)在匈牙利布达佩斯召集了一次有关 OA 的国际研讨会，起草和发表了"布达佩斯开放存取计划"(Budapest Open Access Initiative，BOAI)。该计划首次给出了开放存取的完整定义："对于某文献，存在多种不同级别和种类的、范围更广、更容易操作的存取方法。对某文献的'开放存取'意味着它在 Internet 公共域里可以被免费获取，并允许任何用户阅读、下载、复制、传递、打印、搜索、超链该文献，也允许用户为之建立索引，用作软件的输入数据或其他任何合法用途。用户在使用该文献时不受财力、法律或技术的限制，而只需在存取时保持文献的完整性。对其复制和传递的唯一限制，或者说版权的唯一作用应是使作者有权控制其作品的完整性，及作品被正确接受和引用"。这一定义从存取角度出发，强调开放存取的免费获取和广泛使用，后来的研究者大部分取这一定义。

2003 年 4 月，来自德国、英国和美国的 24 位科学家在美国马里兰州的百斯达(Bethesda)Howard Hughes 医学研究所召开了会议，达成并起草了原则声明，以促进实现生物医学原创科技文献的开放存取。6 月 20 日正式发表的《关于开放存取出版的百斯达宣言》(Bethesda Statement on Open Access Publishing)认为开放存取的作品必须满足以下两个条件：① 文献作者或著作权人授权世界范围的所有用户，可以合理地在任何数字媒体上免费、无条件地获取他们的文献。用户可以公开地复制、利用、扩散、传递和演示这些文献，可以创作和传播基于这些文献的新作品，可为个人使用打印出少量复本。② 作品的完整版本、所有附件和上述授权声明要以适当的标准电子格式，应立即存储在至少一个网络数据库中。这些数据库通常由某些研究机构、学术团体、政府部门或其他知名组织采用适当的技术标准建立和维护，旨在将其建设成为开放存取的、传播不受限制的、可互操作的、长期保存的档案。这一概念从开放存取作品的角度定义开放存取，强调开放存取作品必须具备的两个要素。

美国研究图书馆协会(Association of Research Libraries，ARL)将开放存取解释为在基于订阅的传统出版模式以外的另一种选择，即通过新的数字技术和网络化通信，任何人都可以及时、免费、不受任何限制地通过网络获取各类文献，包括经过同行评议过的期刊文章、参考文献、技术报告、学位论文等全文信息，用于科研教育及其他活动，从而促进科学信息的广泛传播和学术信息的交流与出版，提升科学研究的被利用程度，保障科学信息的长期保存。

4.3.2　开放存取的特点

1. 学术信息交流方便快捷

开放存取以因特网为信息交流平台，主要有开放存取期刊和开放存取知识库等形式。开放存取期刊以网络期刊为主，作者网上投稿，专家网上审稿。开放存取知识库则以学科或机构为依托。开放存取模式重视信源、信宿之间交流的直接性和交互性，可以实现作者、编辑、读者之间一对一、一对多、多对多的交互模式；开放存取重视学术交流的时效性，免去了传统出版中漫长的评审与出版过程，缩短了出版周期，提供了信息交流的效率。

2. 学术信息易于获取

开放存取的宗旨是在网络环境下实现学术信息的广泛传播和自由共享，使世界上任何人在任何时间、任何地方都可以不受限制平等地获取和使用学术成果。目前的学术交流危机主要是由于大型商业出版者控制了学术出版领域，科研人员无法及时方便地获取研究所需要的文献资料，而开放存取允许科研人员通过开放存取期刊和开放存取知识库等发表自己的学术成果，免费使用开放存取期刊和开放存取知识库提供的内容。开放存取不仅极大地方便了科研人员获取研究所需的文献资料，也增加了作者发表作品的机会，提高了作者的影响力和学术地位。

3. 开放存取内容丰富、形式多样

开放存取模式对学术信息的质量要求非常严格，而在内容和形式方面则没有限制。开放存取作品内容和形式多样，不仅包括纯文本的电子出版物，如电子学术论文、学位论文，还包括视频、音频等各种媒体形式的学术信息，如会议录、会议文献、技术报告、数据集、教学资料和讲座等。

4. 学术信息可以自由传播

开放存取是基于网络传播学术信息的，科研人员可以随时发布学术成果，可以在线与同行交流，也可以随时修改已经发表的作品。因而，开放存取具有很高的灵活度。开放存取强调开放式传播，同意文献可以在多个网络服务器上存储，可以以多种途径检索和阅览，交流范围覆盖整个因特网，各系统间具有良好的互操作性。

4.3.3　开放存取的主要实现途径

开放存取是基于开放存取理念，通过网络向用户免费提供信息所采用的各种方式和方法。一般认为，开放获取的途径包括开放存取期刊、开放存取知识库、个人 Web 站点(Personal Websites)、电子书(Ebooks)、邮件列表服务(Listservs)、论坛(Discussion Forums)、博客(Blogs)、维基(Wikis)、RSS 种子(RSS Feeds)、P2P 的文档共享网络(File Sharing Networks)等多种形式。

1. 开放存取期刊

开放存取期刊就是能在因特网上自由获取的学术性网络期刊。开放存取期刊允许用户进行阅读、下载、复制、分发、打印、检索链接到全文，用于编制索引、作为软件数据使用或者其他合法目的，除需要上网之外，没有其他的经济、法律以及技术障碍。进行分发

和复制的唯一限制和规定是允许文章作者对其作品完整性以及署名权和引用权进行控制。

开放存取期刊之所以能够为广大网络用户免费使用，关键在于其独特的付费模式即现在最流行的作者付费模式。因为开放存取期刊的出版成本虽然较低，但也不是没有花费的。作者付费模式是针对传统读者付费模式而言的，即作者为出版自己的研究成果需要支付一定的出版费用，并为读者提供免费服务。开放存取的倡导者认为作者付费模式具有合理性并可以保证开放存取期刊出版的可持续发展，因为科研工作者天然有发表自己的科研成果的愿望。而且，发表论文的作者大多数有来自基金项目或研究单位的经费支持。目前，已有越来越多的机构同意为通过开放存取这种方式发表论文支付费用。影响较大的开放存取期刊有科学公共图书馆(Public Library of Science)期刊和生物医学中心(BioMed Central，BMC)期刊等。

2. 开放存取知识库

开放存取知识库(OA archives or repositories)包括基于学科的开放存取知识库和基于机构的开放存取知识库。arXive 印本文库是前者的代表，目前主要有物理学、数学、非线性科学、计算机科学以及计量生物学等学科。佛罗里达州立大学的 D-Scholarship 知识库是后者的典型，主要为佛罗里达州立大学的各个院系及研究人员提供研究成果和教学资料等方面的自我存档和自我管理的全面服务。从存储对象来看，D-Scholarship 知识库不仅存储论文的预印本，而且存储包括工作文档、技术报告、会议录、实验数据、电子演示文稿和多媒体文件等电子格式的学术内容。

开放存取知识库的资源不是依靠同行评审来保证质量的，它主要通过限定学科范围，并依靠机构和作者的水平来进行衡量。开放存取知识库的内容既包括预印本(Preprints)，也包括后印本(Postprints)。除了电子文本(Eprints)格式的资料外，开放存取还包括各种课件甚至多媒体声像资料等数字化资源。开放存取知识库的免费使用程度由作者控制。在预印本状态，作者拥有版权，可以自由决定是否将文献加入知识库。如果后印本版权已经转给了期刊出版机构，作者要将文献加入知识库就必须征得期刊出版机构的许可，当然大多数期刊(超过 70%)还是允许这样做的。

作为最主要的开放存取实现方式之一，开放存取知识库的发展前景同样令人看好。其运行费用低廉，适用软件众多，操作使用方便，一般依靠大学或者研究机构，多方处于一种共赢的局面，自然确保了其良好的发展基础。

4.3.4 国内外开放存取资源介绍

1. Socolar(http://www.socolar.com)

Socolar 是开放存取资源的一站式检索服务平台，由中国教育图书进出口公司开发，于2007 年 7 月推出。Socolar 旨在全面收录来自世界各地、各种语种的重要开放存取资源，并优先收录经过开放存取质量控制的期刊(如经同行评议后的期刊)，为用户提供开放存取资源检索和全文链接服务。SOCOLAR 新版平台内容涵盖来自全球 100 多个国家、近 7000 家出版社的近 3 万种学术期刊资源。提供一框检索和高级检索。一框检索可输入期刊名称、论文名称或关键词进行检索。高级检索可按标题、作者、作者单位、摘要、关键词、来源出版物、出版社名称、ISSN/ISBN、DOI 等字段名称进行检索，能够实现组配检索。注册用户可以享受平台个性化增值服务，如推荐开放存取资源，发表评价，进行互动交流等。

2. OA 图书馆(https://www.oalib.com)

OA 图书馆(Open Access Library，OALib)即开放存取图书馆，致力于为学术研究者提供全面、及时、优质的免费阅读科技论文。OALib 包含:基于一个开放存取的元数据库的搜索引擎、OALib 期刊、OAJ 论文检索、OALib Preprints 以及外来预印本和后印本的存储等。其中,OALib 提供的开源论文超过 570 万篇,涵盖所有学科,所有文章均可免费下载。OALib 期刊是一个同行评议的学术期刊，覆盖科学、科技、医学以及人文社科的所有领域，所有发表在 OALib 期刊上的文章都收录在 OALib 中。

3. DOAJ(http://doaj.org)

DOAJ 是 2003 年由瑞典隆德(Lund)大学图书馆创建的开放存取期刊目录文献检索系统。它提供多学科、多语种、可免费获取的电子期刊全文服务，是对全球 OAJ 的收集和规范，是全球权威的开放存取期刊目录系统。

DOAJ 作为专门的 OAJ 的文献检索系统,参考了开放存取学术出版商协会(Open Access Scholarly Publishers Association，OASPA)的会员规范和标准，并结合知名出版商在学术出版透明度方面的实践经验，对拟收录期刊制订了严格的质量控制流程和标准。DOAJ 收录的期刊涵盖科学、技术、医学、社会科学、艺术和人文科学的所有领域，包括很多 SCI 收录的期刊，属于目前较好的开放存取期刊目录网站之一。

4. arXiv(http://www.arxiv.org)

arXiv(美国预印本文献库)是美国国家科学基金会和美国能源部资助的项目，是由物理学家保罗·金斯帕(Paul Ginsparg)于 1991 年在美国洛斯阿拉莫斯国家物理实验室建立的电子印本仓储。从 2001 年起，该库由康奈尔大学维护和管理，是当今全世界物理学研究者最重要的交流平台。目前，该库在俄罗斯、德国、日本等 17 个国家或地区设立了镜像站点，在我国的站点设在中国科学院理论物理研究所。随着用户和提交量的急剧增长，其覆盖领域也从单一的物理学扩展到数学、计算机科学、定量生物学、定量金融、统计学、电气工程和系统科学以及经济学等学科领域。注册用户可以向 arXiv 提交发布的文章，文章提交不收取任何费用或成本。向 arXiv 提交的内容需要经过平台审核并检查其学术价值。但文章不经平台同行评议，向 arXiv 提交的内容完全由提交者负责，并且"按原样"呈现，平台不做任何保证。

5. OpenDOAR(http://opendoar.org/index.html)

开放存取知识库目录(The Directory of Open Access Repositories，OpenDOAR)由英国的诺丁汉(Nottingham)大学和瑞典的隆德大学于 2005 年 2 月共同创建，提供有关机构知识库、学科资源库等资源的目录列表。它与姐妹工程 DOAJ 形成有效分工。Open DOAR 以 OAR 资源为对象，DOAJ 则是针对 OA 期刊，两者覆盖全部 OA 资源，最终形成完整而权威的目录体系，在目录层面实现对全球 OA 资源的有序控制。用户可以通过知识库的地点、类型、收藏资料类型等方式检索和使用这些知识库。目前，开放存取知识库目录提供知识库检索和内容检索。该知识库可以选择知识库的学科类别、主题类型、机构类型、国家、语言等检索选项。开放存取知识库目录还提供知识库列表浏览功能，可按照国家和地区进行更进一步的浏览。

4.4 慕 课

4.4.1 慕课概述

慕课(massive open online courses,MOOC)即大型开放式网络课程。MOOC 是一种全新的在线教育形式,无论在世界的任何角落,只要有网络,任何人都能免费注册,自由选择想要修读的课程,享受高等教育优质教学资源。MOOC 具有与线下课程类似的作业评估体系和考核方式,按时完成作业和考试的学习者还可以获得课程证书。MOOC 的概念最早在 2008 年由一位加拿大学者提出。到 2012 年,随着 Coursera、edX 等几大课程平台的崛起,MOOC 发展迅速,掀起了全球 MOOC 热潮。2013 年开始陆续有中国高校加入 Coursera 和 edX 平台。

4.4.2 国内外慕课平台

1. 中国大学 MOOC(http://www.icourse163.org)

中国大学 MOOC 是由网易与高等教育出版社携手推出的在线教育平台,上线于 2014 年 5 月。中国大学 MOOC 承接教育部国家精品开放课程任务,向大众提供中国知名高校的 MOOC 课程。在这里,每一个有意愿提升自己的人都可以免费获得优质的高等教育。平台上线来自 39 所 985 高校的优质课程。通过看视频、做测验、交作业、与同学老师交流互动,用户可以获得良好的学习效果。

2. 学堂在线(http://www.xuetangx.com)

学堂在线是清华大学于 2013 年 10 月发起建立的慕课平台,是教育部在线教育研究中心的研究交流和成果应用平台。学堂在线致力于通过来自国内外一流名校开设的免费网络学习课程,为公众提供系统的高等教育,让每一个中国人都有机会享受优质的教育资源。目前,平台运行了来自清华大学、北京大学、复旦大学、中国科技大学,以及麻省理工学院、斯坦福大学、加州大学伯克利分校等国内外高校的超过 5000 门优质课程,覆盖 13 大学科门类。

3. 好大学在线(http://www.cnmooc.org)

好大学在线是上海交大自主研发的中文 MOOC 联盟的官方网站,2014 年 4 月 8 日正式上线。联盟是部分中国高水平大学自愿组建的开放式合作教育平台,旨在通过交流、研讨、协商与协作等活动,建设具有中国特色的、高水平的大规模在线开放课程平台,向成员单位内部和社会提供高质量的 MOOC 课程。

4. Coursera(http://www.coursera.org)

Coursera 是斯坦福大学的两位计算机教授达夫妮·科勒(Daphne Koller)和安德鲁·恩格(Andrew Ng)于 2012 年 7 月创办的。该平台致力于开展免费大型公开在线课程项目,旨在与世界顶尖大学合作,在线提供免费的网络公开课程。Coursera 的每门课程都由来自世界上最好的大学和教育机构的顶尖教师授课。课程包括录制视频讲座、自动评分和同行评议的作业，以及社区讨论论坛。完成课程后，用户将收到可共享的电子课程证书。科目包括有计算机科学、数学、商务、人文、社会科学、医学、工程学和教育等。

5. edX(http://www.edx.org)

edX 是麻省理工学院和哈佛大学在 2012 年共同创办的非营利性组织，目标是与世界一流的顶尖名校合作，建设全球范围内影响力最大、最为著名的在线课程。edX 课程讲师皆出自一流大学，具有较高水平的科研和教学经验，能够充分、有效地开发在线课程资源。资源主要包括非视频资源与视频资源，一般由教学大纲、教学进度和教学课件等组成，有些平台还提供在线测试、作业、在线问答、虚拟实验、电子材料、动画模拟等丰富的补充讲座内容。平台课程主题涵盖生物、数学、统计、物理、化学、电子、工程、计算机、经济、金融、文学、历史、音乐、哲学、法学、人类学、商业、医学、营养学等多个学科。

思考与练习

1. 什么是网络信息资源？其特点有哪些？

2. 网络信息检索的方法有哪几种？

3. 简述网络搜索引擎的特性及其发展趋势。

4. 什么是垂直搜索引擎？利用图书搜索查找余秋雨出版的相关著作。

5. 利用元搜索引擎搜索信息素养方面的有关资料。

6. 如何利用搜索引擎搜索有关"Android 智能终端博弈程序设计"的相关资料，写出检索表达式。

7. 如何利用百度搜索引擎搜索有关"学术论文写作"的 PPT 课件，写出检索表达式并记录检索结果。

8. 如何利用百度搜索引擎搜索网页标题中包含伦敦奥运的相关新闻信息，写出检索表达式。

9. 利用百度搜索引擎搜索北京大学网站内有关科研立项的内容，写出检索表达式，查看检索结果。

10. 利用搜索引擎搜索全国性大学生竞赛赛事，了解本专业相关赛事。

11. 利用搜索引擎搜索本专业学科排名情况。进入排名前列的大学学院网站，查看本专业学科相关情况。

12. 利用搜索引擎搜索大学生必读书目，选择自己感兴趣的图书，利用读秀查看该书。

13. 什么叫开放获取资源？开放获取资源主要有哪些？

第5章 中外文网络数据库检索

数据库是文献信息检索的重要工具。自从 20 世纪 60 年代第一个数据库系统 IDS(Integrated Data Storage)诞生以来，数据库技术不断发展。从初期的层次数据库、网状数据库、关系数据库，逐步发展到分布式数据库。今天，数据库仍然不断发展，以其强大的功能和优势，在文献信息检索中发挥着重要作用。中国知网(CNKI)、万方数据库资源系统、维普数据库系统、EBSCOhost、ProQuest、SpringerLink、Elsevier 和 ISI Web of Science 等是国内外影响力和利用率都很高的中外文数字资源。它们已经成为大多数高等院校、公共图书馆和科研机构文献信息保障系统的重要组成部分，是科研人员进行科学研究、科技查新、论文写作的重要信息来源，也是中外文学术信息的重要代表。

5.1 数据库概述

数据库是按一定的结构和规则组织起来的相关数据的集合，是存放数据的仓库。数据库技术是对大量的规范化数据进行管理的技术，它将要处理的数据经合理分类和规范化处理后，以记录形式存储于计算机中，用户通过关键词及其组配查询，就可以找到所需信息或其线索。利用数据库技术进行网络信息资源的组织可以极大地提高信息的有序性、完整性、可理解性和安全性，提高对大量的结构化数据的处理效率。

随着网络技术的发展，集网络技术和数据库技术于一体的网络数据库已经成为网络资源的重要组成部分。网络数据库是指把数据库技术引入计算机网络系统中，借助网络技术将存储于数据库中的大量信息发布出去，实现用户与网络数据库之间的实时动态数据交互。很多网络数据库所存储的是经过人工严格收集、整理加工和组织的具有较高的学术价值、科研价值的信息。由于各个数据库后台的异构性和复杂性，以及对其使用的限制，利用一般性的网络信息检索工具，如搜索引擎等，无法检索出其中的信息资源，因此必须利用各个数据库的专用检索系统或专用网页。在海量信息的背景下，许多数据库引入了知识发现技术，以帮助用户更加高效便捷地检索到所需信息，避免用户"迷失"在海量的信息中。

使用网络数据库的最大优势是用户只需要通过 Web 浏览器便可完成对数据库数据的常用操作。这种优点使用户不必再去学习复杂的数据库知识和数据库软件的使用，只需要掌握基本的网络操作，如填写、提交表单等就可以从任何一台连接 Internet 的计算机上访问数据库。

按照收录的信息类型可将数据库分为综合全文数据库、文摘题录数据库、引文数据库、数字图书数据库等。

5.2　综合全文数据库

5.2.1　中国知网(CNKI)

1. 中国知网概述

中国知识基础设施工程(China National Knowledge Infrastructure，CNKI，网址为 http://www.cnki.net)又称中国知网、中国知识资源总库、中国学术文献网络出版总库，由清华大学、清华同方光盘股份有限公司、中国学术期刊电子杂志社等单位研制开发，始建于 1999 年 6 月，是目前世界上信息量最大、信息内容最全的中文数字图书馆。中国知网内容覆盖自然科学、工程技术、农业、哲学、医学、人文社会科学等各个领域。文献类型包括学术期刊、博士学位论文、优秀硕士学位论文、工具书、重要会议论文、年鉴、专著、报纸、专利、标准、科技成果、知识元、哈佛商业评论数据库、古籍等。中国知网已经与一些外文数据库建立了合作关系，可与德国 Springer 公司期刊库等外文资源统一检索。

CNKI 所有资源都提供免费题录检索，检索结果可显示到文献的题录和文摘一级，要获取全文则需付费。用户可通过 3 种方式使用该网站全文资源：① 购买读者卡；② 包库或镜像；③ 通过银行或邮政实时支付。对包库用户，站点一般通过用户的 IP 地址控制；对个人用户，站点只进行身份验证。

2. 数据库介绍

CNKI 数据库中的期刊、学位论文、报纸、会议文献、引文数据库都按学科分为自然科学与工程技术、人文与社会科学两大类十大专辑。自然科学与工程技术类包括基础科学(数、理、化、天、地、生)、工程科技 I (化学化工、能源与材料)、工程科技 II (工业技术)、农业、医药卫生、信息科技 6 个专辑；人文与社会科学类包括哲学与人文科学、社会科学 I (政治、军事与法律)、社会科学 II (教育与社会科学综合)、经济与管理科学 4 个专辑。这十大专辑又分为 168 个专题近 3600 个子栏目。

1) 中国学术期刊网络出版总库

该数据库是目前世界上最大的连续动态更新的中国学术期刊全文数据库，以学术、技术、政策指导、高等科普及教育类期刊为主，内容覆盖自然科学、工程技术、农业、哲学、医学、人文社会科学等各个领域。截至目前，收录国内学术期刊 8500 多种，含北大核心期刊 1970 多种，网络首发期刊 2400 多种，最早回溯至 1915 年，共计 6100 余万篇全文文献。在我国目前出版的全部期刊中，核心期刊收录率达 96%，特色期刊(如农业、中医药等)收录率达 100%；独家或唯一授权期刊共 2300 余种，约占我国学术期刊总量的 34%。外文学术期刊包括来自 80 个国家及地区 900 余家出版社的期刊 7.5 余万种，覆盖 JCR 期刊的 96%，Scopus 期刊的 90%，最早回溯至 19 世纪，共计 1.2 余亿篇外文题录，可链接全文。

2) 中国博硕士学位论文全文数据库

该数据库包括《中国博士学位论文全文数据库》和《中国优秀硕士学位论文全文数据库》，是目前国内资源完备、质量上乘、连续动态更新的中国博硕士学位论文全文数据库。

截至 2022 年，该库出版 520 余家博士培养单位的博士学位论文 50 余万篇，800 余家硕士培养单位的硕士学位论文 520 余万篇，最早可回溯至 1984 年，覆盖基础科学、工程技术、农业、医学、哲学、人文、社会科学等各个领域。

3) 中国重要会议论文全文数据库

该数据库重点收录 1999 年以来，中国科协系统及国家二级以上的学会、协会，高校、科研院所，政府机关举办的重要会议以及在国内召开的国际会议上发表的文献，部分重点会议文献可回溯至 1953 年。目前，该数据库已收录国内会议、国际会议论文集 4.2 余万本，累计文献总量 360 余万篇。

4) 中国重要报纸全文数据库

该数据库是以学术性、资料性报纸文献为出版内容的连续动态更新的报纸全文数据库，收录并持续更新 2000 年以来出版的各级重要党报、行业报及综合类报纸 500 余种。

5) 中国年鉴网络出版总库

该数据库是目前国内较大的连续更新的动态年鉴资源全文数据库。内容覆盖基本国情、地理历史、政治军事外交、法律、经济、科学技术、教育、文化体育事业、医疗卫生、社会生活、人物、统计资料、文件标准与法律法规等各个领域。目前年鉴总计有 5400 余种，4.5 余万本，文献量达 4100 余万篇。

6) 中国引文数据库

该数据库收录了 CNKI 所有源数据库产品的参考文献，涉及期刊类型引文、学位论文类型引文、会议论文类型引文、图书类型引文、专利类型引文、标准类型引文、报纸类型引文等。该库通过揭示各种类型文献之间的相互引证关系，不仅可以为科学研究提供新的交流模式，同时也可以作为一种有效的科学管理及评价工具。

7) 中国工具书网络出版总库

该数据库收录了近 200 家出版社的字典、词典、百科全书、图录、表谱、手册、名录等共约 13000 部，含 2000 多万个条目，100 万张图片，向人们提供精准、权威、可信的知识搜索服务。

3. 知识网络平台及使用方法

1) 检索平台

CNKI 采用知识发现网络平台(简称 KDN)，在知识网络服务平台(Knowledge Network Service Platform，KNS)基础上进行了优化。KDN 平台继承了 KNS 平台的资源与服务，沿袭了 KNS 平台的检索模式，但它又不只是一个简单的升级版。在"知识发现"设计理念下，KDN 平台拓展了更多的资源，开发了更多的服务，改进了检索技术，优化了页面结构，改善了用户体验。KDN 不同于传统的搜索，它利用知识管理的理念，结合搜索引擎、全文检索、数据库等相关技术达到知识汇聚和知识发现的目的，可在海量知识及信息中发现和获取所需信息。KDN 能够更好地匹配用户需求，通过提供简单的用户操作，实现准确的查询结果。KDN 着重优化页面结构，提高用户体验，实现平台的易用性和实用性。KDN 能够实现检索输入页面、检索结果页面的流畅操作，减少迷失度和页面噪声干扰；KDN 提供标准化的、风格统一的检索模式，提供多角度、多维度的检索方式，帮助用户快速定位文献。

KDN 兼顾了不同层次用户群的需求，简化默认检索模式，重点功能、用户重点关注的内容更突出，其主要新特性如下：

(1) 一框式检索。将检索功能浓缩至"一框"中，根据不同检索项的需求特点采用不同的检索机制和匹配方式，体现智能检索优势，操作便捷，检索结果兼顾检全和检准。

(2) 智能提示。输入检索词，能智能建议检索词对应的检索项，自动进行检索词补全提示，给用户带来了极大的方便。

(3) 在线预览。这是 KDN 推出的一项新功能，使读者由原来的"检索—下载—预览"三步走，变成"检索—预览"两步走，节省了用户时间，让用户第一时间预览到原文，快捷方便。

(4) 文献导出。文献导出功能能实现多次检索结果一次性导出，并生成检索报告。

(5) 平面式分类导航。利用该导航可帮助用户快速找到数据来源。

(6) 分享。用户可以把自己感兴趣的文献分享到新浪微博等，或复制链接分享到网页或社交网络。

(7) 推送。用户可以关注文献的引文频次更新、检索主题的更新、几种期刊的更新，通过 E-mail、手机短信订阅更新提醒。

2) 一框检索

(1) 多种检索方式：

① 直接检索。文献检索默认为跨库检索，选择数据库(可选择期刊、博硕士学位论文、国内重要会议、国际会议、报纸、年鉴、专利和标准等库中的一个或多个)以及检索字段，在检索框中输入检索词，点击检索按钮就可得到检索结果，如图 5-1 所示。

图 5-1　直接检索

② 智能提示检索。平台提供智能推荐和引导功能，它可根据用户输入的检索词自动给出提示，用户可根据提示进行选择，可快速得到精准结果。使用推荐或引导功能后，就不能在检索框内进行修改，因为修改后可能得到的是错误结果或得不到检索结果。

主题词智能提示功能适用字段包括主题、篇名、关键词、摘要、全文。该功能目前只给出一次提示，即输入一个检索词时词典根据输入词给出提示，输入第二个词便不再提示。例如：输入"基因"，下拉列表即显示"基因"开头的热词，选中提示词，点击检索按钮(或直接按回车键)，即可执行检索。如图 5-2 所示。

引导功能包括作者引导、基金引导和文献来源引导。输入检索词后，可根据需要进行勾选，精准定位作者、规范的基金或规范的文献来源。例如在选择作者途径时，输入作者姓名，即出现引导列表。在引导列表中勾选对应作者后，勾选内容就自动填入检索框，如图 5-3 所示。作者引导可精准定位所要查找的作者，排除同名作者。

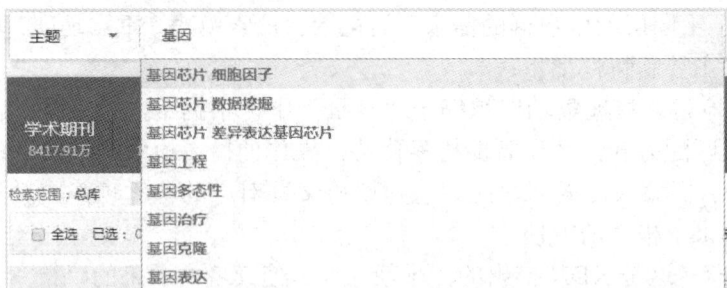

图 5-2　主题词智能提示

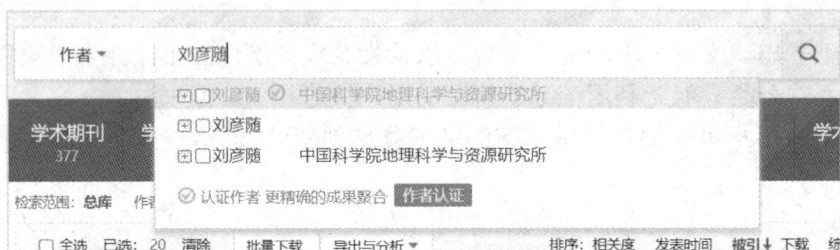

图 5-3　作者引导

③ 相关词检索。在检索结果页面的下方,提供了所输入检索词的相关词,点击相关词即可进行检索,如图 5-4 所示。

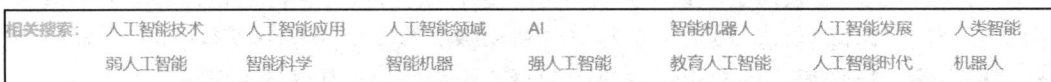

图 5-4　相关词检索

④ 结果中检索。结果中检索是在上一次检索结果的范围内按新输入的检索条件进行检索。例如,在第一次检索主题为"人工智能"的文献后,输入检索词"机器人",点击"结果中检索",表示检索主题要同时包括"人工智能"和"机器人"。如图 5-5 所示,检索主题"人工智能>主题:机器人×"也在页面上显示出来,点击最后的×,可清除最后一次的检索条件,退回到上一次的检索结果。

图 5-5　结果中检索

(2) 检索项。总库提供的检索项有：主题、篇关摘、篇名、关键词、全文、作者、第一作者、通讯作者、作者单位、基金、摘要、小标题、参考文献、分类号、文献来源、DOI，如图 5-6 所示。

图 5-6　检索项

主题检索是以知网标引的主题(机标关键词)为核心检索内容，同时涵盖所有内容相关字段，在检索过程中嵌入了专业词典、主题词表、中英对照词典、停用词表等工具，并采用关键词截断算法，将低相关或微相关文献进行截断。篇关摘检索是指在篇名、关键词、摘要范围内进行检索。期刊、会议、学位论文、辑刊的篇名为文章的中、英文标题，报纸文献的篇名包括引题、正标题、副标题，年鉴的篇名为条目题名，专利的篇名为专利名称，标准的篇名为中、英文标准名称，成果的篇名为成果名称，古籍的篇名为卷名，视频的篇名为视频名称。关键词检索的范围包括文献原文给出的中、英文关键词，以及对文献进行分析计算后机器标引出的关键词。机器标引的关键词基于对全文内容的分析，结合专业词典，解决了文献作者给出的关键词不够全面准确的问题。全文检索指在文献的全部文字范围内进行检索，包括文献篇名、关键词、摘要、正文、参考文献等。期刊、报纸、会议、学位论文、年鉴、辑刊的作者为文章中、英文作者。专利的作者为发明人，标准的作者为起草人或主要起草人，成果的作者为成果完成人，古籍的作者为整书著者，视频的作者为主讲人。只有一位作者时，该作者即为第一作者；有多位作者时，将排在第一个的作者认定为文献的第一责任人。通讯作者指课题的总负责人，也是文章和研究材料的联系人。期刊、报纸、会议、辑刊的作者单位为原文给出的作者所在机构的名称，学位论文的作者单位包括作者的学位授予单位及原文给出的作者任职单位，年鉴的作者单位包括条目作者单位和主编单位，专利的作者单位为专利申请机构，标准的作者单位为标准发布单位，成果的作者单位为成果第一完成单位，视频的作者单位为主讲人单位。根据基金名称，可检索受到此基金资助的文献。支持基金检索的资源类型包括期刊、会议、学位论文、辑刊。期刊、会议、学位论文、专利、辑刊的摘要为原文的中、英文摘要；原文未明确给出摘要的，提取正文内容的一部分作为摘要。标准的摘要为标准范围，成果的摘要为成果简介，视频的摘要为视频简介。期刊、报纸、会议的小标题为原文的各级标题名称，学位论文的小标题为原文的中英文目录，中文图书的小标题为原书的目录。参考文献检索指检索参考文献里含检索词的文献。支持参考文献检索的资源类型包括期刊、会议、学位论文、年鉴、辑刊。通过分类号检索，可以查找到同一类别的所有文献。期刊、报纸、会议、学位论文、年鉴、标准、成果、辑刊的分类号指中图分类号，专利的分类号指专利分类号。文献来源检索指文献出处。期刊、辑刊、报纸、会议、年鉴的文献来源为文献所在的刊物，学位论文的文献来源为相应的学位授予单位，专利的文献来源为专利权利人/申请人，标准的文献来源为发布单位，成果的文献来源为成果评价单位，视频的文献来源是视频来源。输入 DOI 号可检索期刊、学位论文、会议、报纸、年鉴、图书。国内的期刊、学位论文、会议、报纸、年鉴只支持检索在知网注册 DOI 的文献。

- 匹配方式。一框式检索根据检索项的特点，采用相关度匹配、精确匹配、模糊匹配等不同的匹配方式。采用相关度匹配的检索项为主题、篇关摘、篇名、全文、摘要、小标题、参考文献、文献来源。根据检索词在该字段的匹配度，得到相关度高的结果。采用精确匹配的检索项为关键词、作者、第一作者、通讯作者。采用模糊匹配的检索项为作者单位、基金、分类号、DOI。

- 同字段组合运算。该检索方式支持运算符与(*)、或(+)、非(-)进行同一检索项内多个检索词的组合运算，检索框内输入的内容不得超过 120 个字符。输入运算符*、+、-时，前后要空一个字节，优先级需用英文半角括号确定。若检索词本身含空格或*、+、-、()、/、%、=等特殊符号，进行多词组合运算时，为避免歧义，须将检索词用英文半角单引号或英文半角双引号引起来。例如，篇名检索项后输入"神经网络 * 自然语言"，可以检索到篇名包含"神经网络"及"自然语言"的文献。主题检索项后输入"(锻造 + 自由锻) * 裂纹"，可以检索到主题为"锻造"或"自由锻"，且有关"裂纹"的文献。

(3) 筛选文献。

① 按资源类型查看文献。总库检索后，点击各资源类型名称，下方的检索结果区即为该类资源类型文献的检索结果，如图 5-7 所示。

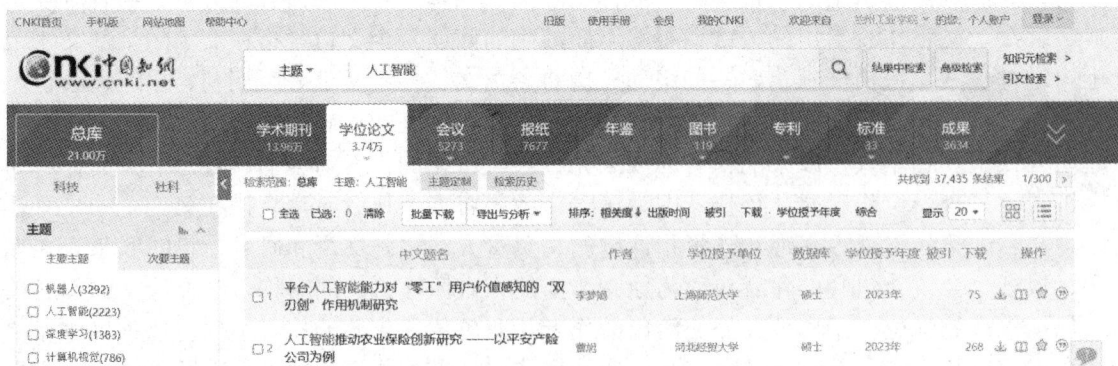

图 5-7　切换数据库筛选

② 按中文、外文筛选文献。检索结果页面，点击"中文"或"外文"，可查看检索结果中的中文文献或外文文献。点击"总库"可回到中外文混检结果，如图 5-8 所示。

图 5-8　按中文、外文筛选文献

③ 按科技、社科筛选文献。点击"科技"或
"社科"，查看检索结果中的科技文献或社科文
献。点击"总库"回到全部结果，如图 5-9 所示。

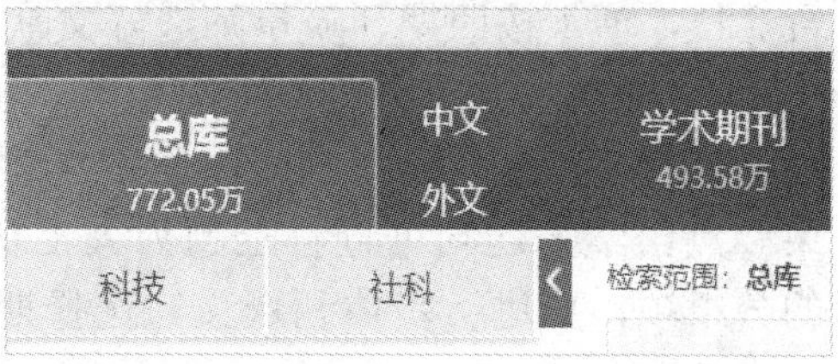

④ 分组筛选功能。检索结果区左侧为分组筛
选区，按照主题、学科、发表年度、研究层次、
文献类型、文献来源、作者、机构、基金等进行
分组。该功能提供多层面的筛选角度，并支持多

图 5-9　按社科、科技筛选文献

个条件的组合筛选，以快速、精准地从检索结果中筛选出所需的优质文献。默认展开主要
主题分组项的 10 个词组，鼠标点击展开按钮，可查看检索设置中设定的分组最大显示条数
的分组项，分组最大显示条数可以是 20、50 或 100。分组筛选如图 5-10 所示。

图 5-10　分组筛选

• 分组项细化。主题分组细化为主要主题、次要主题，依据某主题词在文献中所占的分量划分。作者、机构分组细化为中国、国外，分别指中文文献的作者/机构和外文文献的作者/机构。作者分组按作者 H 指数降序排列，将 H 指数高的作者排在前面，作为筛选权威性文献的参考。期刊分组将中外文期刊统一按 CI 指数降序排列，实现中英文学术期刊同台竞技，便于按照期刊质量筛选好文献。

• 横向资源类型与纵向分组筛选的配合使用。横向资源类型区与纵向分组区配合使用，可快速、有效地找到所需文章。例如，检索主题"人工智能"，得到如图 5-10 所示结果。点击学术期刊可查看主题为人工智能的学术期刊文献，左侧分组变为针对学术期刊的分组项，可进一步按刊选文。选择期刊《计算机学报》，筛选结果即显示在检索结果区右上角。

(4) 检索条件显示。检索结果区左上方显示检索范围和检索条件，并提供查看检索历史、检索表达式的定制等功能，如图 5-11 所示。

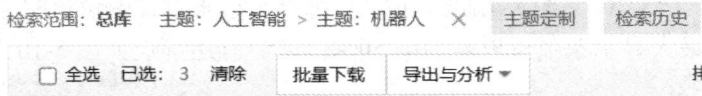

图 5-11 检索条件

(5) 主题定制。登录个人账号，点击"主题定制"，定制当前的检索表达式至我的 CNKI，可了解所关注领域的最新成果及进展。

(6) 检索历史。点击"检索历史"，可查看检索历史，未登录个人账号的情况下可查看最近的 10 条记录。在检索历史页点击检索条件，可以按历史记录的检索条件查看检索结果。

(7) 检索历史排序。提供发表相关度、发表时间、被引、下载、综合等排序方式，可根据需要选择相应的排序方式。检索结果默认按相关度排序，相关度排序是在兼顾发表时间的情况下降序排列。综合排序是根据相关度、重要性系数、时间系数等计算后得到的一个综合值进行排序，如图 5-12 所示。

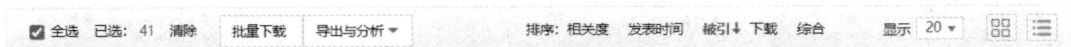

图 5-12 排序

全文检索默认按相关度降序排序，将最相关的文献排在前面。其他检索默认按发表时间降序排序，展示最新研究成果和研究方向。

(8) 显示条数。可选择每页的显示条数。

(9) 显示模式。检索结果的浏览模式可切换为详情模式或列表模式。点击 ⊞ ≡ 可相互切换。

① 详情模式。详情模式显示较为详细的文献信息，可通过浏览题录信息确定是否为所查找的文献。详情模式的页面布局分为两个部分，左半部分为题录摘要区，右半部分为操作功能区，如图 5-13 所示。

题录摘要区显示文章题名、期刊出版与评价信息、作者及单位、资源类型、文献来源、发表时间、被引频次、下载频次、文章摘要、原文关键词。点击题名可进入文献知网节，点击文献来源名称如刊名可进入出版物详情页，点击关键词可进入关键词知网节。期刊、会议、辑刊文献经规范后的作者及其单位对应显示，默认显示第一作者及其单位，点击展开箭头可查看全部作者及其对应单位。作者及其机构是经过规范的，点击作者或单位名称，即跳转至作者知网节或机构知网节。

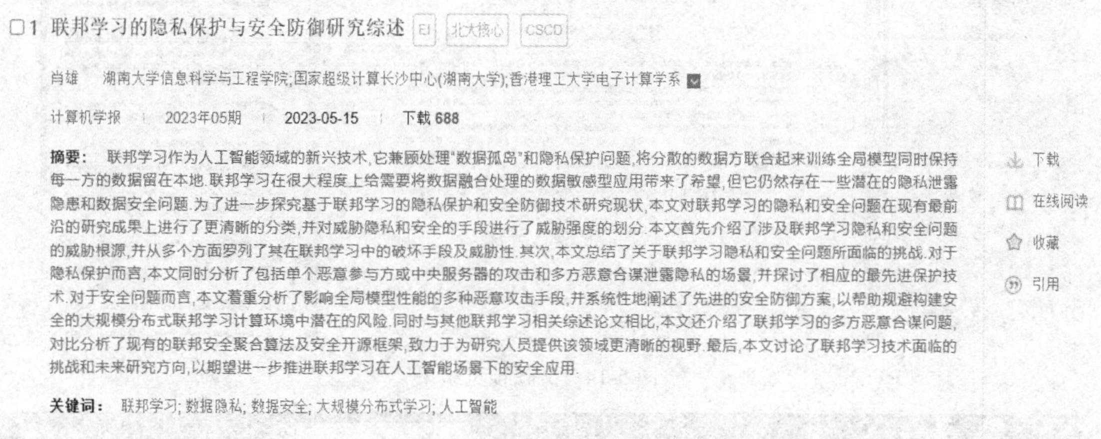

图 5-13　检索结果详情模式

操作功能区提供收藏、阅读、下载、引用等功能。有下载权限的账号可点击"下载"下载原文。海外合作题录文献(期刊、图书)提供原文链接，通过该链接访问合作数据库下载全文。已加工为 html 的文章登录机构账号后可进行 html 阅读，未加工 html 的文章提供 CAJ 在线阅读原文。收藏功能需登录个人账号，收藏后可在我的 CNKI "我的收藏"查看。点击"引用"可复制该篇文献的引文格式加以引用。此功能提供三种格式的引文，国标格式为默认选中，可直接复制粘贴，其他格式点击文字内容则选中。引用单篇文献的，不需再勾选后导出，操作更加便捷。

② 列表模式。列表模式简洁明了，便于快速浏览和定位。列表模式以列表形式展示检索结果，提供文章题名、作者、来源、发表时间、被引频次、下载频次等关键信息，同时也提供下载、阅读等功能，操作及跳转规则与详情模式相同。

(10) 下载、预览。如果订购了该产品，则可以下载。否则会提示没有订购该产品。当余额不足时，也会提示。对于包库用户，订购该产品之后，正常登录可直接下载。对于个人用户，下载时则弹出页面。在检索结果页中，点击 ↓，可以下载该篇文献。成功下载该篇文献之后，对于个人用户，24 小时之内再次下载(或者在线预览)不重复扣费。 📖 图标表示预览全文，点击之后可进入预览页面。预览结果如图 5-14 所示。

在检索结果页中，点击论文题名，可进入文献知网节页面，该页面提供手机阅读、CAJ 下载，PDF 下载等选项，可以阅读或下载该篇文献，如图 5-15 所示。手机阅读时可按照提示借助手机端"全球学术快报"打开阅读。点击"CAJ 下载""PDF 下载"可下载 CAJ 和 PDF 格式的文件(博硕和统计数据没有 PDF 格式)。如果订购了该库则显示可下载状态，否则下载图标为灰色。CAJ 格式需下载 CAJViewer 阅读器阅读，PDF 格式需用 PDF 阅读软件打开。

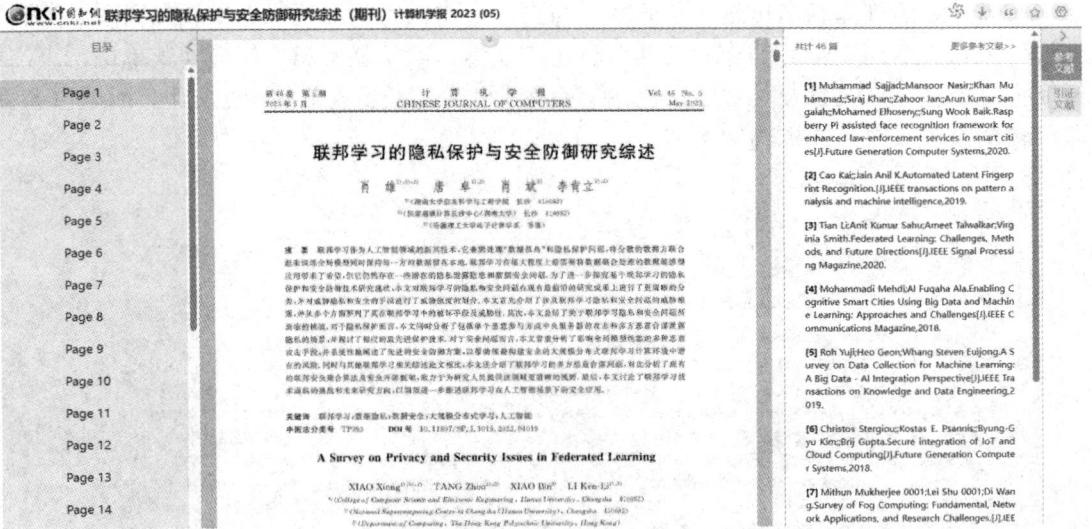

图 5-14 文献预览结果

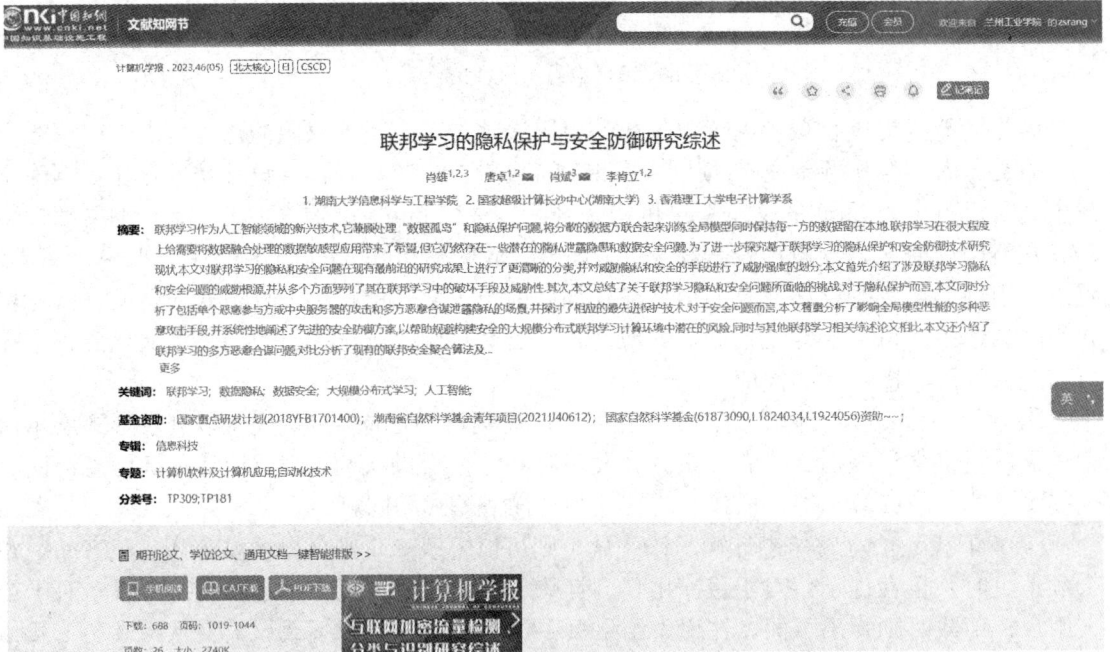

图 5-15 下载页面

(11) 导出与分析。

① 导出。检索结果页面提供了导出与分析入口，如图 5-16 所示。选择所要导出的文献，点击"导出与分析"功能，可选择所要导出的文献格式。

系统包括多种文献导出格式，默认显示为 GB/T 7714-2015 格式题录。如图 5-17 所示。单击"已选文献"按钮可返回已选文献页面(文献管理中心)，重新选择已选文献条目。该页面下提供预览、批量下载、导出、复制到剪贴板、打印等功能。点击 xls、doc，则将所选文献下载为 Excel 和 Word 文件。

图 5-16　导出与分析之文献格式选择

图 5-17　导出与分析之文献下载选项

在查新(自定义引文格式)和自定义格式中提供自定义字段选择。不可更改选中状态的复选框字段为预设字段，可自由选中的字段为自定义字段，全选或重置可以更改自定义字段的选中状态。自定义字段的选中状态变更后，点击"预览"，在结果预览区可查看更改后的输出结果。可按照文献的发表时间和被引频次升序或降序排列显示。自定义选项如图 5-18 所示。

② 计量可视化分析。可视化功能是基于文献的元数据及参考引证关系，用图表的形式直观展示文献的数量与关系特征。已选结果可视化分析包括总体分析、关系网络(文献互引、关键词共现、作者合作)、分布(资源类型、学科、来源、机构、基金)等。分析的指标项包括文献数、总参考数、总被引数、总下载数、篇均参考数、篇均被引数、篇均下载数、下载被引比。已选结果分析支持最多选择 200 篇文献进行分析。如图 5-19 所示为已选结果分析示例。

| 文献导出格式 | 自定义 | | | | | | 已选文献 |

文献导出格式

- GB/T 7714-2015 格式引文
- 知网研学（原E-Study）
- CAJ-CD 格式引文
- MLA 格式引文
- APA 格式引文
- 查新（引文格式）
- 查新（自定义引文格式）
- Refworks
- EndNote
- NoteExpress
- NoteFirst
- **自定义**

自定义

预览　批量下载　导出　复制到剪贴板　打印　xls　doc　　排序　发表时间↓　被引频次

☑ SrcDatabase-来源库　☑ Title-题名　　☐ Author-作者　　☑ Organ-单位　　☑ Source-文献来源　☐ Keyword-关键词
☐ Summary-摘要　☐ PubTime-发表时间　☐ FirstDuty-第一责任人　☐ Fund-基金　　☐ Year-年　　☐ Volume-卷
☐ Period-期　　☐ PageCount-页码　☐ CLC-中图分类号　☐ ISSN-国际标准刊号　☐ URL-网址　　☐ DOI-DOI

全选　清空

SrcDatabase-来源库: 期刊

Title-题名: 联邦学习的隐私保护与安全防御研究综述

Author-作者: 肖雄,唐卓,肖斌,李肯立,

Organ-单位: 湖南大学信息科学与工程学院;国家超级计算长沙中心(湖南大学);香港理工大学电子计算学系;

Source-文献来源: 计算机学报

SrcDatabase-来源库: 期刊

Title-题名: 虚假数字人脸内容生成与检测技术

Author-作者: 蒲琛瑜,沈超,邓静怡,胡颖麟,王骞,马什清,李琦,管晓宏

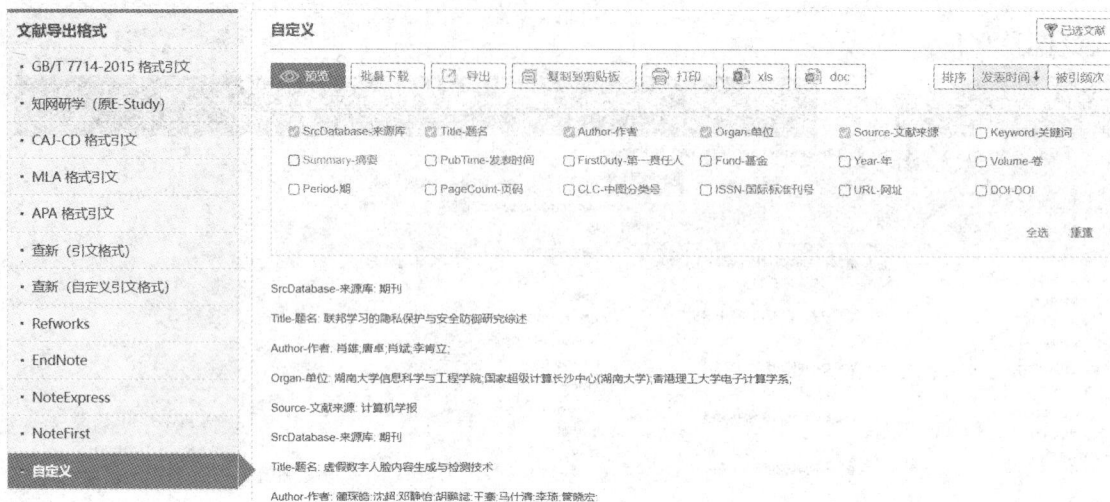

图 5-18　导出与分析之自定义选项

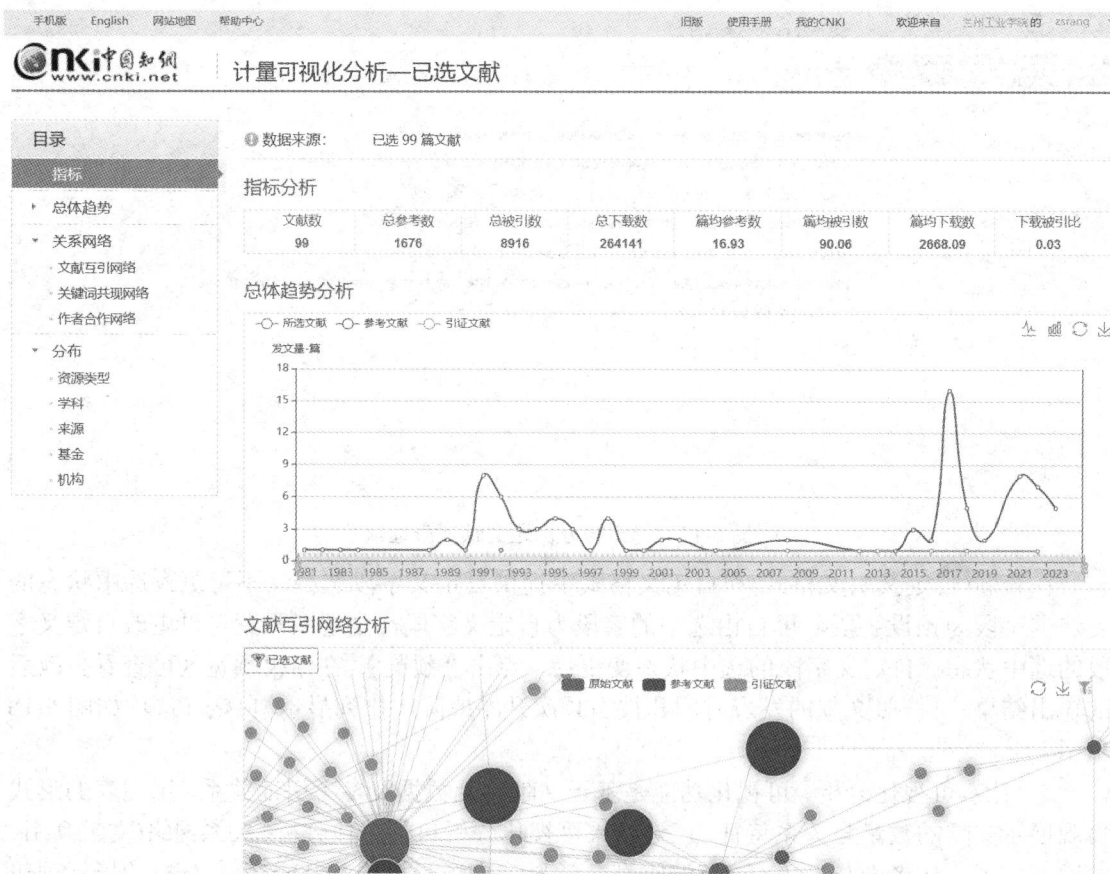

CNKI 中国知网
www.cnki.net

计量可视化分析—已选文献

目录

指标

- 总体趋势
- 关系网络
  - 文献互引网络
  - 关键词共现网络
  - 作者合作网络
- 分布
  - 资源类型
  - 学科
  - 来源
  - 基金
  - 机构

ⓘ 数据来源：　已选 99 篇文献

指标分析

文献数	总参考数	总被引数	总下载数	篇均参考数	篇均被引数	篇均下载数	下载被引比
99	1676	8916	264141	16.93	90.06	2668.09	0.03

总体趋势分析

○ 所选文献　─○─ 参考文献　─○─ 引证文献

文献互引网络分析

已选文献

■ 原始文献　■ 参考文献　■ 引证文献

图 5-19　已选结果分析支持

　　全部检索结果分析包括总体趋势分析、分布分析、比较分析。总体趋势分析显示逐年的发文量以及当前年份的预测值。分布分析的项与当前检索结果页面中的左侧分组项中各

分组项的可视化结果一致，采用柱状图或饼图展示分组数据。比较分析可按提示信息操作，点击任意分布中柱状图中柱形或饼状图中的扇区，即可添加该项分组数据作为比较项。

文献互引网络分析基于中国知网的引文数据，除了已选文献外，还会将已选文献的参考文献及引证文献纳入分析范围。关键词共现网络分析所采用的关键词为中国知网机器标引的关键词，查看关系图、已选文献、还原、保存为图片同文献互引网络分析。作者合作网络分析的基础是基于中国知网对文献作者的标引与规范加工的作者数据，查看关系图、已选文献、还原、保存为图片同文献互引网络分析。分布分析从不同角度展示文献的主要分布情况，包括资源类型分布、学科分布、来源分布、基金分布、作者分布和机构分布。计算方式为某一项的文献数占已选文献总数的比例；分布分析最多显示五项组成部分的比例情况。

3) 高级检索

在首页点击"高级检索"进入高级检索页(或在一框式检索结果页点击"高级检索"进入高级检索页)。在高级检索页点击标签可切换至高级检索、专业检索、作者发文检索、句子检索，如图 5-20 所示。

图 5-20　高级检索页

高级检索支持多字段逻辑组合，并可通过选择精确或模糊的匹配方式、检索控制等方法完成较复杂的检索，得到符合需求的检索结果。多字段组合检索的运算优先级，按从上到下的顺序依次排列。

(1) 检索区。检索区主要分为两部分，上半部分为检索条件输入区，下半部分为检索控制区。检索条件输入区默认显示主题、作者、文献来源三个检索框，可自由选择检索项、检索项间的逻辑关系、检索词匹配方式等，如图 5-21 所示。点击检索框后的 ＋ 、 — 按钮可添加或删除检索项，最多支持 10 个检索项的组合检索。检索控制区的主要作用是通过条件筛选、时间选择等，对检索结果进行范围控制。控制条件包括出版模式、基金文献、时间范围、检索扩展。检索时默认进行中英文扩展，如果不需要中英文扩展，则可手动取消勾选。检索条件输入区如图 5-20 所示。

图 5-21　检索条件输入区

（2）文献导航。文献分类导航默认为收起状态，点击展开后勾选所需类别，可缩小和明确文献检索的类别范围。总库高级检索提供 168 专题导航，是知网基于中图分类而独创的学科分类体系。年鉴、标准、专利等除 168 导航外还提供单库检索所需的特色导航。

（3）检索推荐/引导功能。高级检索的检索推荐与引导功能与一框式检索时的智能推荐和引导功能类似，主要区别是：高级检索的主题、篇名、关键词、摘要、全文等内容检索项推荐的是检索词的同义词、上下位词或相关词，一框式检索的检索词推荐用的是文献原文的关键词；高级检索的推荐引导功能在页面右侧显示。勾选检索项后进行检索，检索结果为包含检索词或勾选词的全部文献。例如，输入"人工智能"，推荐的相关词有机器智能、决策系统等，可根据检索需求进行勾选。

（4）匹配方式。除主题只提供相关度匹配外，其他检索项均提供精确、模糊两种匹配方式。篇关摘(篇名和摘要部分)、篇名、摘要、全文、小标题、参考文献的精确匹配，是指检索词作为一个整体在该检索项进行匹配，完整包含检索词的结果。模糊匹配则是检索词进行分词后在该检索项的匹配结果。篇关摘(关键词部分)、关键词、作者、机构、基金、分类号、文献来源、DOI 的精确匹配，是指关键词、作者、机构、基金、分类号、文献来源或 DOI 与检索词完全一致。模糊匹配是指关键词、作者、机构、基金、分类号、文献来源或 DOI 包含检索词。

（5）词频选择。全文和摘要检索时，可选择词频，辅助优化检索结果。选择词频数后进行检索，检索结果为在全文或摘要范围内包含检索词，且检索词出现次数大于等于所选词频的文献。

（6）专业检索。在高级检索页切换"专业检索"标签，可进行专业检索。专业检索使用运算符和检索词构造检索式进行检索，用于图书情报专业人员查新、信息分析等工作。专业检索是所有检索方式里面比较复杂的一种检索方法，需要用户自己输入检索式来检索，并且确保所输入的检索式语法正确，才能检索到想要的结果。每个库的专业检索都有说明，详细语法可以点击专业检索页面右侧"专业检索使用方法"参看具体的语法说明。

在文献总库中提供以下可检索字段：SU% = 主题，TKA = 篇关摘，KY = 关键词，TI = 篇名，FT = 全文，AU = 作者，FI = 第一作者，RP = 通讯作者，AF = 作者单位，FU = 基金，AB = 摘要，CO = 小标题，RF = 参考文献，CLC = 分类号，LY = 文献来源，DOI = DOI，CF = 被引频次。

专业检索的一般流程为：确定检索字段构造一般检索式，借助字段间关系运算符和检索值限定运算符构造复杂的检索式。专业检索表达式的一般式为：<字段代码><匹配运算符><检索值>。

例如，精确检索关键词包含"数据挖掘"的文献，可输入"KY = 数据挖掘"。检索邱均平发表的关键词包含知识管理的文章，可输入检索式"KY = '知识管理' AND AU = '邱均平'"。检索主题与知识管理相关或篇关摘包含知识管理的文献，可输入检索式"SU %= '知识管理' OR TKA = '知识管理'"。

(7) 作者发文检索。在高级检索页切换"作者发文检索"标签，可进行作者发文检索。作者发文检索通过输入作者姓名及其单位信息，检索某作者发表的文献，功能及操作与高级检索基本相同。

(8) 句子检索。在高级检索页切换"句子检索"标签，可进行句子检索。句子检索是通过输入的两个检索词，在全文范围内查找同时包含这两个词的句子，找到有关事实的问题答案。句子检索不支持空检，同句、同段检索时必须输入两个检索词。例如，检索同一句包含"人工智能"和"神经网络"的文献，按如图 5-22 所示进行操作即可。

图 5-22　句子检索

4) 出版物检索

在知网首页点击"出版物检索"，进入出版来源导航页面。出版来源导航主要包括期刊、学位授予单位、会议、报纸、年鉴和工具书的导航系统。每个产品的导航体系根据各产品独有的特色设置不同的导航系统，如图 5-23 所示。

图 5-23　出版物来源导航页面

图 5-23 左侧显示学科导航体系，包括十大专辑和 168 个专题内容，可选择导航类别，浏览该类别下的所有出版来源。各单库根据知识体系及架构的不同，提供具有单库特色的导航。

出版来源导航首页展示最近浏览的出版来源封面或图标，并推荐最近更新的期刊、学位论文、会议、报纸、年鉴及工具书产品中的近期更新的前两条数据。点击封面或图标，可进入出版来源详情页。

切换检索项，输入检索词可检索出版来源。例如选择"来源名称"，输入检索词"图书馆"，点击"出版来源检索"，检索结果区显示出版来源名称中包含"图书馆"的全部结果。上方显示检索到的条数，主体部分展示出版来源的基本信息、封面图标、总被引、总下载等。点击出版来源名称或者封面图片，可进入该出版来源的详情页。点击文献检索，则进入文献检索页面，实现导航检索与文献检索的切换，如图 5-24 所示。

图 5-24　出版来源检索

点击 出版来源导航 ▼，可在下拉菜单中选择某产品导航，例如期刊导航，可切换到该产品的导航首页，如图 5-25 和图 5-26 所示。

图 5-25　出版来源导航

图 5-26　期刊导航

期刊导航支持按刊名(曾用刊名)、主办单位、ISSN、CN 检索期刊。左侧导航除学科导航外，另设有卓越期刊导航、社科基金资助期刊导航、数据库刊源导航、主办单位导航、出版周期导航、出版地导航和核心期刊导航。可以通过左侧导航体系，查找浏览相关领域内的期刊。点击导航内容后，则返回该领域下的期刊列表。横向设有产品分类标签，包括全部期刊、学术期刊、网络首发期刊、独家授权期刊、世纪期刊、个刊发行，如图 5-27 所示。

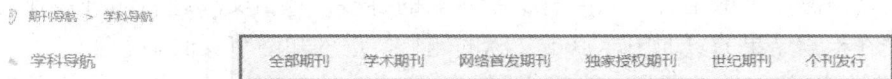

图 5-27　期刊导航之产品分类标签

左侧导航与横向分类可结合使用，例如，点击导航"核心期刊导航—>第二编 经济"，出现检索结果列表，点击标签"学术期刊"，可查看该导航下的学术期刊，如图 5-28 所示。

图 5-28　学术期刊导航

在期刊导航页面勾选"核心期刊"，可从检索结果中筛选北大核心期刊；提供四种排序方式(复合影响因子、综合影响因子、被引次数、最新更新)；提供详情和列表两种浏览模式，可点击切换。点击期刊封面或名称，可进入期刊详情页，如图 5-29 所示。

图 5-29　核心期刊导航

5）知网节

提供单篇文献的详细信息和扩展信息浏览的页面被称为"知网节"。知网节主要包括文献知网节、作者知网节、机构知网节、学科知网节、基金知网节、关键词知网节、出版物知网节。这些扩展信息通过概念相关、事实相关等方法提示知识之间的关联关系，有助于新知识的学习和发现，帮助实现知识获取、知识发现，进而达到知识扩展的目的。

凡是出现文献题名的地方，只要有文献题名的链接，点击文献题名即进入到文献知网节。通常是在检索结果的页面中，点击文献的题目，进入知网节页面。

（1）文献知网节。学术期刊、学术辑刊、会议、学位论文文献知网节的页面为三栏结构，从左到右分别为文章目录、题录摘要信息和引证文献。文章目录和引证文献可以收起或者展开，无内容时两侧默认收起。其他单库产品的知网节为单栏结构。文献知网节如图5-30所示。

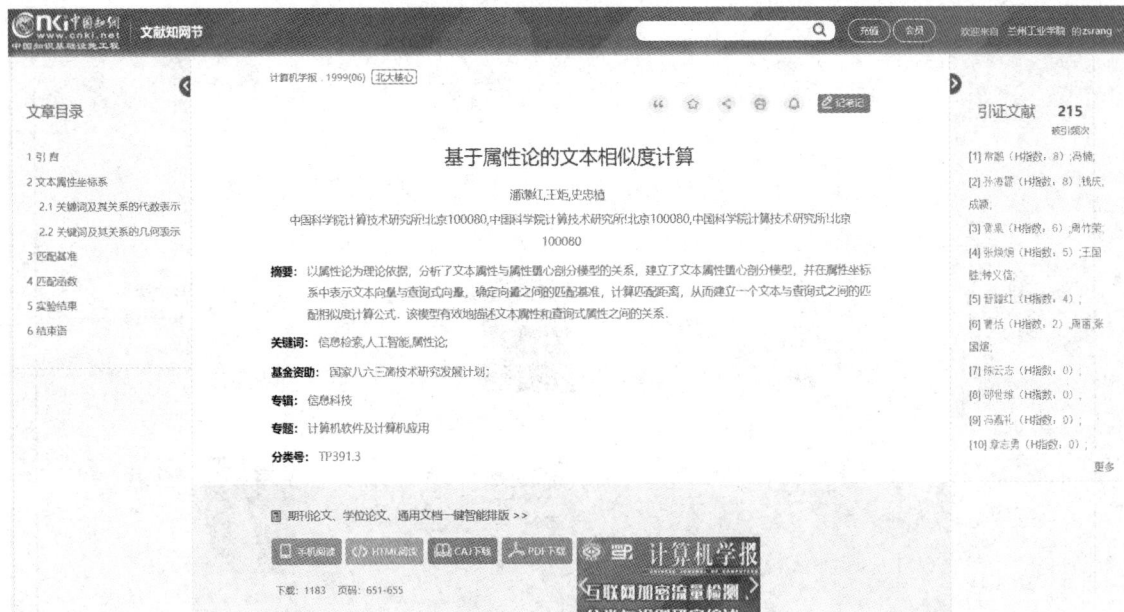

图 5-30　文献知网节

文献知网节的基本信息主要包括：篇名、作者、机构、摘要、关键词、DOI、基金、专辑、专题、分类号、下载频次、文献来源、文章目录、引证文献等。单击以上信息链接，可进入对应标签的知网节。不同单库产品的知网节包含的知识节点信息不同。

（2）文章目录和文内图片。文章目录和文内图片在左侧显示。文章目录指文内小标题或篇章目录。文章目录有助于用户了解文章结构及内容体系，掌握文章的概略信息或辅以判断文献全文的阅读价值。文内图片显示6张文内的图片缩略图，点击图片可查看该图片详情；当图片超过6张时，点击"更多"可以跳转到图片库对应的文献来查看该文献的全部图片。

（3）引证文献。引证文献在页面右侧显示。突出显示节点文献的总被引频次，并以第一作者 h 指数为序，从高到低选择10条引证文献进行展示。展示内容为引证文献作者名称及第一作者 H 指数，点击作者可以打开相应文章的知网节。点击引证文献列表下方的"更多"，可以跳转到节点文献"知识网络"部分的引证文献。

引证文献指的是引用本文的文献，代表了这篇文章研究工作的继续、应用、发展或者评价。引证文献是衡量学术著作影响大小的重要因素，文献被引证的次数越多，一定程度上反映文献越有价值；文献被更多高 h 指数的作者引用，也一定程度上反映了文献的权威性。引证文献及引用者信息是读者判断文章价值的参考。

(4) 节点文献操作。点击 ❝ ⚙ ⇱ ▱ 🔔 中的引用 ❞，弹出三种引用格式，默认选中 GB/T 7714-2015 格式，可以复制，点击"更多引用格式"可进入文献管理中心；登录个人账号点击"关注 🔔"可以关注文献，点击"我的 CNKI"—"我的关注"—"论文"，可查看关注的论文数据变化情况；在"个人账号"中点击"收藏 ✿"可以收藏文献，点击"我的 CNKI"—"我的收藏"，可查看收藏的论文；点击"分享 ⇱"，可以复制链接或者分享到微信和微博等。

(5) 主题网络。文献主题脉络图以节点文献为中心，图示化节点文献相关主题内容的研究起点、研究来源、研究分支和研究去脉。文献主题脉络图显示节点文献的主题词，最多可以显示 9 个主题词。"研究起点"是二级参考文献的主题词，"研究来源"是参考文献的主题词，"研究分支"是引证文献的主题词，"研究去脉"是二级引证文献的主题词，均按主题词出现频次由多到少遴选，最多显示 10 条。将鼠标移入主题词，可以显示出该主题词来源文献的篇名，点击篇名，可链接到该篇文献的知网节页面，如图 5-31 所示。

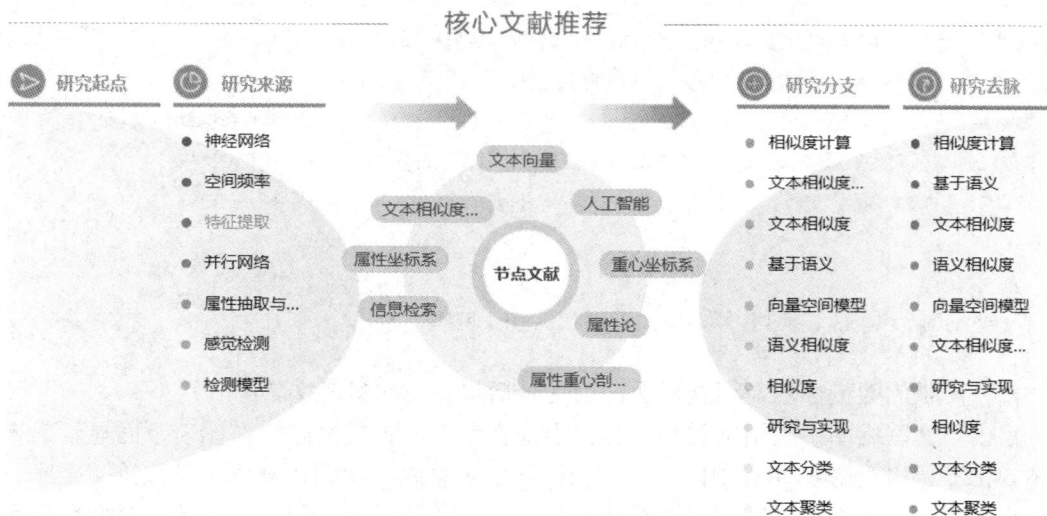

图 5-31　主题网络(核心文献推荐)

(6) 引文网络。引文网络部分包括：参考文献、引证文献、共引文献、同被引文献、二级参考文献、二级引证文献。各类文献的含义如下：参考文献反映本文研究工作的背景和依据；二级参考文献是本文参考文献的参考文献，进一步反映本文研究工作的背景和依据；引证文献为引用本文的文献，反映出本文研究工作的继续、应用、发展或评价；二级引证文献是本文引证文献的引证文献，更进一步反映本研究的继续、发展或评价；共引文献是与本文有相同参考文献的文献，与本文有共同研究背景或依据；同被引文献是与本文同时被作为参考文献引用的文献，如图 5-32 所示。

图 5-32　引文网络

每种文献的数量标示在标题后面，用括号括起来，如参考文献[4]；

点击引文网络图中的引文类型，如"引证文献"，该类文献将在图表下面显示出来，见图 5-32。涉及的数据库有中国学术期刊网络出版总库、中国优秀硕士学位论文全库、中国博士学位论文全文数据库、中国重要会议论文全文数据库、国际会议论文全文数据库、中国重要报纸全文数据库、图书、专利、标准、年鉴、国际期刊(CNKI Scholar)等。

(7) 相关文献推荐。相关文献推荐包括"相似文献""读者推荐""相关基金文献""关联作者"和"相关视频"，如图 5-33 所示。"相似文献"根据协同过滤算法，推荐与本文内容相似的文献。"读者推荐"是根据相关日志记录数据，推荐其他读者下载的文献。"关联作者"列出参考文献以及引证文献的作者。

相关文献推荐

相似文献　读者推荐　相关基金文献　关联作者　相关视频　　批量下载

[1] 属性论在文本相似度计算中的应用[J]. 李广原.广西师院学报(自然科学版),2000(03)

[2] 融合关键词和语义特征的汉越文本相似度计算[J]. 潘润海;高盛祥;余正涛;刘奕洋;尤丛丛.小型微型计算机系统, 2022(06)

[3] 融合词语多特征的汉老短文本相似度计算[J]. 郭雷;周兰江;周蕾越.小型微型计算机系统,2023(04)

[4] 基于文本空间表示模型的文本相似度计算研究[J]. 张文萍;黎春兰.现代情报,2013(02)

[5] 基于主题模型和文本相似度计算的专利推荐研究[J]. 艾楚涵;姜迪;吴建德.信息技术,2020(04)

[6] 基于语境框架的文本相似度计算[J]. 晋耀红.计算机工程与应用,2004(16)

[7] 基于深度学习的文本相似度计算[J]. 邵恒;冯兴乐;包芬.郑州大学学报(理学版),2020(01)

[8] 面向问答文本的属性级情感分类研究[J]. 江明奇;李逸薇;刘欢;李寿山.计算机科学,2019(S2)

[9] 基于事件的文本相似度计算[J]. 仲兆满;刘宗田;周文;付剑锋.广西师范大学学报(自然科学版),2009(01)

[10] 分阶段融合的文本语义相似度计算方法[J]. 马军红.现代图书情报技术,2013(10)

图 5-33　相关文献推荐

4. 中国知网个人查重服务(https://cx.cnki.net)

"学术不端文献检测系统"采用资源对比总库,在组织结构上突出知识的内在关联,形成了以文献库、概念知识元库、学术趋势库、学者成果库和专家评价库为主题的特色资源库。不仅针对不同的文档类型和内容特征,支持从词、句子到段落的数字指纹定义,并可对图、表等特殊检测对象进行基于标题、上下文、图表内容结合的相似性检测处理,还可根据特定的概念、观点、结论等内容进行智能信息分类处理,实现语义级别内容的检测。该系统可用于抄袭、伪造、一稿多投、篡改、不正当署名、一个成果多篇发表等多种学术不端行为的检测。知网过去只面向机构提供查重服务,2022 年 6 月起,中国知网向个人用户直接提供查重服务。个人用户可通过注册或微信登录的方式登录查重系统。登录后的界面如图 5-34 所示。

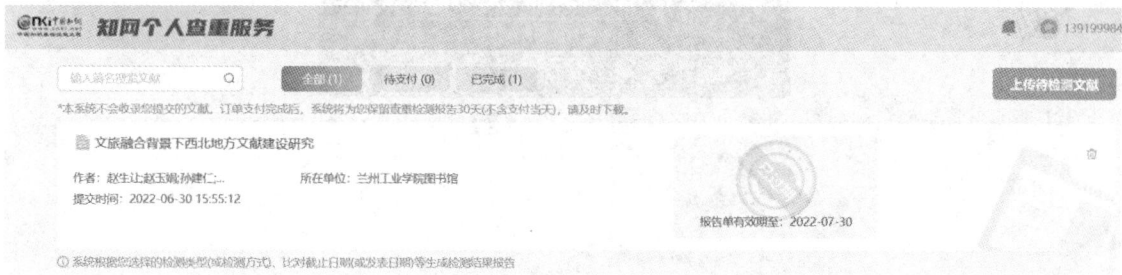

图 5-34　知网个人查重服务界面

点击"上传待检测文献",可选择"上传待检测文档"或"调取知网已收录文献"等方式进行检测,如图 5-35 所示。知网严格遵守相关的法律规定与用户协议,从技术与管理机制两方面来保障用户信息和论文内容的安全。个人用户上传论文查重由本人自主操作,个人信息与论文内容仅本人可见;个人送检的论文仅保存在查重专用的服务器上,30 天后自动删除且不可恢复。个人版定价参照市场通行的按字符数收费的方式,定为 1.5 元/千字,不高于市场主流同类产品价格。

图 5-35　知网个人查重服务界面

5. 手机知网

随着智能手机普及度的不断提高，CNKI 提供了 WAP 版页面(http://WAP.cnki.net/)和智能手机 APP 版，供手机用户使用，如图 5-36 所示。手机知网的检索类似于知网网页版"一框检索"，具体使用方法不再赘述。

图 5-36　手机知网首页

　　CNKI 开发了全球学术快报 APP(CNKI Express)，用户可以通过应用商店搜索"全球学术快报"或登录 https://m.cnki.net/mcnkidown 进行下载安装。用户账号与所在高校或机构账户进行关联后，就可以通过 APP 免费下载或阅读所在机构购买的文献资源。全球学术快报还为用户提供个性化定制，内容包括学科、期刊、学者、主题、热点和项目定制等，定制内容可以根据自己的需要添加、修改、查找和查看，如图 5-37 所示。与电脑版的使用类似，全球学术快报同样可按一框式检索、二次检索(在结果中检索)、高级检索等方式进行检索。

图 5-37　全球学术快报(CNKI Express)

5.2.2　万方数据知识服务平台

1. 概述

　　北京万方数据股份有限公司是在中国科技信息研究所数十年积累的全部信息服务资源基础上建立起来的，是国内第一家以信息服务为核心的股份制高新技术企业。它以科技信息为主，集经济、金融、社会、人文信息为一体，实现信息资源的网络化服务。

　　万方数据知识服务平台(http://www.wanfangdata.com.cn/，如图 5-38 所示)是建立在因特网上的大型科技、商务信息服务平台。自 1997 年 8 月面向社会各界开放以来，其丰富的信息资源在国内外产生了较大影响。万方在全国各省市建有几百个服务中心，直接用户达数万人。可以说，万方数据资源系统以其巨大的信息量和方便的检索查询功能成为我国信息界的知名品牌。

图 5-38　万方数据知识服务平台首页

迄今为止，万方数据自有版权以及与合作伙伴共同开发的数据库总计达 100 多个，内容涉及自然科学和社会科学各个专业领域，收录范围包括期刊、学位论文、会议文献、科技成果、政策法规、机构信息、方志、标准、专利等。用户既可以单库检索，也可以在所有数据库中跨库检索，同时还可以实现按行业需求进行检索。

2. 资源介绍

万方数据资源包括了目前国内使用频率较高的科技、商贸、法律法规等数据库，内容涉及自然科学和社会科学各个领域。按资源类型，万方数据资源可以分为全文类信息资源、文摘题录类信息资源和事实型动态信息资源。数据库原文采用 PDF 文件格式。

1) 学术期刊资源(全文)

学术期刊论文是万方数据资源的重要组成部分，期刊资源包括中文期刊和外文期刊，其中中文期刊共 8000 余种，核心期刊共 3300 种左右，涵盖了自然科学、工程技术、医药卫生、农业科学、哲学政法、社会科学、科教文艺等各个学科；外文期刊主要来源于 NSTL 外文文献数据库以及牛津大学出版社等国外出版机构，收录了 1995 年以来世界各国出版的 20 900 种重要学术期刊。

2) 学位论文资源(全文)

学位论文资源包括中文学位论文和外文学位论文。中文学位论文收录始于 1980 年，收录论文共计 500 多万篇，年增 30 多万篇，涵盖理学、工业技术、人文科学、社会科学、医药卫生、农业科学、交通运输、航空航天和环境科学等各学科领域；外文学位论文收录始于 1983 年，累计收藏 11.4 万余册，年增量 1 万余册。

3) 会议论文资源(全文)

该库收录了由中国科技信息研究所提供的，世界主要学会和协会主办的会议论文，资源包括中文会议和外文会议。中文会议收录始于 1982 年，收录论文共计 1000 多万篇，年收集 2000 多个重要学术会议，年增 20 万篇全文，每月更新。外文会议主要来源于外文文献数据库，收录了 1985 年以来世界各主要学协会、出版机构出版的学术会议论文，共计 700 多万篇。

4) 专利技术资源(全文)

专利技术资源来源于中外专利数据库，收录始于 1985 年，目前共收录中国专利 4000 多万条，国外专利 1.1 亿条。收录范围涉及 11 国 2 个组织，内容涵盖自然科学的各个学科领域。

5) 政策法规资源(全文)

该库收录了自 1949 年新中国成立以来全国各种法律法规约 90 万条，内容不但包括国家法律法规、行政法规、地方法规，还包括国际条约及惯例、司法解释、案例分析等，关注社会发展热点，具有很大的实用价值，被认为是国内最权威、全面、实用的法律法规数据库。

6) 方志(全文)

地方志，也称方志，是由地方政府组织专门人员，按照统一体例编写，综合记载一定行政区域内，一定历史时期的政治、经济、文化和自然资源的综合性著作。万方新方志收集了 1949 年以来出版的所有中国地方志。

7) 中外标准资源(题录)

该库收录了所有的中国国家标准(GB)、中国行业标准(HB)以及中外标准题录摘要数据，共计 200 多万条记录。其中中国国家标准全文数据内容来源于中国质检出版社；中国行业标准全文数据收录了机械、建材、地震、通信标准以及由中国质检出版社授权的部分行业标准；中外标准题录摘要数据内容来源于中国标准化研究院。

8) 科技成果资源

该库主要收录了国内的科技成果及国家级科技计划项目。成果资源主要来源于中国科技成果数据库，涵盖了国家、省市、地方的成果公报、登记成果及推广成果等成果信息，共计 64 万条。

9) 国家科技报告服务系统

中文科技报告源于中华人民共和国科学技术部，收录始于 1966 年，共收录中文科技报告 10 万份；外文科技报告源于美国政府四大科技报告(AD、DE、NASA、PB)，收录始于 1958 年，共收录外文科技报告 110 万份。

10) 万方视频

万方视频是以科技、教育、文化为主要内容的学术视频知识服务系统，现已推出高校课程、会议报告、考试辅导、医学实践、管理讲座、科普视频、高清海外纪录片等适合各类人群使用的精品视频。截至目前，已收录视频 3 万余部，近 90 万分钟。

3. 检索方法

1) 一框检索

万方数据平台默认在期刊、专利、成果、会议等全部数据库中检索，用户可以点击检索框中的"全部"按钮，选择期刊、学位、会议、专利、科技报告、成果、标准、法规、地方志、视频等模块。如图 5-39 所示。

图 5-39　选择数据库

在检索框中，用户可直接输入关键词、作者、机构等进行检索，也可选择题名、作者、作者单位、关键词、摘要，然后进行检索，如图 5-40 所示。

图 5-40　选择检索字段

当输入机构或作者时，系统自动会识别，优先展示符合要求的文献。例如输入"兰州工业学院"后进行检索时，系统会优先展示作者单位为"兰州工业学院"的作者发表的文献。虽然是一框式检索，也可实现多个检索项的逻辑组配检索。例如，检索复旦大学的张军的学术成果，可在检索框中输入"单位:复旦大学 作者:张军"，检索后出现图 5-41 所示的检索结果页面。

图 5-41　检索结果页面

找到所需要的文献以后，点击"下载"或者"在线阅读"，如果单位已经购买，在单位 IP 范围内，可直接下载或阅读；如果是个人用户，则进入登录支付页面。

检索结果页面不仅可对命中文献进行各种分组，还可进行二次检索，用户可通过二次检索或选择各种分组缩小检索范围。页面左边是检索结果的资源类型、发表年份、学科分类等分组及数量。页面检索栏下部是二次检索窗口，可按题名、作者、关键词、起始结束年份进行进一步限定。

2) 高级检索

在首页点击"高级检索"，可进入高级检索页面，如图 5-42 所示。高级检索能实现多个检索项的逻辑组配检索，可在默认数据库中选择目标数据库，也可设置结果输出排序方式等。系统支持"专业检索"和"作者发文检索"，点击标签可切换到相应检索页面。

图 5-42　高级检索页面

3) 检索结果分析

可对检索结果做出多维度可视化揭示，体现出知识点演变及发展趋势，同时也体现出知识点在不同时间的关注度；帮助人们发现知识点之间交叉、融合的演变关系及新的研究方向、趋势和热点；查看关于学者、机构、期刊的分布情况，由此判断它们的科研水平及影响力，如图 5-43 所示。

图 5-43　检索结果分析

5.2.3　维普网

1. 概述

维普网(http://www.vipinfo.com.cn/)是重庆维普资讯有限公司旗下的网站。重庆维普资讯有限公司的前身为中国科技情报研究所重庆分所数据库研究中心，它是中国第一家进行中文期刊数据库研究的机构。维普资讯网是全球著名的中文专业信息服务网站以及中国最大的综合性文献服务网站，同时也是中国主要的中文科技期刊论文搜索平台。2005 年，维普资讯网和全球最大的搜索引擎提供商谷歌(Google)进行战略合作，成为谷歌学术搜索频道(scholar.google.com)在中国的重要合作伙伴，并且成为谷歌学术搜索频道最大的中文内容提供商。

2. 资源功能

1) 中文科技期刊数据库(全文版)

该数据库收录 12 000 余种期刊(包括核心期刊 1957 种)刊载的 7000 余万篇文献。所有文献被分为社会科学、自然科学、工程技术、农业科学、医药卫生、经济管理、教育科学和图书情报 8 个专辑 28 个专题。该库也是我国最大的数字期刊数据库，是我国数字图书馆建设的核心资源之一。

2) 中文科技期刊数据库(引文版)

该数据库是目前国内规模最大的文摘和引文索引型数据库，采用科学计量学引文分析方法，对文献之间的引证关系进行深度数据挖掘。除提供基本的引文检索功能外，该库还提供基于作者、机构、期刊的引用统计分析功能，可广泛用于课题调研、科技查新、项目评估、成果申报、人才选拔、科研管理、期刊投稿等。

3) 中国科学指标数据库 CSI(事实版)

该数据库是目前国内规模最大的动态连续分析型事实数据库，是一个提供三次文献情报加工的知识服务功能模块。通过引文数据分析揭示国内近 200 个细分学科的科学发展趋势，衡量国内科学研究绩效。该功能模块运用科学计量学的有关方法，以维普中文科技期刊数据库收录的千万篇文献为计算基础，对我国近年来科技论文的产出和影响力及其分布情况进行客观描述和统计。从宏观到微观，逐层展开，分析了省市地区、高等院校、科研院所、医疗机构、各学科专家学者等的论文产出和影响力，并以学科领域为引导，展示我国最近 20 年来各学科领域最受关注的研究成果，揭示不同学科领域中研究机构的分布状态及重要文献产出。

4) 外文科技期刊数据库

该数据库提供 1992 年以来世界 30 余个国家的 11 300 余种期刊，800 余万条外文期刊文摘题录信息。数据库对题录字段中刊名和关键词进行了汉化，帮助检索者充分利用外文文献资源。数据库具有强大的原文传递服务，可联合国内 20 余个图书情报机构提供方便快捷的原文传递服务。

5) 中国科技经济新闻数据库

该数据库遴选自国内 420 多种重要报纸和 9000 多种科技期刊的 305 余万条新闻资讯，包括了各行各业的新产品、新技术、新动态和新法规的资讯报道。本库是科研机构、企业、政府部门获取行业动态、把握市场走向、建立竞争情报系统的重要信息来源，尤其是科技查新单位进行科技查新时重要的查询数据库之一。该库可以避免研究者或开发人员投入大量资金和精力去重复前人的工作，也可以为他们提供新课题、新产品的研发灵感和线索，在前人基础上进行新的探索和创新。

6) 搜索引擎服务

这是一个基于谷歌和百度搜索引擎、面向机构用户提供服务的拓展支持工具。该服务一方面可以帮助图书馆和社会信息服务单位增加一种中文期刊资源的网络服务渠道，另一方面通过信息发布的交互功能，可以使用户单位的各种服务嵌入到用户环境中。所以说，该库既是灵活的资源使用模式，也是用户单位各种服务的有力推广渠道。同时，基于云端的服务模式可以让用户单位从设备投入、更新维护等后台工作中解脱出来，集中精力做好对读者的服务与互动。

7) 维普考试服务平台

这是一个考试服务信息化产品，拥有公务员、工程、语言、计算机、经济、医学、研究生等考试分类，既拥有海量题库资源，又能支持机构进行在线考试应用，可以解决教学平台中缺电子资源，而电子资源平台上缺教学应用场景的问题。平台包含职业资格考试、高校课程试题、在线考试、移动助手等功能模块。

3. 检索方法

维普中文期刊服务平台(http://qikan.cqvip.com/)如图 5-44 所示。该网站提供一框式检索和高级检索两种方式，具有期刊导航、学科导航、地区导航、期刊评价报告、期刊开放获取等功能。

图 5-44　维普中文期刊服务平台首页

1）一框式检索

这是该库的默认检索方式，可输入题名、关键词、作者、机构、刊名、分类号、基金资助等进行模糊检索。

2）高级检索

用户可设置多个检索限制条件，同时检索多个字段，使检索变得更加准确。在维普专业检索主页面上单击"高级检索"，可打开"高级检索"页面，如图 5-45 所示。高级检索提供向导式检索和直接输入式检索两种方式供读者选择。

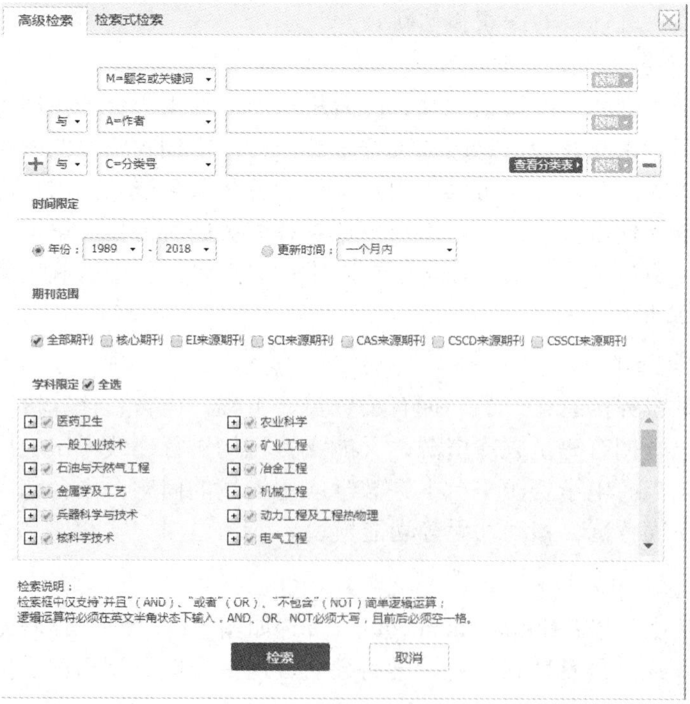

图 5-45　高级检索页面

例如，检索 2012—2013 年间兰州工业学院发表在核心期刊上的机械工程方面的论文。其检索步骤如下：

第一步，选择期刊范围为"核心期刊"；

第二步，限定检索年限为"2012—2013"；

第三步，选择检索途径为"机构"，输入检索词"兰州工业学院"；

第四步，限定学科分类为"机械工程"；

第五步，检索(点击"检索")。

检索结果页面如图 5-46 所示。

图 5-46　维普检索结果页面

3) 导航方式

维普期刊的导航方式分为期刊导航、学科导航、地区导航、期刊评价报告、期刊开放获取等功能。期刊检索提供按刊名检索、按 ISSN 检索、按刊名首字母导航，如图 5-47 所示。读者可对各类期刊进行分类浏览查找，也可查找某一特定期刊，并在该刊内按期浏览或输入关键词进行检索。

4. 检索结果

维普资讯网对所有用户免费提供检索结果的题录信息浏览下载服务，下载全文需缴费。它的全文数据现在都采用 PDF 格式。

图 5-47 维普期刊导航页面

5.2.4 EBSCOhost 系统全文数据库

1. 概述

EBSCO 是美国一家提供期刊、文献订购及出版服务的专业公司。EBSCOhost 系统是 EBSCO 公司的三大数据库系统之一，用于数据库检索。其他两个系统是 EBSCO Online 和 EBSCOnet，分别为电子期刊系统和期刊订购系统。

EBSCOhost 数据库检索系统以其友好的用户界面、强大的检索功能、完善的传输手段、丰富的客户定制功能赢得了客户的好评。除了提供本身拥有的数据库文献信息外，还可以通过智能链接(SmartLinks)链接到 EBSCO 数据库或电子期刊服务系统，获取其中的全文；通过链接服务器(LinkSource)双向链接到其他知名的文献出版和发行公司的数据库中；通过定制链接(CustomLinks)链接到图书馆的 OPAC 系统或其他希望链接的信息源。此外，还可以通过 CrossRef 等链接服务商获取文献信息。

EBSCOhost 采用 IP 地址控制访问权限，在订购单位的 IP 范围内不需要账号和口令即可使用该单位订购的所有数据库资源。EBSCOhost 系统的网址是 http:// search. ebscohost.com/。

2. 数据库资源

EBSCOhost 是目前世界上收录学科比较齐全的全文数据库检索系统，提供 100 多种全文数据库和二次文献数据库。这些数据库收录近万种期刊全文，其中有一半以上的期刊是 SCI、SSCI 的来源期刊，涉及自然科学、社会科学、人文和艺术科学等各个学科领域。其主要数据库资源包括：

1) 学术期刊全文数据库(Academic Search Ultimate)

该数据库收录 16 600 多种期刊的索摘，其中 14 800 多种为同行评审期刊的索摘；近 12 000 种全文期刊，其中 10 500 多种为同行评审全文期刊。此外，数据库还收录有来自美联社的 6 万笔视频内容及 900 多种非刊类全文文献，如 360 多种全文书籍专著，百余种会议论文和专题报告全文等。收录文献的主题范围涉及人文科学、社会科学、自然科学、工程技术、农业和医学等几乎所有科学领域。收录年限从 1887 年至今。

2) 商业资源数据库(Business Source Ultimate)

该数据库收录大量期刊索引、摘要以及非刊类全文资源。收录期刊索引 6100 种，其中 4800 多种为全文期刊，包括近 2500 多种同行评审全文期刊。非刊类全文资源包括来自美联社的 6 万笔视频内容，近千种书籍专著，超过 2 万份公司介绍，1200 多份国家经济报告，8400 多份行业报告，900 多份案例研究，2600 多份市场研究报告，4200 多份 SWOT 分析等。收录文献的主题范围为商业经济相关领域，包括金融、银行、国际贸易、商业管理、市场行销、投资报告、房地产、产业报道、经济评论、经济学、企业经营、财务金融、能源管理、信息管理、知识管理、工业工程管理、保险、法律、税收、电信通讯等。收录年限从 1886 年至今。

3) 其他主要数据库资源

EBSCOhost 提供的其他主要数据库资源有美国经济协会电子数据库(EconLit)、美国心理学会期刊全文数据库(PsycArticles)、教育资源文摘数据库(ERIC)、动物数据库(EBSCO Animals)、医学数据库(MedLine)、报纸资源数据库(Newspaper Source)、职业教育全文数据库(Professional Development Collection)、地区商业新闻数据库(Regional Business News)、多学科数据库(MasterFILE Premier)、历史参考数据库(History Reference Center)、职业技术教育数据库(Vocational and Career Collection)、美国人文科学索引(American Humanities Index)、世界杂志数据库(World Magazine Bank)和传媒与大众传播数据库(Communication & Mass Media Complete)等。

5.2.5　ProQuest 系统全文数据库

1. 概述

美国 ProQuest Information and Learning 公司(原 UMI 公司)作为世界一流的科学研究信息解决方案提供商，为全球 160 多个国家的学院、政府机构和商业客户提供增值信息服务。该公司与世界上 9000 多家出版商保持着良好合作关系，提供期刊、报纸、参考书、参考文献、书目、索引、地图集、绝版书籍、记录档案、博士论文和学者论文集等各种类型的信息服务，格式采用数字化、缩微胶片及印刷版。该公司的中国服务网站为 http://www.proquestchina.com。

ProQuest Information and Learning 公司通过 ProQuest 检索平台提供系列数据库，数据库涉及商业管理、社会与人文科学、科学与技术、金融与税务、医药学等广泛领域。从 1996 年起，ProQuest 系统开始推行数据库的网络信息服务。Web 版数据库同时提供二次文献和一次文献，并将二次文献与一次文献"捆绑"在一起，为最终用户提供文献获取的一体化服务，使用户在检索文摘、索引时可以实时获取大部分全文信息。数据库网址为

http://global.umi.com/pqdweb 或 http://proquest.umi.com/pqdweb。

ProQuest 拥有的数据库种类繁多，用户可以订购一个或多个数据库。ProQuest 采用专线登录，通过 IP 地址限定用户的使用权限。

2. 数据库资源

ProQuest 系统目前有 80 多个全文数据库，大多数为期刊论文数据库，收录内容偏重学术性。其中几个著名的数据库如下：

1) 学位论文全文数据库

1980 年 7 月，原 UMI 公司出版了学位论文光盘数据库(Dissertation Abstracts Ondist, DAO)。学位论文全文数据库(ProQuest Dissertations and Theses, PQDT)是学位论文光盘数据库的网络版，共分 3 个专辑，即 PQDT(A)、PQDT(B)、PQDT(C)。PQDT(A)收录人文社科版，PQDT(B)收录科学与工程版，PQDT(C)为综合版，含 PQDT(A)和 PQDT(B)的内容。

PQDT 数据库现已收录了欧美 2000 多所著名大学的优秀博/硕士论文的题录、文摘和索引。数据库中除收录与每篇论文相关的题录信息外，1980 年以后出版的博士论文信息中包含了作者本人撰写的长达 350 字的文稿。1988 年以后出版的硕士论文信息中含有 150 字的文稿。对于 1997 年以后出版的论文，可在网站上免费预览这些论文的前 24 页内容。PQDT 同时提供大部分论文的全文订购服务，可以以印刷形式、缩微形式或数字形式(1997 年以后出版)订购所有论文的全文副本。PQDT 数据库每周更新，最早的论文可回溯到 1861 年。

PQDT 是世界上最大和使用最广泛的国际性学位论文数据库。自 2003 年 2 月开始，中国高等教育文献保障系统(CALIS)组织国内 60 多所高校联合引进了 ProQuest 系统 PQDT 数据库。目前国内用户可以共享的论文数量超过 82 万篇，涉及文、理、工、农、医等多个领域，是学术研究中十分重要的信息资源。

2) 商业信息数据库

商业信息数据库(Abstracts of Business Information, ABI/INFORM)是世界著名商业及经济管理期刊论文数据库，收录有关财会、银行、商业、计算机、经济、能源、工程、环境、金融、国际贸易、保险、法律、管理、市场、税收、电信等主题的商业期刊及相应行业的市场、企业文化、企业案例分析、公司新闻和分析、国际贸易与投资、经济状况和预测等方面的内容。

3) 学术研究数据库

学术研究数据库(Academic Research Library, ARL)是 ProQuest 公司专门为大学图书馆和研究图书馆开发的综合性学术期刊全文图像数据库。它收录近 4000 种综合性期刊和报纸的文摘/索引，其中 2712 种是全文期刊。该数据库以美国著名的 Peterson's 为参照系，支持公共教学领域的大多数课程和学术研究，涵盖的学科包括商业与经济、教育、保护服务/公共管理、社会科学与历史、计算机、科学、工程/工程技术、传播学、法律、军事、文化、医学、卫生健康及其相关科学、生物科学/生命科学、艺术、视觉与表演艺术、心理学、宗教与神学、哲学、社会学及妇女研究等。

4) 其他主要数据库资源

ProQuest 系统的其他主要数据库资源还有科学期刊全文数据库(ProQuest Science Journals，PSJ)、期刊内容索引数据库(Periodical Contents Index，PCI)及 PCI 全文数据库(PCI Full Text)、ProQuest 5000 全文数据库、通用科学全文数据库(General Science Plus Text)、计算机技术数据库(ProQuest Computing)和亚洲商业信息数据库(ProQuest Asian Business)等。

5.2.6　SpringerLink 全文期刊数据库

1. 概述

德国施普林格(Springer-Verlag)是世界上著名的科技出版集团，以出版图书、期刊、工具书等学术性出版物而闻名。斯普林格通过 SpringerLink 系统发行电子图书并提供学术期刊的在线服务。自 1996 年推出以来，SpringerLink 已发展成为全球最大的在线科学、技术和医学(STM)领域学术资源平台。凭借弹性的订阅模式、可靠的网络基础以及便捷的管理系统，SpringerLink 成为各家图书馆最受欢迎的产品。Springer 也是科学出版界的领导者，一直凭着其卓越的表现而享有美誉。Springer 已经出版了超过 150 位诺贝尔奖得主的著作。目前，SpringerLink 正为全世界 600 家企业客户、超过 35 000 个机构提供服务。SpringerLink 的服务范围涵盖各个研究领域，包括学术期刊以及电子参考工具书、电子图书、实验室指南、在线回溯数据库等内容。

2. 数据库资源

SpringerLink(https://www.springer.com/)是居全球领先地位的、高质量的科学技术和医学类全文数据库，包括了各类期刊、丛书、图书、参考工具书以及回溯文档。该数据库共包括 2900 余种学术期刊，内容涉及建筑与设计(Architecture and Design)、生物医学和生命科学(Biomedical and Life Science)、行为科学(Behavior Science)、化学和材料科学(Chemistry and Materials Science)、地球科学(GeoSciences)、计算机科学(Computer Science)、地球和环境科学(Earth and Environment Science)、工程学(Engineering)、商业与经济(Business and Economics)、数学和统计学(Mathematics and Statistics)、医学(Medicine)、物理学与天文学(Physics and Astronomy)、人文社科和法律(Humanities，Social Sciences and Law)等学科领域。SpringerLink 的特点是将电子图书、期刊和丛书放在同一个检索平台上，既可以分类型检索也可以跨数据库检索。

5.2.7　Elsevier Science Direct 电子期刊全文数据库

1. 概述

荷兰爱思唯尔(Elsevier)出版集团是荷兰一家全球著名的跨国学术期刊出版机构，先后收购了著名的 Pergamon、North-Holland、Academic Press 等公司。目前，Elsevier 每年大约有 100 万篇科技文献在全球范围内出版，所出版的期刊大部分被 SCI、SSCI、EI 收录，是世界公认的高品质核心期刊出版机构。

1997 年，Elsevier 推出了名为 Science Direct 的电子期刊计划，将该公司出版的全部印刷型期刊转换为电子版，并使用基于浏览器开发的检索系统 Science Server 进行检索。

2. 数据库资源

ScienceDirect 数据库(http://www.sciencedirect.com)是爱思唯尔公司的核心产品,是全世界最大的 STM(科学、科技、医学)全文与书目电子资源数据库,包含超过 3800 种同行评议期刊与 35 000 多本电子书,共有 1400 余万篇文献,大部分期刊都是被 SCI、EI 等国际公认的权威大型检索数据库收录的各个学科的核心学术期刊,包括全球影响力极高的《细胞》和《柳叶刀》等。在 ScienceDirect 平台上可以浏览 100 余位诺贝尔奖获得者的学术研究成果。爱思唯尔秉承严格的出版标准,遵循国际同行评议制度,提供全球顶尖的学术研究文章。

ScienceDirect 提供覆盖自然科学与工程、生命科学、健康科学、社会科学与人文科学 4 个领域 24 个学科的优质学术内容,涉及化学工程、化学、计算机科学、地球与行星学、工程、能源、材料科学、数学、物理学与天文学、农业与生物学、生物化学、遗传学和分子生物学、环境科学、免疫学和微生物学、神经系统科学、医学与口腔学、护理与健康、药理学、毒理学和药物学、兽医科学、艺术与人文科学、商业、管理和财会、决策科学、经济学、计量经济学和金融、心理学、社会科学以及学科交叉研究领域。

5.2.8　Wiley 数据库

1. 概述

Wiley 于 1807 年成立于美国纽约,是全球科研和教育领域的领导者。Wiley 致力于以高影响力的内容、平台及服务帮助科研人员、学习者、机构和企业在快速变化的世界中实现他们的目标。Wiley 作为全球领先的学会、协会出版商,与 800 多家学会、协会合作出版,服务超过 1500 万学会、协会会员。在中国,Wiley 同样致力于与国内知名的学会、协会和研究机构合作,出版高品质的学术期刊。

2. 数据库资源

Wiley 出版的期刊数量近 1700 种,1200 多种期刊被《期刊引证报告》(Journal Citation Reports,JCR)收录,这些期刊代表了各领域的尖端研究。出版物涵盖学科范围广泛,包括化学、材料科学、地球与环境科学、信息技术及计算机、工程学、数学与统计、物理与天文学、商业、人文科学、教育及法律、心理学、社会科学、生命科学、医学、护理学、兽医学等多个学科领域。

Wiley Online Library 提供两个世纪以来研究成果的无缝集成访问。该平台采纳了来自全球各地用户、出版合作伙伴和客户的宝贵意见,能够确保满足当今研究人员、作者、专业学会与协会以及信息专家的复杂需求。在线资源包括 1600 多种期刊、22 000 多本在线书籍。

Wiley 数字馆藏(Wiley Digital Archives)是 Wiley 与世界学会领导者、图书馆以及档案馆进行的可持续合作项目,旨在将独特和罕见的资料数字化,以帮助了解当代研究背后的故事。通过将这些珍贵的资料转化为可发现的数字资源,研究人员可以轻松访问并获取资源,从而更好地理解,更加细微地解读已发表的作品。

Cochrane Library 是全球领先的循证医学数据库,该数据库以医护人员为对象,提供高质量的系统评价。该数据库专为临床医务工作者设计,充分考虑到他们的职业特征,因此是循证医学重要的信息源,是循证医学的金标准,并且提供有关最新医疗的最客观的信息。

5.2.9 Emerald 数据库

1. 概述

Emerald 出版社由来自世界著名百强商学院之一的布拉德福商学院(Bradford University Management Center)的学者于 1967 年建立,是世界管理学期刊最大的出版社之一。Emerald 一直致力于管理学、图书馆学、工程学专家评审期刊的出版,且所有期刊都经过同行专家双盲评审。从建社以来,Emerald 一直秉承理论联系实际并应用于实践的出版理念,搭起了学术界和实践人士之间的桥梁。总部位于英国,所有期刊的主编、作者遍布世界各地,并且在美国、马来西亚、印度、中国、澳大利亚和日本建立了代表处,使 Emerald 成为真正意义的国际化出版机构之一。

2. 数据库资源

Emerald 管理学全集(Emerald Management Xtra,EMX)是 Emerald 于 2006 年最新推出的管理学和图书馆学综合性数据库产品。EMX 提供 Emerald 出品的 150 种高质量的管理学全文期刊、管理学评论(Emerald Management Review),以及案例分析、预选文集、采访录、书评、专业教学资源和作者及研究资源在内的其他辅助内容。

Emerald 工程图书馆(Emerald Engineering Library,EEL)包括 16 种高品质工程学期刊,涵盖先进自动化、工程计算、材料科学与工程和电子制造与封装等相关领域,所有期刊曾多年被 SCI 索引。该数据库所有期刊内容经同行专家评审,是工科院校的重要参考资源。

土木工程文摘库 (International Civil Engineering Abstracts,ICEA) 包括全球著名的 150 多种期刊的超过 120 000 篇文摘,内容涵盖建筑管理、环境工程和结构工程等。

国际计算机文摘库 (Computer Abstracts International Database,CAID)包括 140 000 篇来自 200 多种计算机期刊的文摘,涉及人工智能,通信网络和系统工程等专业领域。

计算机和通信安全文摘库(Computer and Communications Security Abstracts,CCSA)提供超过 100 多种期刊的 9000 多篇文摘,主要覆盖的领域包括电子商务安全、网络安全和第三方信任等。同时该数据库还包括每年 40 多个国际重要会议的会议录文摘。

图书馆和信息管理文摘库 (Current Awareness Abstracts,CAA)包括全球 400 多种图书馆学和信息管理科学核心期刊,26 000 多篇文摘,每月更新。

5.3 数 字 图 书

数字图书(Digital book),也叫电子图书(E-book),最早出现于 20 世纪 40 年代的科幻小说中。1971 年,Michael Hart 提出了"古腾堡计划",专门收录没有版权的经典文学作品,并将其输入计算机供人们网上阅读和下载。这是印刷型图书首次规模化地转换为数字图书。此后,国内外 IT 公司、出版社、商业公司等纷纷涉足数字图书市场,开发数字图书产品。1998 年,美国诺瓦梅地亚(NuvoMedia)公司推出了手持式阅读器"火箭书"(RocketBook),标志着数字图书进入了高速发展阶段。2007 年,美国亚马逊(Amazon)公司推出的手持式电子书阅读器 Amazon Kindle 将数字图书的应用推向了一个新的高度。

进入 21 世纪，伴随着国外数字图书市场的发展，国内数字图书市场也日趋活跃。目前，国内提供数字图书服务的网络站点有数百个，比较著名的有超星数字图书馆、中华数字书苑等，它们因收藏丰富、技术成熟且功能完善而闻名。

5.3.1　数字图书概述

数字图书有别于以纸张为介质的传统图书，是以数字形式制作、出版、存取和使用的图书。它以数字代码形式将图、文、声、像等信息存储在磁、光、电介质上，并借助一定的阅读软件和设备读取。数字图书是数字出版物中比较常见的文献类型。

1. 数字图书分类

1) 按载体形式划分

按载体形式划分，可将数字图书分为如下三种：

(1) 光盘版数字图书。主要指存储在 CD-ROM 上的图书，一般通过计算机阅读。

(2) 网络版数字图书。指通过网络发布和访问阅读的图书，主要包括免费的网络数字图书以及数据库公司推出的数字图书系统。

(3) 便携式数字图书。特指存储了数字图书内容的电子阅读器(手持阅读器)。一个电子阅读器中可存放若干图书，并且图书可不断购买增加。电子阅读器携带方便，容量大，支持格式多。目前国内较有代表性的是汉王科技股份有限公司开发的汉王电纸书。

2) 按文件存储格式划分

按文件存储格式划分，可将数字图书分为如下两种：

(1) 图像格式的数字图书。图像格式的数字图书就是把已有的传统纸质图书扫描到计算机上，以图像格式存储。图像格式数字图书内容比较准确，但检索手段不强，显示速度比较慢，文字识别效果不太理想。国内的一些中文数字图书库就是以图像格式制作和存储的。

(2) 文本/超文本格式的数字图书。基于文本的数字图书，通常是将图书的内容作为文本，并通过相应的应用程序阅读。应用程序通常界面友好，可基于内容或主题检索，跳转方便，并具有书签、语言信息、在线辞典等功能，如电子词典、网上免费的数字图书等。

2. 阅读器

阅读器也叫浏览器。由于数字图书的存储格式不同，阅读不同格式的图书就需借助不同的阅读器，如阅读超星、书生和方正公司的数字图书就需使用各自的专用阅读器。也有很多图书采用通用的电子书格式，如 PDF 格式，可利用 Adobe Reader 阅读器或者其他 PDF 阅读器阅读。阅读器具有多种阅读处理功能，通常包括批注、划线、插入书签、文档管理、在线交流等功能。目前很多阅读器不仅能创造出类似纸本的阅读效果，而且具有更交互、更实时的阅读环境。

5.3.2　超星数字图书馆

1. 概述

超星数字图书馆由北京时代超星信息技术发展有限公司研究开发，是国家"863"计划中国数字图书馆示范工程，2000 年 1 月正式开通，是目前世界上最大的中文在线数字图书馆。

超星数字资源内容丰富，范围广泛，收录了社会科学和自然科学各个门类的中文图书数百万种，并且拥有新书精品库、独家专业图书资源等。超星公司采用图书资料数字化技术，对 PDG 格式数字图书进行阅览、下载、打印、版权保护和下载计费。超星不仅提供 Windows 版阅读器，同时也提供 iPad 版、Android 版以及超星公开课 iPad 版，以帮助用户在各种移动设备上便捷地使用超星资源。

超星数字图书馆的全文资源服务是有偿的。其服务方式有两种：一是单位用户购买，用户可以在其固定 IP 地址范围内免费使用购买的超星数字资源(网址为 http://shu.sslibrary.com/，如图 5-48 所示)；或者通过访问镜像站点的方式来使用资源。二是会员制读书卡方式(网址为 http://www.ssreader.com)。通过购买超星读书卡，并在数字图书馆主页完成注册成为会员后，也能使用全文资源。

图 5-48　超星数字图书馆首页

2. 超星数字图书格式

1) 图像格式(PDG 格式)

图像格式图书是利用扫描技术将纸质图书扫描制作而成，以图像的方式显示，即以页为存储单位，每一页为一张图。其优点是加工成本较低、速度快、周期相对较短；能够将图书原貌保存下来，保证了图书的原汁原味，保证了图书的研究和利用价值。缺点是显示清晰度相对较低，占用空间较大，二次利用必须通过 OCR 识别来实现，不太方便。

2) 文本格式

文本格式图书是以录入方式制作(超星文本书基本都是直接从出版社拿到文本排版原稿，对数据进行二次加工，进行格式转换和加密后变为超星格式)，以电子文本形式显示，即以字为存储单位。其优点是显示效果清晰度高；占用空间小；可以直接进行复制粘贴操作，二次利用方便，可实现所有图书的单本图书全文检索和目次检索。缺点是制作成本较高，速度慢，加工周期相对较长，错误率相对图像格式较高。

超星的文本格式与图像格式数字图书在同一平台下管理，统一检索；不限制副本、不收平台费。

3．超星数字图书的检索

1) 初级检索

可通过书名、作者、全文等途径快速检索。

2) 分类检索

首先点击主页中大类名称，进入分类导航页面。点击页面左侧图书分类目录，逐级展开直到所需类目，该类目下的图书就会全部列出；或点击到某些类目层次后，输入检索词，在该类范围内检索。

3) 高级检索

高级检索提供书名、作者、主题、年代、分类等字段的组合检索，每页搜索结果通过显示条件可自行设定。如图 5-49 所示。

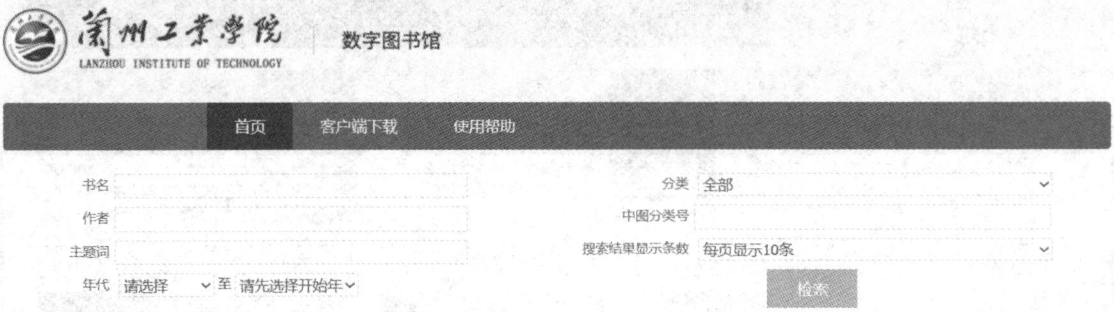

图 5-49　高级检索页面

4．检索结果

1) 检索结果显示

超星数字图书的检索结果以简单记录的格式显示，如图 5-50 所示。记录中包括书名、作者、内容简介、出版日期、页数、中图分类号等信息。阅读方式包括"EPUB 阅读""PDF 阅读""图像阅读"和"下载"等。点击书名后将显示图书详细信息。

2) 阅读全文

(1) EPUB 阅读。点击"EPUB 阅读"链接即可在线阅读全文。

(2) PDF 阅读。点击"PDF 阅读"链接即可在线阅读全文。

图 5-50　超星数字图书馆检索结果页

（3）图像阅读。点击"图像阅读"链接即可在线阅读全文。

（4）下载阅读。阅读下载到本地的图书，须下载和安装超星阅览器。超星图书提供的是图像格式文件，但加入了 OCR 识别功能，只要安装了超星中文阅览器 SSreader，即可对图书中的文字进行识别并转化为 Word 文档。

5.3.3　中华数字书苑

北京方正阿帕比技术有限公司是方正信息产业集团旗下专业的数字出版技术及服务提供商。方正阿帕比公司自 2001 年起进入数字出版领域，在继承并发展方正传统出版印刷技术优势的基础上，自主研发了数字出版技术及整体解决方案。目前，方正已发展成为全球领先的数字出版技术提供商，为出版社、报社、期刊社等新闻出版单位提供全面的数字出版和发行综合服务解决方案。中华数字书苑(http://www.apabi.com/tiyan/)是方正阿帕比推出的优质华文数字内容整合服务平台，收录了新中国成立以来大部分的图书全文资源、全国各级各类报纸及年鉴、工具书、图片等特色资源产品，旨在为图书馆、学校、企业、政府等客户及其所属读者提供在线阅读、全文检索、离线借阅、移动阅读、下载、打印等数字内容和知识服务(如图 5-51 所示)。

其中，图书涵盖中图法所有分类，涉及中国政治、经济、历史、文化等各个领域，均是全国各大出版社的原版原式的图书。除了 PC 版 Apabi Reader 进行阅读，方正阿帕比专门开发了可用于苹果 ios 和 Android 操作系统的产品。读者可通过登录 App Store 或方正阿帕比官方网站下载专区等下载 Apabi Reader。另外，智能终端可通过 WAP 系统访问方式访问中华数字书苑，网址为 http://3g.apabi.com(如图 5-52 所示)。

图 5-51　中华数字书苑检索

图 5-52　中华数字书苑 Apabi Reader 移动版和 Wap 版检索

5.3.4　书生之家数字图书馆

　　书生之家数字图书馆是由北京书生数字技术有限公司于 2000 年正式推出的中文图书、报刊网上开架交易平台。它集成了图书、期刊、报纸、论文、CD 等各种载体的资源，下设中华图书网、中华期刊网、中华报纸网、中华资讯网和中华 CD 网等子网。书生之家数字图书馆收录入网出版社 500 多家、期刊 7000 多家、报纸 1000 多家，主要提供 1999 年以来我国内地出版新书的全文电子版，内容覆盖社会科学与自然科学的各个分支学科领域。检索结果为书目记录、图书详细信息及图书全文。第三代书生之家数字图书馆系统可使读者实现信息的提交、获取、交换及实时咨询等。

5.4　文摘索引数据库

5.4.1　ISI Web of Science 数据库

1873 年，美国学者谢泼德(Shepherd)最早提出了引文索引的思想，并出版了《谢泼德引文》。引文索引主要涉及引文、来源文献和来源出版物等相关概念。假设有文献 A 和文献 B，若文献 B 引用了文献 A，就称文献 A 是文献 B 的引文(Citation，或称参考文献)。文献 B 提供了包括文献 A 在内的若干引文，所以将文献 B 称为来源文献(Source Item)。来源文献包括期刊论文、会议论文、评论等。刊登来源文献的出版物称为来源出版物。

1. ISI 三大引文索引概述

引文索引不同于一般概念上的索引，它是反映文献之间引用和被引用关系及规律的一种新型索引工具。通过引文索引，可以追溯文献之间的内在联系，找到一系列内容相关的文献以及某一研究领域、某一学术观点的发展脉络、研究动向。通过引文索引还可以根据某一学术概念、某一方法、某一理论出现的时间、出现频率等，分析出学科或领域研究的走向和规律。引文索引为人们提供了一种全新的文献分析和检索途径。

20 世纪 50 年代，美国学者加菲尔德(E. Garfield)创造性地发展了引文检索的思想。在他的主持下，美国科学信息研究所(Institute for Scientific Information，ISI)相继研制出了《科学引文索引》(Science Citation Index，SCI)，《社会科学引文索引》(Social Science Citation Index，SSCI)和《艺术与人文科学引文索引》(Art & Humanities Citation Index，A&HCI)，打破了分类法、主题词法在信息检索中的垄断地位，开创了以文献计量学为主的多方位研究方向。早期的 SCI、SSCI、A&HCI 是题录式的综合性大型科技文献检索刊物，后来还出版了光盘版和联机数据库版。

2. ISI Web of Knowledge 平台的数据库资源

美国科学信息研究所(Institute for Scientific Information，ISI)是世界著名的学术信息出版机构，其建立的 ISI Web of Knowledge(WOK)网络数据库资源平台，以 Web of Science(WOS)为核心，凭借独特的引文检索机制和强大的交叉检索功能，有效地整合了多个重要的学术信息资源，提供了自然科学、工程技术、生物医学、社会科学、艺术与人文等多个领域中高质量、可信赖的学术信息。ISI Web of Knowledge 网络数据库资源平台(http://www.isiknowledge.com)整合的数据库资源主要有：

1) 科学引文索引(Science Citation Index Expanded，SCIE)

SCIE 数据库收录了全球 8600 多种权威科学与技术期刊、会议录和专题文献，以及大量的专利文献和图书、丛书等，范围包括应用科学、医学、农学、生物学、工程技术、物理、化学以及行为科学等 170 多个学科领域。SCI 数据库数据每周更新，最早回溯至 1990 年。

2) 社会科学引文索引(Social Science Citation Index，SSCI)

SSCI 数据库收录了全球 3100 多种权威社会科学期刊，兼收 3200 种与社会科学有关的自然科学期刊，以及若干系列性专著，涵盖人类学、商业、犯罪学和刑法学、经济学、教育、环境研究、家庭研究、地理学、老年医学和老年病学、卫生政策和服务、计划与发展、历史、工业关系与劳工问题、图书馆学和信息科学、语言与语言学、法律、政治科学、心理学、精神病学、公共卫生、社会问题、社会学、药物滥用、城市研究、妇女问题、社会科学交叉等 60 个学科领域。数据每周更新，最早回溯至 1956 年。

3) 艺术与人文科学引文索引(Art & Humanities Citation Index，A&HCI)

A&HCI 数据库收录了全球 1200 多种权威性艺术与人文科学期刊，涵盖哲学、语言、语言学、文学评论、文学、音乐、哲学、诗歌、宗教、戏剧、考古学、建筑、艺术、亚洲研究、舞蹈、电影/广播/电视、民俗、历史等学科领域。数据每周更新，最早回溯至 1975 年。

Web of Science 三大引文数据库被公认为最权威的综合性索引工具，能够提供科学技术领域最重要的研究成果，同时也是重要的统计工具和学术分析及评价工具。它不仅可以从文献引证的角度评估文章的学术价值，还可以获取期刊、学术科研机构和个人的各项统计和分析评价数据，迅速方便地组建研究课题的参考文献网络。

☪ 小知识：

引文分析是利用数学、统计学以及逻辑方法中的归纳、比较等方法，对科学期刊、论文、著者等分析对象之间的各种关联和相关关系进行分析研究，以便揭示其数量特征和对象间内在规律的一种文献计量分析方法。引文分析法在学术研究评价方面都有着广泛的应用。通过引文分析，可以对个人、期刊、机构的科研成果和水平进行评价，可以揭示科学发展脉络和前沿领域，预测科学发展趋势等。汤姆森公司每年运用引文分析法预测各学科诺贝尔奖的名单，准确率很高。

h 指数是由美国加利福尼亚大学圣地亚哥分校的物理学家乔治赫希在 2005 年的时候提出来的一个混合量化指标，是一种定量评价科研人员学术成就的方法。一名科学家的 h 指数是指其发表的 N 篇论文中有 h 篇，每篇至少被引 h 次，而其余 N-h 篇论文每篇被引均小于或等于 h 次，那么该科学家的 h 指数值为 h。学者的 h 指数越高，则表明他们的学术影响越大。

5.4.2 工程索引数据库

1. EI 概述

美国《工程索引》(Engineering Index，EI)创刊于 1884 年，报道的内容几乎覆盖了所有的工程技术领域。其中，化学、计算机、电子与通信、应用物理、土木工程和机械工程学所占比例最大。《工程索引》收录的信息来自 50 多个国家、20 多种语言的 5400 多种期刊，1000 多种国际会议录、论文集、学术专题报告，以及一些重要的工程科学图书、年鉴、标准等，内容包括文献的书目信息和文摘。EI 收录的每篇文献都包括书目信息和一个简短的文摘，一般为 100～200 字，指明文章的目的、方法、结果和应用等方面，不涉及具体的技术资料。

EI 自 1992 年开始收录中文期刊，1998 年在清华大学图书馆设立了中国镜像站。2003

年，Ei Engineering Information 中国网站(http://www.ei.org.cn)建立，网站上列出了 EI 收录的 245 种中文期刊(其中，核心期刊 158 种，非核心期刊 87 种)，同时给出了 EI 的选刊原则和 EI 数据库文摘的撰写要求。

2. 《工程索引》的产品形式

历史上，《工程索引》提供的产品形式主要有以下 5 种。

(1) 《工程索引》印刷版。这是 Ei 公司 1884 年创刊后一直延续至今的产品，也是《工程索引》最基本的形式。

(2) 《工程索引》缩微版。1970 年开始，将 1884—1970 年间的全部《工程索引》制作成缩微胶卷形式，作为检索工具使用并同时作为一种节省空间的保存形式。

(3) 《工程索引》光盘版。20 世纪 80 年代以来，Ei 公司开发出一系列的《工程索引》光盘产品，其中最主要的是在 1984 年推出的 Ei Compendex。

(4) 《工程索引》网络版。包括 Dialog 系统数据库中的 8 号文档 Ei Compendex 和基于因特网的 Ei Compendex Web。

(5) Ei 信息村。Ei 公司基于因特网发行的多种工程信息产品与服务的集成。

3. Ei 信息村

随着 Internet 广泛地被人们使用，1995 年，Ei 开始推出其全新的网上服务项目，即 Ei 信息村。该信息村把工程数据库、商业数据库、众多与工程有关的 Web 站点以及其他许多工程信息资源集中在一起，经组织筛选加工，形成信息集成系统，通过互联网向最终用户提供一步到位的服务。2000 年，新的 Ei Village 2 出现，它是 Ei Village 的第二代产品，除包括核心数据库 Ei Compendex Web 外，还包括 1976 年以来的美国专利全文数据库，2000 多个工业规范和标准，CRC Press 出版的 80 多种工业手册和 1 万多个网站信息文摘数据库。Ei Village 2 支持在同一检索平台上对这些数据库进行检索。目前，Ei Village 2 主要包括以下 4 个系列。

(1) Ei 工程村(Ei Engineering Village)。Ei 工程村的主导产品是前文所介绍的《工程索引》网络版(Ei Compendex Web)。1998 年起，由于有 Elsevier 科学出版公司的加入，《工程索引》数据库中，500 余种由 Elsevier 公司出版的电子版期刊可提供原文服务。

(2) Ei 造纸村(Ei Paper Village)。Ei 造纸村的主导产品是 Paper Chem，1999 年加入 Ei 信息村。Paper Chem 是一个纸浆与造纸技术方面的综合性文献数据库，覆盖世界范围内造纸化学、工程、生产技术等学科。文献类型包括图书、会议、学位论文、期刊文献、专利以及译文。该数据库原先按 IPST 的叙词表组织，1998 年后改用 Ei 叙词表。回溯数据可追至 1966 年，每年新增加 12 000 条以上的记录。Ei 造纸村是该领域世界上最大的数据库。

(3) Ei 计算村(Ei Computing Village)。Ei 计算村的主导产品是计算机期刊全文，包括世界上计算机领域主要出版商的一百多万篇期刊和会议论文的原文，通过因特网传真递送。学科范围包括人工智能与专家系统、多媒体、计算机辅助设计(CAD)、图像与模型、信号处理、电子技术、远程通信、程序、计算机系统结构、自动化与控制等。

(4) 美国 API 石油、天然气数据库(API En Compass)。这是美国石油研究所(公司)(American Petroleum Institute，API)研制开发的产品，1999 年被 Ei 公司收并，加入 Ei 信息村。API En Compass 数据库是世界范围内石油、石油化学、能源、天然气工业的技术与商情方面的在线数据库，包括石油方面的研究开发、技术应用、商务与管理方面的文献。

5.4.3　Dialog 国际联机检索系统

1. 概述

Dialog 联机信息检索系统是世界上最大和最早的国际性商业联机检索系统，总部设在美国加利福尼亚州的 Palo Alto。Dialog 最初是由美国洛克希德导弹航空公司研制的一套大型数据文件的管理软件。利用这套 Dialog 软件，可以对计算机数据库进行人机对话式检索。1972 年，Dialog 公司成立，开始对外提供营业性联机信息服务。1988 年，Knight-Ridder 公司收购 Dialog，后来又将开展生物医学和药学信息服务的 DataStar 和英国 M.A.I.D 公司的 Profound 收购，同样取名为 Dialog 开展信息服务。2000 年，美国 Thomson 公司收购 Dialog，后来又将 NewsEdge 和 Intelligence Data 信息服务纳入 Dialog。目前 Dialog 成为世界上规模最大的综合性信息检索系统，开展国际性联机信息服务，用户遍及世界 100 多个国家。

2. Dialog 数据库资源

Dialog 数据库有光盘版、联机版和网络版，拥有全文型、书目型、事实型及数值型数据库 900 多个，专业内容覆盖自然科学、社会科学、工程技术、人文科学、商业经济和法律等各个领域。

Dialog 将拥有的 900 多个数据库分为 12 个主题，分别是商业金融(Business and Finance)、政府与法规(Government and Regulation)、新闻与媒体(News and Media)、知识产权(Intellectual Property)、医药(Pharmaceutical)、参考信息(Reference)、技术(Technology)、医学(Medical)、化学(Chemical)、能源与环境(Energy and Environment)、食品与农业(Food and Agriculture)和社会科学(Social Science)。在 Dialog 系统中，一般情况下一个数据库就构成一个文档，并给予一个文档号。大的数据库可按年代划分为若干个文档，每个文档可以单独检索，也可同时检索多个文档。Dialog 系统中的代表性数据库如表 5-1 所示。

表 5-1　Dialog 系统的代表性数据库资源

文档号码	数据库名称
1 号文档	教育文摘(Education Resource Information Center，ERIC)
2 号文档	科学文摘(INSPEC)
5 号文档	生物文摘(BIOSIS)
6 号文档	美国政府报告(National Technical Information Service，NTIS)
8 号文档	工程索引(EI Compendex，EI)
15 号文档	经济商业文摘(ABI/INFORM)
34 号文档	科学引文索引(Science Citation Index，SCI)
99 号文档	Wilson 科技文摘(Wilson Applied Science & Technology Abstract)
154、155 号文档	医学索引(MEDLINE)
324 号文档	德国专利(German Patents，GP)
348 号文档	欧洲专利局数据库(Esp@cenet)
350、351 号文档	世界专利索引(Derwent World Patent Index，WPI)
399 号文档	化学文摘(Chemistry Abstract，CA)
652-654 号文档	美国专利局数据库(USPTO Patents)

5.4.4　中国科学引文数据库

1. CSCD 数据库概述

中国科学引文数据库(Chinese Science Citation Database，CSCD)是我国第一个引文数据库，曾获中国科学院科技进步二等奖。1995 年，CSCD 出版了印刷本《中国科学引文索引》。1998 年，出版了中国科学引文数据库检索光盘。1999 年，出版了基于 CSCD 和 SCI 数据，利用文献计量学原理制作的《中国科学计量指标：论文与引文统计》。2003 年，CSCD 推出了网络版。2005 年，CSCD 出版了《中国科学计量指标：期刊引证报告》。2007 年中国科学引文数据库与美国 Thomson-Reuters Scientific 合作，以 ISI Web of Knowledge 为平台，实现与 Web of Science 的跨库检索。中国科学引文数据库是 ISI Web of Knowledge 平台上第一个非英文语种的数据库。数据库网址是 http://sdb.csdl.ac.cn/。

2. CSCD 数据库资源

中国科学引文数据库收录我国数学、物理、化学、天文学、地学、生物学、农林科学、医药卫生、工程技术、环境科学和管理科学等领域出版的中英文科技核心期刊和优秀期刊千余种，积累了 1989 年到现在的论文记录 600 余万条，引文记录 9600 余万条。数据库提供了数据链接机制，支持用户获取全文。中国科学引文数据库专业性强、数据准确规范、检索方式多样，被誉为"中国的 SCI"。系统除具备一般的检索功能外，还提供新型的索引关系——引文索引。使用该功能，用户可迅速从数百万条引文中查询到某篇科技文献被引用的详细情况。还可以从一篇早期的重要文献或著者姓名入手，检索到一批近期发表的相关文献。这对交叉学科和新学科的发展研究具有十分重要的参考价值。

5.4.5　中文社会科学引文索引数据库

1. CSSCI 数据库概述

1999 年，南京大学研制开发出了中文社会科学引文索引(Chinese Social Science Citation Index，CSSCI)数据库，同时提供网上查询与统计服务。CSSCI 数据库的建立和使用，为我国科研水平和绩效的定量评价，以及社会科学文献的查找提供了便捷的检索工具。数据库网址是 http://www.cssci.com.cn/。

2. CSSCI 数据库资源

CSSCI 遵循文献计量学规律，采取定量与定性评价相结合的方法从全国 3000 余种中文人文社会科学学术期刊中精选出学术性强、编辑规范的期刊作为来源期刊。已经开发的 CSSCI 数据，来源文献超过 150 万篇，引文文献进过 1000 万篇。数据内容涉及社会人文科学各个领域，是我国社会人文科学文献信息查询与评价的重要工具。

利用 CSSCI 可以检索到所有 CSSCI 来源刊的收录(来源文献)和被引情况。来源文献检索提供多个检索入口，包括：篇名、作者、作者所在地区机构、刊名、关键词、文献分类号、学科类别、学位类别、基金类别及项目、期刊年代卷期等。被引文献的检索提供的检索入口包括：被引文献、作者、篇名、刊名、出版年代、被引文献细节等。其中，精确检索、模糊检索、逻辑检索、二次检索等检索和匹配方式可以按需进行优化检索。检索结果按不同检索途径进行发文信息或被引信息分析统计，并支持文本信息下载。CSSCI 数据库面向高校开展网上包库服务，主要提供账号和 Ip 两种方式控制访问权限。其中，账号用户在网页上直接填写账号密码即可登录进入。包库用户采用 IP 地址控制访问权限，可直接点击"包库用户入口"进入。

思 考 与 练 习

1. 使用 CNKI 的一框式检索，检索与自己同名的作者发表的文献(如无同名作者，则用"张军"代替)，共有多少篇？记录其中与自己相同或相近专业的人发表文章的数量及 2 条文献的完整题录信息(题名、作者、刊名、年卷期)。

2. 通过万方数据知识服务平台查找 2012 年发表的关键词和题名均包含"数据挖掘"的博硕士论文。写出检索步骤和结果数。

3. 在维普中文科技期刊数据库中检索本校教师 2012—2013 年间发表的所有学术论文、核心期刊论文以及本系老师发表的核心期刊论文。写出检索步骤、命中文献数和本系老师核心期刊论文的题录信息(题名、作者、出处)。

4. 通过多种途径检索本专业核心期刊，记录检索步骤，并列举其中五种刊名。

5. 查看本学科某一核心期刊某期论文，找出下载、被引最多的论文。分别以该论文题目和作者为检索途径在引文数据库中检索，查看检索结果。

6. 在超星数字图书馆中，分类浏览与自己专业相关的一个类目，看看该类图书有多少种？最早和最晚的各是哪种书？写出书名、作者、出版社、出版时间。

第6章 参考工具书检索

在日常学习和研究工作中，有时需要查找某些具体数据和事实。比如英文缩写或代码的含义，疑难字词的释义，重要人物的生平，国内外发生的大事，名词术语代表的意义，具体统计数据和行业发展状况等。本章介绍的事实数据检索工具可以来解决这些问题。

6.1　参考工具书概述

6.1.1　参考工具书的概念、特点和分类

参考工具书是广泛汇集某一范围的知识或资料，按特定体例或方式编排，专供人们查阅的工具书。在内容上，参考工具书既广采博收，又高度浓缩；在编排方法上，参考工具书以科学的编排形式，严谨的结构体系，覆盖有关的知识领域，并提供多种检索途径，具有检索性和查考性。参考工具书不同于检索工具，检索工具只提供文献的线索，即文献检索。在查找原始文献的过程中，检索工具起中间媒介的作用，是掌握文献的钥匙，而参考工具书回答人们的是一个个具体和实在的问题，即事实与数据检索，是一种确定性的信息检索，其检索结果要么是有，要么是无；要么是对，要么是错。

参考工具书是指示读书门径、了解文献内容、检索参考资料、查找词语释义、查考疑难问题、掌握学术信息和获取各科知识的重要工具。参考工具书种类繁多，但就其编制特点和使用习惯来看，大致可分为字典、词典、百科全书、年鉴、手册、指南、名录、类书、政书、图录、表谱、资料汇编等几大类。按照载体形态的特征，参考工具书又可分为印刷本事实数据工具和光盘、网络版事实数据工具。

6.1.2　参考工具书的结构

参考工具书的结构大体上有序、跋、凡例、正文、辅助索引和附录补遗等几部分。序和跋(或者前言和后记)一般说明工具书的编纂宗旨、编纂经过、收录范围、内容特点、使用价值等。凡例(或说明)主要介绍其编纂体例、编排方法及细则、特定符号等，以便于查找。正文是工具书的核心部分，是查阅的主要内容。辅助索引是供查阅正文部分的各种索引，能提供多种有效的检索途径。辅助索引越多，检索途径就越广，检索效率也就越高。附录补遗是附于工具书正文之后的有关文章、图表、资料索引等内容。

6.1.3　参考工具书的排检方法

排检方法决定了参考工具书编制和检索质量的高低。参考工具书的排检方法，从编制工具书方面来说，是使内容有序化的编排法；从使用工具书方面来说，是查阅其内容的检

索方法。参考工具书的排检方法很多，其中常用的排检方法主要有字顺排检法、分类排检法、主题排检法、时序排检法和地序排检法等。在以上排检方法中，很难说哪一种是完美无缺的，所以一部工具书往往以一种排检方法为主，辅以多种索引，增加检索的途径。我们在使用每种工具书时，应认真阅读它的凡例、目录等说明文字，了解它的编排方法和索引，只有这样才能迅速准确地查找到所需的资料。

1. 字顺排检法

字顺排检法按文种分为中文字顺法和外文字顺法两类。中文字顺排检法是根据汉字形体结构和声韵规律排检单字或复词的方法。字典、词典、百科全书、某些类书、索引、手册等多采用这种方法。字顺排检法又可分为形序排检法、音序排检法和号码法等三种。

1) 形序排检法

形序排检法是根据汉字的形体结构，按照字形的某一共同性将汉字序列化的排检方法。形序排检法包括部首法、笔画法和笔形法等三种。

(1) 部首法。部首法实际上是对汉字偏旁的分类，即将相同偏旁的合体字归为一部。查找时先查列于该部之首的偏旁(即"部首")，再按部首笔画来排检。部首溯源于许慎编纂的《说文解字》，字体以小篆为准，共列 540 个部首。随着汉字形体的改革与发展，《康熙字典》将部首归并为 214 个，故亦称为"康熙字典部首"。旧版《辞源》《辞海》及《中华大字典》等辞书都采用这种方法。1949 年后新编辞书对康熙字典部首又进行了多次改革。《新华字典》将部首简化为 189 个，《现代汉语词典》减为 188 个，《辞海》(1979 年版)将 214 个部首删并、分立、改立或增加为 250 个。1982 年中国文字改革委员会和上海辞书出版社又将部首重新调整为 200 个，并据此编成《汉语大字典》《汉语大词典》。

部首法不仅用于编排字词典正文，而且也广泛用来编排字词典的辅助索引和各种目录、索引等检索工具。如《现代汉语词典》《四角号码新词典》等分别编有部首索引。利用部首来查检不辨音义的字词时，务必掌握各辞书的定部原则。例如《康熙字典》《说文解字》《汉语大辞典》等的部首以"以义定部"为原则，而 1979 年版《辞海》则按"字形定部"。同是一个"相"字，以义归部定"目"部，以字形定部则取"木"部。定部原则可通过各辞书的 "编辑凡例"或"部首查字法查字说明"等来了解。

(2) 笔画法。笔画法按照汉字笔画数目的多少排列次序，笔画少的字在前，笔画多的字在后。同笔画的汉字，再按部首或起笔笔形分先后。笔画法的特点是原理简单，只要会数笔画就可以检字。但笔画法使用却比较麻烦，这是由于汉字笔画结构多种多样，书写体与印刷体笔画又多有不同，而且每一笔画下所包括的字数又很不平衡。如《辞海》(1979 年版)在 8～15 画下的笔画数内各含单字 1000 个以上，给查字带来了诸多不便。

(3) 笔形法。笔形法也称笔顺法，是根据汉字的形体结构，按笔形为序的一种排检方法。笔形法有的用"元亨利贞"的起笔为序，有的用"江山千古"的起笔为序，有的用"寒来暑往"的起笔为序。目前比较常见的是"横、竖、撇、点、折"这种形式。笔顺法经常作为辅助方法加以利用。

2) 音序排检法

音序排检法是按字音顺序排列汉字的方法，主要有汉语拼音字母法、注音字母法和韵部法等，其中使用最普遍的是汉语拼音字母法。

(1) 汉语拼音字母法。1958 年《汉语拼音方案》公布以后，按汉语拼音排检工具书成为一种最主要的方法。汉语拼音字母法是按汉语拼音字母(A～Z)顺序排列汉字的方法。排列时，先以汉字拼音的第一个字母为据确定汉字的顺序，第一个字母相同的，再按第二个字母排序，如此类推下去。拼音字母完全相同的，再按声调即阴平、阳平、上声、去声、轻声顺序排列。

(2) 注音字母法。注音字母法是按照注音字母顺序编排单字或复词的一种排检方法。注音字母法是在《汉语拼音方案》制订之前通行的汉字注音符号，1958 年以后逐渐为汉语拼音法所取代，但我国台湾地区、香港地区出版的部分工具书，仍使用该法编排。

(3) 韵部法。古代将汉字按韵母归类，称为"韵部"。按韵部的次序排列，就成为古代一种常用的音序排检法。

3) 号码法

号码法是根据汉字的形体结构，用数字代表一定部位的笔形并按数字大小为序的排检方法。号码法实际上是形序法的一种变形。号码法有四角号码法、中国字庋撷法及其他各种号码法，其中以四角号码法最为常见。

四角号码法是根据汉字方块形式的特点，以字的四角笔形取代号，并按号码大小为序的一种排检方法。四角号码法将汉字的笔形归纳为 10 种类型，分别用 0～9 这十个数字作为代码，并编有口诀方便记忆。口诀为："横 1 竖 2、3 点捺，叉 4 插 5 方框 6，7 角 8 八 9 是小，点下有横变 0 头。"每个字按四个角的笔形取号，其顺序为左上角、右上角、左下角、右下角。将所取四个数字联结为四角号码，再按四角号码从小到大编排。同码字再按附号加以区分，附号为右下角上方的一个笔形的号码。

2. 分类排检法

分类排检法是把文献或知识内容，按照学科体系或事物性质分门别类加以组织的排检方法。分类排检法大体分为两类：一类为学科体系分类法，另一类为事物性质分类法。

(1) 学科体系分类法。学科体系分类法是把文献或知识内容，按照学科属性和知识系统类分的一种排检方法。书目、索引、文摘、年鉴等工具书，多按此方法排检。

(2) 事物性质分类法。事物性质分类法是把知识内容按事物属性类分的一种排检方法。类书、政书、年鉴、手册等工具书，多采用这种排检方法。

3. 主题排检法

主题排检法是按代表事物或概念的名词术语的字顺进行排检的方法。用主题法排检工具书已渐趋普遍，国内外有很多工具书都用主题法编排正文或辅助索引。

4. 时序排检法

时序排检法简称时序法，又称"年代排检法"，是一种按时间先后次序编排文献资料的方法。年表、历表、大事记以及记载人物生平事迹的年谱等工具书，都采用这种编排方法。如《中国历史纪年表》《中华人民共和国经济大事记(1949 年 10 月—1984 年 9 月)》以及《中国财政金融年表》等，均严格以时间先后为序编排资料。个人生卒年表、年谱及其著述目录，或采用顺时序法编排，或采用逆时序法进行编排。时序法便于理清事物发展的脉络，从中可查考某些带有规律性的知识记录。但利用按时序法编排的工具书如"生卒年表"或"年谱"来查考人物资料时，需要辅以人名索引才能使用。例如《历代人物年里碑传综表》，需要先查人名字顺索引后再查所需的人物事迹。

5. 地序排检法

地序法是按照地理区域编排文献资料的方法，主要用于编制地图集、地方资料等工具书。其他各类图书中凡涉及世界各国和国内各地区的，也采用地序法。如《中国名胜词典》《中国地方志联合目录》《中国边疆图籍录》和《欧洲金融年鉴》以及《中图法》等分类法中的《地区复分表》均按地序法编排有关资料。这些工具书多数附有地名索引，以便在不知地名所属地域时，直接按地名查找。

6.1.4　网络参考工具书

网络参考工具书主要来源于传统参考工具书的数字化和电子化，但它们又不拘泥于印刷版的内容，而是在此基础上增加了许多新的内容。随着现代信息技术的不断发展，网络参考工具书数量越来越众多、类型越来越丰富，而且查询也更加方便。网络参考工具书主要有以下特点：

1. 海量储存，内容更丰富

网络参考工具书依托网络技术和计算机软件技术，在传统工具书的基础上增加了许多新内容、新条目，其海量的信息是印刷型的参考工具书无法比拟的。而且，大多数网络参考工具书界面友好，内容丰富，图文并茂。

2. 检索途径多，使用更方便

除了保留印刷型工具书原有的检索途径外，网络版工具书往往利用先进的检索技术增加许多新的检索功能和检索入口，如逻辑检索、组合检索等，从而方便读者快速找到所需资源。另外，网络参考工具书可以随时随地联网使用，可以实现多个用户的共享。

3. 更新速度快，内容更新颖

传统工具书的更新一般要经过相当长的一段时间，而网络版工具书的更新比较快，一般可以随时更新，因此在内容的新颖性方面占有很大的优势。

6.2　字典、词典

字典、词典是人们最熟悉、最常使用的参考工具书，可以帮助人们回答有关字义、词义、拼法、读音、用法、同义词与反义同、缩写语与符号、俚语、方言、专门术语、外来语以及词源和词的演变历史等许多问题。字典和词典的主要区别在于收选对象不同。专门解释文字的读音、意义、形体结构及用法的工具书叫字典，如《康熙字典》《新华字典》《汉语大字典》等。专门解释词汇的概念、意义及用法的工具书叫词(辞)典，如《中文大辞典》《辞海》《辞源》《汉语大词典》等。汉语中的"字典"和"词(辞)典"，在英文里并无区别，统称为"dictionary"。

现代字典、词典种类很多，一般按编纂的目的和性质可分为语文字(词)典、综合性字(词)典和专科字(词)典。语文字(词)典的主要用途在于帮助人们解决在读书学习中遇到的语言文字障碍，诸如词形、读音及释义等方面的疑难。综合性字(词)典汇集各学科重要的术语和概念，其主要用途是供人们查找知识性条目，是一种以普及文化科学知识为目的的辞书，性质接近百科全书。如《辞海》就是一部以百科词目为主兼收语词的综合性词典。专科词典收集一个学科或专门领域的术语、概念、专名，并加以解释，系统地反映专业知识的概要，所提供的知识往往比百科词典更为详细，如《哲学词典》《文学词典》等。

随着计算机技术的不断发展，人们除了可以利用传统的印刷型字典、词典外，还可利用光盘版、在线版的字典和词典进行检索。一些搜索引擎也提供了字典搜索和翻译功能，有些网站还推出了手机 WAP 网站字(词)典。在智能手机操作系统中也已经开发出了字典功能，添加了相关字典后，在浏览网页或文本时选中相关字词，即可使用字典的查找功能。本节将主要介绍一些常用的印刷型字(词)典和在线字(词)典。

6.2.1　印刷型字典、词典

1.　《说文解字》

《说文解字》(简称《说文》)是我国第一部按部首编排的字典，作者是东汉的经学家、文字学家许慎。许慎根据文字的形体，首创 540 个部首，并将 9353 字分别归入 540 部。他还系统地阐述了汉字的造字规律——六书，即"象形""指事""会意""形声""转注""假借"等"六书"学说。从此，"六书"成为专门之学。《说文解字》共 15 卷，包括序目 1 卷。其体例是先列出小篆，如果古文和籀文不同，则在后面列出。然后解释这个字的本义，再解释字形与字义或字音之间的关系。《说文解字》还总结了先秦、两汉文学的成果，为我们保存了汉字的形、音、义，是研究甲骨文、金文和古音、训诂不可缺少的桥梁。特别是《说文解字》对字义的解释一般保存了最古的含义，对理解古书上的词义更有帮助。书中关于秦、汉时期全国各地方言的介绍使其成为了解中国古方言的参考书籍，是整理我国优秀文化遗产的重要阶梯。

2.　《康熙字典》

《康熙字典》是清代张玉书、陈廷敬等 30 多位著名学者奉康熙圣旨编撰的一部具有深远影响的汉字辞书。该书的编撰工作始于康熙四十九年(1710 年)，成书于康熙五十五年(1716 年)。《康熙字典》是在明代《字汇》和《正字通》的基础上增订而成，收字 47 035 个，远远超越了此前历代的各种字书。在体例上，以楷体为正体，分为 214 个部首，同一部首的字按照笔画多少排列。全书采用反切法注音，并且将《唐韵》《广韵》《集韵》等重要韵书的音切一一列出。释义则以《说文解字》《尔雅》《释名》《方言》《广雅》等权威字书为依据，对每个义项始见于何处也都做了明确的标注。《康熙字典》成书后，以其卓越的丰富性、详备性和权威性，成为人们读书识字所依赖的基本工具书。作为中华文化的重要参考文献之一，《康熙字典》具有极高的研究价值。

3.　《新华字典》

《新华字典》由商务印书馆出版，是新中国第一本语文工具书和第一部普及性的现代汉语规范字典，也是我国目前最通行的一部小型字典。《新华字典》初版于 1953 年，历经几代上百位专家学者多次大规模的修订，目前第 12 版已出版发行。全书收录单字 10 000 多个，明确区分繁体字、异体字，收录带注释的词语 3500 多个。全书内容丰富，简明实用，对字的本义、引申义、比喻义、转义等都予以举例解说。《新华字典》的最大特点是汉字的形体和读音都比较规范、准确，能够全面而及时地体现国家的语言政策。《新华字典》网络版可提供音序、部首、笔画等多种在线检索。

4. 《现代汉语词典》

《现代汉语词典》是中华人民共和国第一部普通话词典，由中国社会科学院语言研究所词典编辑室编写，商务印书馆出版。《现代汉语词典》总结了 20 世纪以来中国白话文运动的成果，第一次以词典的形式结束了汉语长期以来书面语和口语分离的局面，对现代汉语进行了全面规范。因此，《现代汉语词典》在中国大陆语言界具有权威地位。词典的重点放在现代常用的汉语词语，也有字的解释，释义以现代汉语普通话为标准，字词以汉语拼音字母顺序排列。该书积极吸收汉语词汇的发展变化情况，对一些新词、新义也进行了收录。书后有附录，排列完善、内容丰富，是一部比较好用的工具书。该书 1978 年初版，1983 年和 1996 年曾出版过两部修订本，2002 年出版了增补本，2005 年出版第五版。目前最新版本是 2016 年版(第七版)。第七版共收录字、词、词组、成语和其他熟语等超过 69 000 条，基本上反映了当前现代汉语词汇的面貌，能够满足读者查考的需要。

5. 《辞海》

《辞海》是以字带词，兼有字典、语文词典和百科词典功能的大型综合性辞典。《辞海》最早的策划、启动始于 1915 年，1936 年正式出版。之后出版多个版本，2009 年版为最新版。新版收录单字 17 914 个，词目 127 200 条。《辞海》在选词上，以解决人们在学习工作中"质难问疑"的需要为主。在释文内容上，以介绍基本知识为主，并注意材料观点的统一。释义一般均列举书证，并注明出处。全书单字按所属部首、笔画数目编排，有部首 250 个。每个条目一般先注音，后释义。单字下带出以该单字作为首语素的一系列词语。《辞海》的检索途径比较完备，书前有辞海部首表和笔画笔形索引，书后附有汉语拼音索引、四角号码索引和词目外文索引等多种辅助索引。

6. 《汉语大字典》

《汉语大字典》(徐中舒主编，四川辞书出版社、湖北辞书出版社 1986—1990 年联合出版)共收录单字约 56 000 个，是目前为止收录汉字最多、单字释义最全的字典。所有古今文献中出现过的汉字，几乎都可以在该书中查到。该书对每个汉字的音、形、义都作了历史的、全面的反映。书中系统整理了古今楷书汉字，并收列能反映形体演变关系的甲骨文、金文、篆书和隶书形体。除用汉语拼音字母注明字的现代读音外，还收列了中古的反切，标注了上古的韵部。该书义项完备，书证丰富，详释字的本义、派生义、通假义，释义比较准确。全书共 8 卷，按部首编排，共立 200 部，同部首的按汉字笔画从少到多排列。每分卷都附有检字表，第 8 卷为"附录和索引"，列有"笔画检字表"，从该表能快速查到字典所收的任何一个汉字所在的卷、页。《汉语大字典》第二版修订工作于 1999 年正式启动，由汉语大字典编纂处、四川辞书出版社组织实施，四川出版集团四川辞书出版社和湖北长江出版集团崇文书局共同出版。新版《汉语大字典》收楷书单字 60 370 个，总字数超过 1500 万，是《康熙字典》的 4 倍。新版的修订不仅对首版中注音、释义、文例等方面存在的讹误进行更正，还对缺漏意义、例句等进行必要的增补。与此同时，为适应现代阅读方式，新版大字典增加了《难检字表》和《音序检字表》，并重新编制了《笔画检字表》。

7. 《汉语大词典》

《汉语大词典》是一部大型历史性汉语语文词典。由罗竹风任主编，中国汉语大词典编辑委员会、汉语大词典编纂处于 1975 年开始编纂。山东、江苏、安徽、浙江、福建、上海五省一市的 1000 多名专家学者参与了编写，编纂者均为在语言方面有较深造诣的专业工作者，实力雄厚，从而保证了本书的权威性。第 1 卷由上海辞书出版社 1986 年出版，以后各卷改由汉语大词典出版社出版，至 1993 年 11 月全书出齐。全书正文 12 卷，另有《附录·索引》1 卷。全书共收录单字 2.27 万，复词 37.5 万，是目前世界上收录汉语词汇数量最多的大型语文词典。全书以"古今兼收，源流并重"为编纂原则，广泛收集先秦至当代汉语发展过程中的词汇材料，包括古今词语、俗语、成语、典故及古籍著作中进入一般语词范围和比较常见的百科词语等。对于虽有音有义，但只见于字书、韵书而无书证可引的单字，或虽有书证，但意义未详的汉字，均不予收录。这样，《汉语大词典》与《汉语大字典》就有了明显的分工和区别。《汉语大词典》全书依 200 个部首编排，以繁体字立目，简化字括注于后。单字下用汉语拼音标注现代读音，并征引古代字韵书中的反切古音。在释义方面，《汉语大词典》义项齐备、古今兼收、词义概括、辨析清楚、同义项合理编排，在一定程度上反映了词义发展的历史进程。书证涉及经部、史部、诸子百家、古今文人别集、戏曲小说、笔记杂著、宗教经典、科技著作、学术专著、近现代报章杂志乃至方志、碑刻、出土资料等，十分丰富。

8.《辞源》

《辞源》是一部语文辞典，是中国最大的一部古汉语辞典。它始编于 1908 年(清光绪三十四年)，1915 年出版，1931 年《辞源》续编出版，1939 年出版《辞源》简编，历时数十载，几经修订，至 1983 年才全部完成。1979—1983 年出版精装四册修订本，2001 年出版精装修订本(上、下册)。根据与《现代汉语词典》分工的原则，修订时删去了有关近代自然科学、社会和应用技术等方面的词语，收词范围一般到鸦片战争为止。这样，《辞源》便成为一部用来阅读古籍和研究古典文史的辞书。《辞源》以语词为主，兼收百科，强调实用，因此又是一部综合性，实用性极强的百科式大型工具书。全书共收录单字 12 890 个，词语近 10 万条，总计解说约 1200 万字。编排方法和解字释词的体例与《辞海》基本相同，以字带词、分类释义、列举书证等。对词义的解释，力求简明确切，并注意证词的来源和证词在使用过程中的发展演变，追根溯源的特征十分明显。

9.《牛津英语大词典》

《牛津英语大词典》(Oxford English Dictionary，OED)，是一部权威的历史性英语语文词典。第一任主编詹姆斯·默雷(James A.H.Murray)是著名的语言学家，所以又称"默雷词典"(Murray's Dictionary)。原书名是《新英语词典》(New English Dictionary on Historical Principle)，故又称 NED。《牛津英语大辞典》自 1928 年出版以来成为世界公认的最伟大的英文辞典，赢得了"辞典中的圣经"的美誉。目前最新版本为 20 卷本第二版，收词超过 50 万条，引证例句 250 万条。全部发音使用国际音标标注，词条及例句涵盖了所有英语国家和地区的地方英语，包括北美、南非、澳大利亚、新西兰和加勒比等，并且给出了词源分析以及不同地方英语的拼写差异。该词典几乎囊括了 1150 年以来见于文献的所有语词。如乔叟、高沃尔和莎士比亚等著名作家只是用过一次的罕见词，OED 也如数照收。OED 卷帙浩繁，编写谨严，全书浑然一体，是一部追溯词源，查考历史词汇，具有很高学术价值和实用价值的语文词典。

6.2.2 在线字典、词典

1. 汉典

在线汉典(http://www.zdic.net/)建于 2004 年，是一个旨在弘扬中华文化、继承优良传统、推广学习汉语和规范汉字使用的网络词典网站。汉典是一个免费的网站，不需注册就可随时登录查检。网站具有一定的开放性，允许使用者参与讨论和增加字词的注释，这一点使得汉典具有现代网络词典的特点。

汉典也是一个集字典、词典、成语词典于一身的综合性词典。该站提供汉字检索、五笔编码检索、仓颉编码检索、四角号码检索、笔顺编码检索和 Unicode 编码检索 6 种检索方法。另外，汉典支持 IE 右键搜索汉字，只需下载注册表文件，双击导入注册表，在 IE 的右键菜单中添加"Zdic.net 查字典"的选项即可。查询时，先选中某个汉字，然后单击鼠标右键，选择"Zdic.net 查字典"就可以直接到汉典网站查看该字的解释。

除了能够查检常用字词、成语的读音、释义和用法之外，汉典还有三个值得推荐的功能。一是可以在线发声，二是有《康熙字典》和《说文解字》的注释，三是有字源和字形，这对于学习和研究汉语汉字提供了方便。除此之外，汉典还有很多实用的资料，包括二十四节气表，常用标点符号用法简表、汉语拼音方案、计量单位简表、万年历、化学元素周期表和中国少数民族分布简表等。

以检索"赵"为例，可以点击"拼音索引"，在列出的所有拼音中找到"zhao"并选择，此拼音的所有汉字就会列出来，选择"赵"字即可查看该字的具体解释内容(如图 6-1 所示)。也可以按部首查找，先在七画的部首里面找到"走"并选择，再在"走"部的笔画二里面找到"赵"字，点击可以查看详细内容。当然，最简单的办法是通过搜索栏直接搜索。

图 6-1　汉典网检索结果页面

汉典网已经推出了手机 WAP 网站(wap.zdic.net)、汉典 android 版和苹果 ios 版。

2. 爱词霸

爱词霸(http://www.iciba.com/)是我国金山公司研制的电子词典，号称中国第一英语学习社区。网站提供在线翻译、在线词典、英语口语、英语学习资料、汉语词典、金山词霸下载等服务，资源十分丰富。爱词霸有手机 WAP 网站(wap.iciba.com)和手机词霸。

3. 其他在线字典、词典

有道桌面词典(http://cidian.youdao.com/)

百度词典(http://dict.baidu.com/)

海词(http://dict.cn/)

剑桥在线词典(http://dictionary.cambridge.org/)

Your dictionary 在线词典(http://www.yourdictionary.com/)

6.3　百科全书

百科全书(Encyclopedia)来源于古希腊文，中文"百科全书"一词直到二十世纪才出现。百科全书是记录人类知识最全面、最系统的大型工具书，它通常荟萃一切门类或某一门类知识，以概要方式提供有关信息。如果说词(辞)典的功能仅仅说明某一概念，百科全书则是"接着定义往下说"的工具书，它可以回答诸如"何时""何地""如何""为何"等背景性知识，几乎包括了各种工具书的成分，被称为"工具书之王"。此外，百科全书还具有扩大读者知识视野和帮助人们系统求知的教育作用，所以西方称之为"没有围墙的大学"，日本人称之为"知识的小宇宙"。

按照不同的标准，百科全书可以分为多种类型。按其收录的内容范围，可分为综合性百科全书和专科性百科全书。综合性百科全书概述了人类的全部知识领域，涉及自然界和人类社会的各个方面，如《中国大百科全书》《不列颠百科全书》等。专科性百科全书只概述某一专门的知识领域及与之密切相关的某些知识，如《中国企业管理百科全书》《教育大百科全书》《中国证券百科全书》《中国金融百科全书》《中国农业百科全书》等。按照地域分，可以分为国际、国家和区域性百科全书。国际性百科全书反映全世界的情况，地域性或国家性百科全书仅反映某一地区或某一国家的情况。按照阅读对象，可以分为少儿百科全书、成人百科全书等。

百科全书编排合理，查阅便捷，内容多以条目的形式列举，编排通常采取字顺、分类或分类字顺混排等方式。目前按字顺编排条目已成为百科全书编排方式的主流，90%以上成人百科全书普遍使用字顺排列法。外文百科全书各卷书脊的下方都印有该卷的起止字母，在卷内每页的左或右上角则印有本页第一个或最后一个条目的条头(书眉)。只有少数百科全书，如《中国大百科全书》的初版和日本小学馆的《万有大百科事典》等，采取混排的方式。百科全书一般附有多种索引，使用时先查索引，可以大大节省时间。

6.3.1　印刷型百科全书

1. 综合性百科全书

1) 《中国大百科全书》

《中国大百科全书》是我国第一部大型综合性百科全书，内容涉及哲学、社会科学和自然科学各学科领域。该书由全国各学科权威人士担任主编，2 万余名著名学者、专家撰稿。该书的编纂工作始于 1978 年，从 1980 年起由中国大百科全书出版社陆续出版，1993 年出齐，前后历时 15 年。全书共 74 卷，正文 73 卷，总索引 1 卷，涵盖了 66 个专业门类，收录条目近 8 万个，约 1.4 亿字，是世界上最大的百科全书之一。《中国大百科全书》按学科分卷出版，各学科内容按学科体系以条目的形式编写，系统、详尽、正确地概述了各学科的基本知识。各卷一般由前言、凡例、学科的概观性文章、条目分类目录、正文、彩图插页、大事年表和索引等组成。正文前的概观性文章对学科的发展状况、主要内容与成就、发展规律等作了介绍，帮助读者了解学科的整体面貌。条目分类目录展示了学科体系中知识主体之间的层次关系，方便读者从分类角度查找条目。正文按条目首字的汉语拼音字顺排列。最后附有大事年表、繁简字对照表和外国人名译名对照表等。

《中国大百科全书》的检索途径十分完备，可通过多种检索途径查找条目。其主要的检索途径有 5 种。

(1) 分类检索。通过正文前"条目分类目录"，从学科分类角度查找相关条目。

(2) 音序检索。各卷正文内容按照汉语拼音字母顺序编排。

(3) 笔画检索。各卷均附有"条目汉字笔画索引"，可在汉语拼音不熟悉的情况下使用。

(4) 主题索引。各卷卷末附有"条目内容索引"，是全卷条目和条目内容的主题分析索引，也是一种综合索引，它将全部条目和条目内容中隐含的知识主题，如人物、著作、流派、团体和专有名词术语等集中起来按照音序排列。

(5) 外文检索。编有"条目外文索引"，供熟悉外语的读者使用。

此外，《中国大百科全书》提供了许多辅助检索渠道。这些辅助检索渠道以全书中某一专项内容作为检索途径，主要包括时序检索、图片检索、参见检索、书目检索、标题检索和人名检索等 6 种。

1996 年 12 月，中国大百科全书出版社推出了《中国大百科全书(简明版)》。简明版共 12 卷，是以《中国大百科全书》为基础，经增补、改编、浓缩而成的一部综合性百科全书。简明版增补了《中国大百科全书》欠缺的知识总论、国家、能源、材料、信息、旅游、民俗以及服饰、烹饪、家政等方面的条目，设有 3.1 万个条目，随文附有 1.1 万幅插图和表格，总字数 2000 多万。它是概述古今中外各学科、各领域一般知识的、简明实用的百科工具书。

2000 年，中国大百科全书出版社推出了《中国大百科全书(光盘版)》。几乎在同时，网络版《中国大百科全书》也问世了。网络版以《中国大百科全书》和中国百科术语数据库为基础，内容全面、数据权威，共收条目约 8 万条，图片 5 万余幅。网络版检索手段完善，数据可扩充，可满足图书馆数字资源建设的需求。

《中国大百科全书(第 2 版)》于 2009 年正式出版，共 32 卷(正文 30 卷，索引 2 卷)，收录条目 6 万个，约 6000 万字，插图 3 万幅，地图约 1000 幅。全书内容以条目形式编写，在继承第一版编纂原则和编写理念的基础上，设条和行文更注重综合性和检索性，介绍知识既坚持学术性、准确性，又努力做到深入浅出，具有可读性，适于中等及中等以上文化程度的读者查检和阅读。《中国大百科全书》在作者选择上始终坚持"让最合适的作者撰写最合适的条目"。作为第一版的修订重编版，在尽可能选择第一版仍健在作者撰写条目的基础上，又聘请近年来在各学科领域崭露头角的中青年专家学者为作者。40 多年来，《中国大百科全书》的作者合计约达 25 000 人。其中，中国科学院和中国工程院的院士 1100 余人，中国社会科学院首批学部委员 47 人中的 25 人，荣誉学部委员中的多数人，都参加了编撰工作。可以说，目前中国自然科学、科学技术和人文社会科学方面有代表性的重要专家学者，大多参加了全书的编撰。《中国大百科全书(第 2 版)》在编排上按当代世界各国编纂百科全书的一般通行做法，全书条目不按学科分类，而是按条头的汉语拼音字母顺序排列，使读者更加便于寻检查阅。从这一意义上说，它是中国第一部符合国际惯例编写的大型现代综合性百科全书。

《中国大百科全书》每年出版《中国百科年鉴》1 卷作为补充。

2)《不列颠百科全书》(The Encyclopedia Britannica)

《不列颠百科全书》是当今世界声誉最高、最权威的大型综合性百科全书之一，是世界著名的 ABC 三大百科全书之 B。它于 1768 年至 1771 年间在英国爱丁堡面世，是现存仍然发行的最古老的英语百科全书。面世后，《不列颠百科全书》便马上受到读者欢迎。1875 年至 1889 年间的第 9 版和 1911 年的第 11 版已经被认为是学术与文学风格的标志性百科全书。20 世纪初该书版权全部转入美国人手中，并由总部设在芝加哥的不列颠百科全书公司出版。1974 年，该书第 15 版出版，全书结构也开始稳定下来，形成了独特的"三合一体系"，即全书以坚持大条目主义传统的《百科详编》为主体，另加弥补大条目不足、加强工具书职能的《百科简编》和强调知识系统性、提供分类检索的《百科类目》，三部分合为一体。至今为止出版的印刷版都是第 15 版的不断更新。1985 年版增加了两卷目录，分为四个部分：《索引》2 卷；《百科类目》1 卷，或称"知识纲要"，是全书的结构框架，起着全书分类指南的作用，为读者提供了可参阅的知识体系总表；《百科简编》12 卷，有短条目 8 万余条，既可作为全书的条目索引，又是一部可单独使用的简明百科全书。《百科详编》17 卷，又称"知识深入"，有长条目 670 余条，条目大多是世界各国著名学者撰写的专门论文，对各个主要学科和主要人物、事物都有详尽的介绍和叙述。每一条目末尾，几乎都附有相关的参考书目，供读者作进一步研究用。该书每年增补和修订部分条目，出一新版，同时出版《年鉴》一卷。《不列颠百科全书》有各种电子版本，1992 年起就有光盘版索引，名为"Britannica electronic index"。2012 年的 DVD 版包括 5986 万多个词，105 959 篇文章，其中包括 75 907 篇大英百科全书的文章以及《大英学生百科全书》15 994 篇文章、《大英基本百科全书》2752 篇文章和 1993—2010 年鉴 11 225 篇文章以及过去版本的文章。《不列颠百科全书》有网络版，网址为 http://www.britannica.com/。网络版每月不断更新，目前已超过 16 万篇文章。

历经了 200 多年的漫长岁月，《不列颠百科全书》2012 年 3 月 13 日宣布，目前市面上库存的纸本百科全书卖完后，将不再推出印刷版。

《简明不列颠百科全书》由中国大百科全书出版社和不列颠百科全书公司根据英文版《不列颠百科全书》第 15 版的《百科简编》编译而成，中国大百科全书出版社 1985—1986

年出版。中译本基本上保持了原书的全貌，除了部分由我国专家学者重新撰写的有关中国条目。全书共 10 卷，1～9 卷为全书的正文及附录，第 10 卷为索引卷。全书共收选条目 71 000 余条，图片 5000 幅左右，总计约 2400 万字。其内容包括社会科学、自然科学、工程技术、文学艺术等各个学科的概述和专有名词、术语及世界各国人物、历史、地理、团体、机构等介绍，侧重介绍西方的文化、科技成就和当代知识。

《不列颠百科全书》国际中文版是中国大百科全书出版社和美国不列颠百科全书公司最新合作的版本。全书共 20 卷，1～18 卷为条目正文，19～20 卷为索引。该书共收条目 81 600 条，地图 250 幅，总字数约 4300 万。相对于《简明不列颠百科全书》，国际中文版在数量与质量方面都有了重大改进。《简明不列颠百科全书》中原有的条目按照各学科、专业分类，聘请各学科专家对照原书(1995、1997、1998 年版)逐条修订，更新资料、增补内容和纠正差错；凡《详编》中对人类产生过重大影响的古今中外人物条目均全文翻译；10 多年来新出现的科技成就、政治变化、新的人物和事件等，均反映在历年增补的英文版《百科简编》中，都已全部翻译收入；对《简明不列颠百科全书》原有的中国条目都进行了全面的修订，还增加了许多新条目；对一些外国人名、地名、机构名、专业名等也作了许多改进，力求做到译名统一。

3) 《美国百科全书》(The Encyclopedia American)

《美国百科全书》(简称 EA)是标准型的综合性百科全书，是世界著名的 ABC 三大百科全书之 A，其权威性仅次于《不列颠百科全书》。初版(1829—1833 年)是德国移民 F.李勃以德国《布罗克豪斯社交词典》第七版为范本编成的，共 13 卷。1903—1904 年经过改编增为 16 卷。后又经多次修订，1912 年修订版为 22 卷。1918—1920 年再经重编改版，共 30 卷，遂成为后来历次修订版的基础，并从此采取了连续修订制。《美国百科全书》的条目按字母顺序编排，主要对象是成年人、高级知识分子读者。全书采取狭主题、小条目的编法，但对重大主题也设置大条目。书中人物条目和科学技术条目所占的篇幅比较大，19 世纪以来的美国人物资料，常为别书所无。历史按世纪设条(如"20 世纪"条)，对全世界政治、社会和文化提供了完整的历史背景。原始文件多，对某些重要的历史文件，都全文录载，如《大西洋公约》《独立宣言》等。此书虽然是"国际版"，但对美洲偏重，美国、加拿大的资料比较丰富。最后一卷为按字顺排列的索引卷，条目之间有参见系统，并附有参考书目，使用比较方便。格罗利公司(GROLIER,INC.)自 1923 年开始逐年出版《美国百科年鉴》，概述一年的事实与发展，作为本书的补充。EA 有光盘版和网络版(http:// ea.grolier.com)。

4) 《科利尔百科全书》(Collier's Encyclopedia)

《科利尔百科全书》是 20 世纪新编的大型英语综合性百科全书，为著名的 ABC 三大百科全书之 C。《科利尔百科全书》着眼于普通人感兴趣的主题以及实用的现代题材，条目设计针对学校的课程，在物理学、生命科学、社会科学和人文科学等方面提供了丰富的资料，适合于非专业人员、青年学生、家庭使用和阅读。全书收录条目 2.5 万个，采取大中小条目相结合编排，根据字母相比(letter-by-letter)排列。它虽属国际性百科全书，但东方的资料很少。参考书目 1.25 万个被集中在最后一卷中，按主题排列。每个主题下再按文献深浅和难易顺序排列，并提供大量参见。这样就可以引导学生沿着从宽到窄的路径使用百科，从而使按字顺排列的、散在各处的有关条目变成一个有学科逻辑的有机整体。这是《科利尔百科全书》所具有的独特教育作用。《科利尔百科全书》每年出版《科利尔百科年鉴》作为补充本。

2. 专科性百科全书

1)《教育大百科全书》

《教育大百科全书》是一部有关教育的"探索与研究"的专题性百科全书,由欧洲教育出版集团——爱思唯尔科学出版集团 1985 年出版, 20 世纪 90 年代中后期全面修订再版(90%的词条重新撰写)。该书共 10 卷, 分 22 个专题,收录 1262 个词条,涵盖了与现代教育相关的所有领域,涉及教育的所有课题,是目前世界上教育科学领域最全面系统、最具权威性和实用价值的一部具有理论性、学术性和工具性的教育专业百科全书。英文版主编是当今世界著名的教育学家、瑞典斯德哥尔摩大学国际教育研究所所长胡森教授。撰稿者均由联合国教科文组织、国际教育研究院和国际教育评价协会推定,他们都是世界教育界各学科具有国际视野的教育专家,这就使全书的品质得到了保证。因此,本书堪称一部国际性或世界性的教育大百科全书。《教育大百科全书》中文版的翻译出版历时四载,由西南师范大学出版社与海南出版社 2006 年出版。《教育大百科全书》中文版充分考虑国人查阅习惯,未按英文版以字母顺序编排的体例,而采用专题分类编排,使各相关词条归入共同的专题之下,每个专题又按逻辑关系分为若干小节,大大方便了读者查阅。

2)《新帕尔格雷夫经济学大辞典》

《新帕尔格雷夫经济学大辞典》由英国经济学家伊特韦尔约请美国经济学家米尔盖特和纽曼合作,于 1983 年开始编纂,1986 年编成,1987 年 9 月正式出版。本书旨在用经济学理论分析法律政策,法律问题,世界上 34 个国家的 900 多名知名学者(其中包括 13 位当时在世的诺贝尔经济学奖获得者中的 12 位)参与了撰写。因而,这部大辞典堪称最权威的经济百科全书,是国外对经济学研究介绍的集大成者。该书中文版主编、已故经济学泰斗陈岱孙先生也称该辞典为"国内一切从事于认真学习、研究经济学的个人及机构的不可或缺的参考书"。本书共收辞条 2000 多条,大部分是以专题论文的形式出现,涉及经济学各个领域的重要问题和最新发展。另外,本书还收录了约 700 位近现代世界著名经济学家的小传。本书内容除了经济学外,广泛涉及政治学、社会学、哲学、历史学、心理学、文化艺术、宗教等,以及数学、环境等自然科学学科和边缘学科。该书中文版由经济科学出版社于 1996 年出版。

3)《中国企业管理百科全书》

《中国企业管理百科全书》由企业管理出版社于 1984 年 12 月出版。该书是我国第一部专科性百科全书,作者由全国几十所大专院校、科研单位及政府部门的专家、学者、知名人士 800 余人组成。全书按知识分类体系编排,内容以工业、企业管理知识为主,兼顾一些特殊行业的特殊管理问题,注重现代管理和传统管理知识的结合。

6.3.2　网络版百科全书

百科全书的分类结构以及不断更新等特点使它非常适合数字化。最近几年,伴随现代电子信息技术、互联网技术、信息存储技术的迅猛发展,大多数纸质版的百科全书都已经实现了网络化和数字化。与此同时,一些汇集多种百科全书的集成整合网站和开放式百科全书也悄然兴起。

1. 百度百科

百度百科(http://baike.baidu.com/)是一部内容开放、自由的网络百科全书。百度百科于2006年4月20日正式上线，2008年4月21日推出正式版。所有互联网用户都可以免费使用百度百科提供的所有服务，包括浏览、创建、编辑等等。

2. 快懂百科

快懂百科(头条百科、抖音百科，网址为 https://www.baike.com/)是今日头条旗下中文网络百科全书，由字节跳动收购互动百科而来。互动百科原是全球最大的中文百科网站之一，由来自世界各地的志愿者共同维护与建设。互动百科以词条为核心，与图片、文章等其他产品共同构筑成一个完整的知识搜索体系。2019年，字节跳动完成对互动百科的收购。2020年4月，字节跳动上线"头条百科"网页产品，并上线测试版。至2020年，头条百科已收录了超过1800万个词。2021年3月，头条百科更名为快懂百科。

3. 搜狗百科

搜狗百科(https://baike.sogou.com/)是搜狗旗下的网络百科全书。2013年7月，搜狗发布搜狗百科上线相关信息，搜狗百科正式上线。2013年9月，原有腾讯搜搜百科的内容并入搜狗百科。搜狗百科是一部内容开放、自由的网络百科全书，其词条内容涵盖了人物、影视、旅游、科技等知识领域。百科词条由词条名、义项说明(多义词)、名片、目录、知立方结构化数据、文本信息扩充、图片等组成。

4. 360百科

360百科(原好搜百科，网址为 https://baike.so.com/)由奇虎360创建，是360搜索的重要组成部分。其测试版于2013年1月5日上线，内容涵盖了所有领域知识。其宗旨是帮助用户及时、便捷地获得知识与信息，并且通过和360搜索的结合、以及同专业网站的合作为用户服务。2014年4月14日，360百科新首页正式上线。

5. 维基百科

维基百科(http://en.wikipedia.org/)是一部用各种语言写成的网络百科全书，是一个动态的、可自由访问和编辑的全球知识体。维基百科的大部分页面都可以由任何人使用浏览器进行阅览和修改，因此也被称作"人民的百科全书"。维基百科正式成立于2001年1月15日，由维基媒体基金会负责维持。维基百科在2008年首发了移动版页面。而在移动版正式发布前，在 Android 及 iOS 平台已经有很多第三方推出了手机版维基百科。

中文维基百科也于2002年10月正式成立。除此外，维基百科还设有其他独立运作的中文方言版本，包括闽南语维基百科、粤语维基百科、文言文维基百科、闽东语维基百科及客家语维基百科等。

6.4　年鉴、手册

6.4.1　年鉴

由于百科全书十分庞大，我们不可能经常修订和更新它们，因此许多百科全书都出版年鉴作为补充。但是，年鉴并不都为补充百科全书而编，年鉴也是一种独立的特殊类型的工具书。年鉴又称年报、年刊，每年一期，连续出版，是查考年内发生的事件、数据、统计资料以及某些动向性问题的工具书。年鉴通常以当年政府公报和文件，以及国家重要报刊的报道和统计资料为依据，汇集了一年内的社会科学和自然科学等领域的重大事件、重要时事文献、科学技术的新进展和统计数据，有些还附有大量图表和插图等，具有较大的总结统计意义和连续参考价值。年鉴的编辑单位多为政府有关部门、学术团体或研究机构，也有由报社编辑部门或大百科全书出版社编辑出版的，因此年鉴所反映的内容是比较权威可信的。从时间上看，各种年鉴所收材料一般是前一年的。如标明为 1994 年的年鉴，实际所收的内容是 1993 年发生的事。常用的年鉴有《中国百科年鉴》《中国经济年鉴》《世界经济年鉴》《中国统计年鉴》等。大多数年鉴都有分类体系和索引，查找信息比较方便。

1. 《中国百科年鉴》

《中国百科年鉴》由中国大百科全书出版社从 1980 年起开始出版。该书每年出版 1 卷，依次反映上一年度国内外重大事件和各个领域、各个学科的新情况、新成果、新动态。各年刊一般由专栏、概况、百科、附录等部分组成，每年类目略有调整。"专栏"有"专文""特稿""大事志""新闻人物""诺贝尔奖获得者""逝世人物"和"新词语"等栏目，其中"专文"和"特稿"分别就某一领域和某一事件进行论述。"概况"部分包括中国概况，各省、市、自治区概况，各国概况，国际会议、国际组织等基本情况。"百科"部分是年鉴的主体，通过文字介绍、统计图表和照片等形式，报道上年度各方面的进展和成就。《中国百科年鉴》按类编排，正文前有分类目录，正文后有按汉语拼音字母顺序编排的内容分析索引。从 1989 年起，"百科"部分的栏目按题头拼音字母顺序排列。

2. 《中国年鉴》

《中国年鉴》是向海内外全面介绍中国各方面情况的综合性年鉴。该书创刊于 1981 年，由新华通讯社《中国年鉴》编辑部组编，北京中国年鉴社、香港新中国新闻有限公司分别出版中英文版。《中国年鉴》分中国概况、特载、彩图专辑、大事纪要、分类条目、附录等部分。"分类条目"是全书的主要部分，分类介绍政治、法制、军事、外交、财政金融、科学技术、文教卫生、社会生活等多方面的内容。该书提供的各种数字均经国家统计局和有关部委确认，资料可靠、数据权威。

3. 《中国统计年鉴》

《中国统计年鉴》由国家统计局出版发行，1982 年开始出版，是我国最全面、最具权威性的综合统计年鉴。《中国统计年鉴》收录前一年全国和各省、自治区、直辖市每年经济和社会各方面的统计数据，以及历史重要年份和近二十年的全国主要统计数据，是一部全国经济和社会发展情况的资料性年刊。正文一般分为 20 余个篇章，内容主要包括行政区划和自然资源、综合、国民经济核算、人口、就业人员和职工工资、固定资产投资、能源、财政、价格指数、人民生活、城市概况、环境保护、农业、工业、建筑业、运输和邮电、国内贸易、对外经济贸易、旅游、金融业、教育和科技、文化、体育和卫生以及其他社会活动等方面，不同年份根据经济社会发展的情况略有调整。本书还包括香港特别行政区、澳门特别行政区和台湾省主要社会经济指标。为方便读者使用，各篇章前设有"简要说明"，对该篇章的主要内容、资料来源、统计范围、统计方法以及历史变动情况予以简要概述。篇末附有"主要统计指标解释"。该年鉴由全国各地区、各部门统计机构提供数据，因此资料具有权威性。该书同时有中英文版及电子光盘版出版。

4.《中国教育年鉴》

《中国教育年鉴》是由中华人民共和国教育部组织编纂的逐年反映全国教育改革和发展情况的资料性工具书。本书基本栏目分为重要文献、重要讲话、工作会议和年度工作要点、教育发展统计、教育综合管理、重要教育活动、基础教育、职业教育与成人教育、高等教育、师范教育、民族教育、民办教育、文件选编、资料汇编、教育大事记等，是中国教育事业发展进程的真实记录。本书既可为教育管理决策、教育科研、交流提供参考，也可为关注和研究中国教育的读者提供信息资料。按国际国内通例，当年的年鉴反映上一年教育工作的基本情况，某些多年才能完成的工作任务，主要记述当年此项工作的进展情况。

5.《中国法律年鉴》

《中国法律年鉴》创刊于 1987 年，是由中国法学会主管和主办的记载反映我国社会主义民主和法制全貌的大型资料性工具书，也是我国唯一一部综合反映法制建设进程的年鉴体工具书。《中国法律年鉴》编辑委员会由全国人大常委会、国务院法制办、最高人民法院、最高人民检察院、公安部、司法部等有关部门负责人和法律界、法学界享有较高声望的专家学者组成。经过多年的不断探索和调整，《年鉴》的栏目设置已基本稳定，主要有以下内容：特载；国家立法、司法、监察、仲裁工作情况；中华人民共和国法律；中华人民共和国行政法规；国务院各部、委、局规章和地方性法规、地方政府规章目录；中华人民共和国缔结或参加的国际条约；司法文件选载；香港特别行政区法律制度；中央国家机关各部门法制建设；地方法制建设；案例选编；法学各学科发展概况；法学教育、团体、研究机构和法制报刊；统计资料；中华人民共和国行政区划；中国法制建设大事记；附录。

6.《世界年鉴》(The World Almanac and Book of Facts)

《世界年鉴》(曾一度改名为《世界知识概要》)于 1868 年首版发行，除 1876—1885 年暂停外，一直出版发行。《世界年鉴》的内容属于国际性，但以美国的资料最为丰富。正文由一系列简短条目和各类图表组成，内容涉及文学艺术和娱乐活动、美国州市、新闻人物、世界各国、体育、环境、人口统计、科学技术、计算机、税务、经济学、国防、周年纪念日等多个方面。由于正文的编排比较随意，因此本书十分重视索引的编制。每页天头都列出该页内容的所有标题，以便读者阅读。

7. 中国年鉴资源全文数据库

中国年鉴资源全文数据库是全国年鉴界公认并积极参与的年鉴全文数据库，由北京方正阿帕比技术有限公司与中国出版工作者协会年鉴工作委员会共同发起。本库所收录年鉴资源覆盖了我国国民经济及社会发展的各个领域和地区，形成了较权威的综合反映我国国情的信息资源体系。中国年鉴资源全文数据库对年鉴名称、年卷、地区、指标、关键词等关键字段一一标引，因而可以按照主题分类、行业、地域、时间、关键词、统计指标等多种检索途径检索。该库支持简单检索、高级检索和二次检索，能够对检索结果排序和筛选，具有相关性的年鉴、文章、数据之间可以相互链接。

8. 中国年鉴全文数据库

中国年鉴全文数据库属于中国知网知识资源总库，是目前国内最大的连续更新的动态年鉴资源全文数据库。本库主要收录国内中央、地方、行业和企业等各类年鉴的全文文献，内容覆盖基本国情、地理历史、政治军事外交、法律、经济、科学技术、教育、文化体育事业、医疗卫生、社会生活、人物、统计资料、文件标准与法律法规等各个领域。按照行业，本库分为地理历史、政治军事外交、法律、经济总类、财政金融、城乡建设与国土资源、农业、工业、交通邮政信息产业、国内贸易与国际贸易、科技工作与成果、社会科学工作与成果、教育、文化体育事业、医药卫生、人物等十六大专辑。

☾★ **小知识：**

> 统计局是官方数据统计机构，包括国家、省、市、县级统计部门。中华人民共和国国家统计局是国务院直属机构，其职能是：承担组织领导和协调全国统计工作，确保统计数据真实、准确、及时。制定统计政策、规划、全国基本统计制度和国家统计标准，起草统计法律法规草案，制定部门规章，指导全国统计工作。会同有关部门拟订重大国情国力普查计划、方案，组织实施全国人口、经济、农业等重大国情国力普查，汇总、整理和提供有关国情国力方面的统计数据。组织实施全行业统计调查，收集、汇总、整理和提供有关调查的统计数据；综合整理和提供地质勘查、旅游、交通运输、邮政、教育、卫生、社会保障、公用事业等全国性基本统计数据。

6.4.2　手册

手册通常汇集某一领域的基础知识、基本资料或数据，是供读者随时翻阅的事实便览性工具书。手册的名称较多，很多时候又称为指南、便览、要览、一览、宝鉴、必备、大全、全书等。手册不同于年鉴，年鉴只反映一个年度有关领域的知识和资料，内容新颖。而手册主要收集有关领域的一些最必要的、最基本的知识和资料，反映的内容比较专深，实用价值高，收录时间相对较长。另外，手册知识简明扼要，装订小巧，便于携带和查检。

手册一般分为综合性(或知识性)手册和专科性手册两种。综合性手册概括了多个领域的内容，知识面广泛、全面、系统，编写方式简要，如《联合国手册》《中华人民共和国资料手册》《人民手册》《青年手册》《读报手册》等；专科性手册只搜集某一领域的文献资料，如《机械工程手册》《电工手册》《数学手册》《法律知识手册》《外贸知识手册》等。

6.5　名　　录

读书看报过程中，经常需要了解机构组织、人物生平等情况，如在阅读古典文献时，人名和地名经常需要查询。这些问题通常可通过名录来解决。名录是汇集机构名称、人名、地名等基本情况和资料的一种工具书。名录一般提供最基本的信息资料，好比"清册"和"一览表"，性质与专业词典和手册有些相似。按所收集信息内容的不同，名录可分为人名录、地名录和机构名录。

6.5.1　人名录

人名录(Who's who)是传记资料中的常用工具书之一。最初它只是"绅士录"之类的名册，仅收录皇室成员、达官贵人。到了 20 世纪，随着科学文化的发展和国际交流的频繁进行，人名录逐渐增多，收录范围不断扩大。由于古今中外姓氏众多，名字的构成和排列相当庞杂，加之还有许多带有官职、爵位、头衔、荣誉称号、笔名、法名和艺名等情况，因此我们不仅需要了解姓名方面的相关常识，而且必须根据不同需求和目的来选用特定类型的名录。例如：要查找在世名人，一般用各种人名录为宜；要查找历史人物，需要使用回溯性传记词典；要了解某专业或某国家的名人，可查检相应专业和国别的传记工具书或专业百科全书；要掌握某人的全部传记资料或某一特定人物较详细的资料时，可求助于传记索引或文章体的传记工具书；要解决同名、异名、笔名问题，可求教笔名或别名词典等等。在这里，只介绍几种最常用的名录。

1.《中国人名大辞典》

《中国人名大辞典》(臧励和等编，上海商务印书馆 1921 年出版，1949 年出版第九版，上海书店 1981 年翻印)是我国最大的一部古代人名词典。全书共收载自远古至清末的古代人名 40 000 多个，内容包括帝王、官吏、学者、著作家、能工巧匠、方术之士、书画家、著名将帅、神仙和社会下层人士。所有资料主要采于经书、正史、方志、杂著和金石文字材料。每个辞条注明人物的活动年代、字号、籍贯、生平和著述等，但不考证人物的生卒处。同姓同名者另条接排，用"⊙"隔开。辞典附有"人名索引""姓氏考略""补遗"和"异名表"，方便读者查找。该书在编纂时，《清史稿》和一些方志尚未出版，故部分清代人物未能收录，查找这些人物时可参查《中国历代人名辞典》(1982 年江西人民出版社出版，全书收远古至"五四"时期的人物)。

2.《国际名人录》(International Who's who)

《国际名人录》原为《欧罗巴年鉴》的一部分，从 1935 年起单独出版年刊。本书是一本享誉世界的人物工具书，所收人物大都是政治、军事、外交、宗教、教育、文艺、科技界的著名人士，收录人物全，也比较准确。辞条以姓名字顺排列，著录项有姓名、国籍、专业、学历、家庭、职务、著作、爱好、通讯地址等信息，这些信息都经过被传人核实。《国际名人录》有网络版在线服务，网址为 http://www.worldwhoswho.com/，如图 6-2 所示。

3.《世界人名翻译大辞典》

《世界人名翻译大辞典》(郭国荣主编，新华通讯社译名室编辑，中国对外翻译出版公司 1993 年首版)是中华人民共和国第一本提供规范化人名翻译的工具书。全书收录词条 65 万条，涉及 100 多个国家和地区。所收词条采用拉丁字母顺序排列，著录项一般包括外文名、汉译名、国别简称三部分。

4.《世界当代文化名人辞典》

《世界当代文化名人辞典》(丁守和、马连儒、陈有进主编，北京燕山出版社 1992 年出版)收入 1945—1990 年底从事学术活动的中外名人 2361 人，主要包括自然科学、哲学、经济学、政治学、法学、社会学、伦理学、逻辑学、美学、历史学、考古学、教育学、心理学、民族学、语言学、文学艺术等学科的人物。词目以中国人物姓名的首字笔画数和外国人物中文译名首字的笔画顺序排列。内容主要介绍其生平、学术生涯和学术贡献。

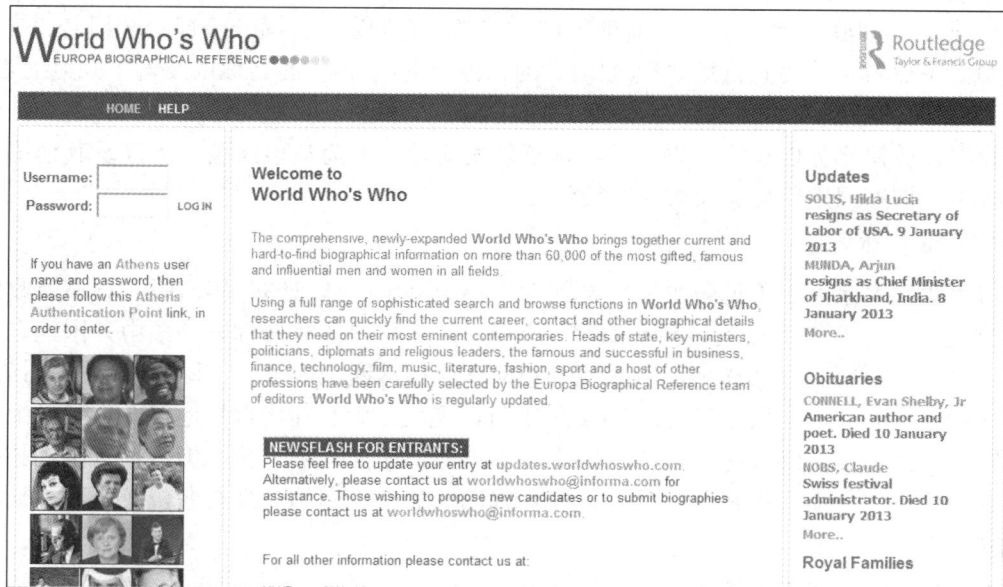

图 6-2　《国际名人录》首页

5.《中国当代名人录》

《中国当代名人录》由中外名人研究中心编，上海人民出版社 1991 年出版。本书收录当代政界、军界、实业界、教育界和科学文化界的著名人物 7500 余人，条目内容主要包括姓名、出生年、籍贯或出生地、主要经历及贡献。

6. 中国科技专家库

中国科技专家库(http://www.wanfangdata.com.cn/)收录国内自然科学技术领域的专家名人信息，重在介绍各专家在相关研究领域内的研究内容及取得的进展。本库主要为国内外相关研究人员提供检索服务，有助于他们掌握相关研究领域的前沿信息。该数据库的主要字段包括姓名、性别、工作单位、工作职务、教育背景、专业领域、研究方向、研究成果、专家荣誉、获奖情况、发表的专著和论文等三十多个。

6.5.2　地名录

地名录是规范化的地名工具书，一般按字顺编排，可与地名词典、地名索引、地名译名手册和地图配合使用。地名录通常可以告诉我们某地的准确地理位置、某地的行政名称和行政区划的变化等方面的情况。目前世界上有许多地名录，不仅有印刷型的，也有网络版的，现把几种常用的地名录概述如下。

1.《中国古今地名大词典》

《中国古今地名大词典》(戴均良主编，上海辞书出版社 2005 年 7 月出版)是新中国成立后编纂的第一部规模最大、最具权威的地名词典。本书共收词 68 000 条，分地名、旧地名和现今地名三大部分，是查考古今地名演变的必备工具。

2.《最新汉英·英汉世界地名录》

《最新汉英·英汉世界地名录》由梁良兴主编，北京外文出版社 1999 年出版。本书共收外国地名 20 000 余个，包括国家(地区)名、首都(首府)名，各国一级行政区划名、较大的城镇和居民点名、重要的自然地物(如山、河、湖、海、岛等)的名称以及若干知名的古国、古城、道路、建筑物和名胜古迹等。条目采用汉—英和英—汉双向排法，汉英部分按汉语拼音排序，英汉部分以拉丁字母排序。本书使用对象主要为从事汉英、英汉及其他语种翻译的人员、国家问题研究者及大专院校学生等。

3.《世界地名录》

《世界地名录》由萧德荣主编，中国大百科全书出版社 1984 年出版。该书所收录的30 万个地名按字母顺序排列，释义简明、准确，具有较高的权威性。辞条中外国地名一般包括罗马字母拼写、中文译名、所在地域和地理坐标等四项内容，中国地名一般包括汉语拼音、中文地名和地理坐标三项。2001 年 1 月，现代出版社在《世界地名录》基础上出版了《21 世纪世界地名录》(上、中、下册)。本书增加了美、英、德、俄罗斯等国的相关地名条目，增补了伊朗、阿富汗、苏丹、埃塞俄比亚和南极洲的一批地名，较全面地反映了当代全球的地名信息。

4.《中华人民共和国地名录》

《中华人民共和国地名录》(中国地名委员会编，中国社会出版社 1994 年出版)是以全国地名普查、补查和资料更新的成果为基础，经标准化、规范化处理而形成的标准地名录。全书共收录全国乡、镇以上各级行政区域名称、名胜古迹、纪念地、古遗址、水库、桥梁、电站等名称约 10 万条。

5. 中国地名网

中国地名网(http://www.cgn.ac.cn/)是《中国地名》的网络版。网站设有地名机构、地名标准化、地名信息化、地名文化、标牌检测、地名规划、知识资料等专栏。设有地名查询栏目，提供中国县级以上政区地名查询、北京地名资料、英语地名计算机译写和各国外语地名译写等服务。

6.5.3　机构名录

机构名录是专门介绍各种组织机构情况，概述其宗旨、使命、职能及构成对象的工具书。利用机构名录可以查询到机构的全称、地址、邮政编码和电话号码，也可以了解机构的性质、规模、成立年代、历史沿革、近况以及活动范围等情况。机构名录为沟通信息、促进交流、加强协作提供了很大的方便，以下对主要机构名录进行概要介绍。

1.《中国政府机构名录》

《中国政府机构名录》(2004/2005 版 6 卷本)由新华社《中国政府机构名录》编辑部编辑，中央文献出版社 2005 年 1 月出版。本书分为中央卷和地方 1～5 卷。中央卷收录的范围是国务院机关、国务院各部委、国务院直属特设机构、国务院直属机构、国务院办事机构、国务院直属事业单位以及由国务院各部委归口管理的国家局和 4 个直辖市，以及所属的司局级、处(室)及上述单位所属司(厅)机构和处(室)机构。地方卷收集的范围是省、自治区、省会城市直属厅(局)级机构及下属处室，各地区行署、地级市、自治州及下设机构和县级人民政府。本名录内容包括机构名称、地址、联系方法、负责人姓名，以及司局(厅)级以上单位的主要职能。

2.《中国企业名录》

《中国企业名录》由国家工商行政管理总局企业注册局编，中国工商出版社 2002 年10 月出版。全书收录在国家工商行政管理总局注册的大型企业及带中国字头的企业的相关信息，内容包含企业名称、法人、注册资金、注册号、电话、地址、经营范围等。本书编有行业索引和字母顺序索引。

3.《世界著名企业名录》

《世界著名企业名录》由郝洪才主编，北京外文出版社 1993 年出版。本书共收录世界著名企业 2000 余家，范围包括 138 个国家和地区。

4. 万方数据资源系统的机构库

万方数据资源系统的机构库主要收录国内外企业机构、科研机构、教育机构、信息机构的各类信息。其中，企业机构信息以"中国企业、公司及产品数据库"(CECDB)为基础。该数据库始建于 1988 年，由万方数据公司联合国内近百家信息机构共同开发，是国内外工商界了解中国市场的一条捷径。该库面向全球数百万用户提供联机检索服务，用户遍及北美、西欧、东南亚等 50 多个国家与地区，不仅成为图书情报机构的经典电子馆藏资源，还被国际著名的 DIALOG 联机系统认定为中国的首选经济信息数据库。目前，企业机构信息包括企业名称、负责人姓名、注册资金、固定资产、营业额、利税、行业 SIC、行业 GBM等基本信息和商标、经营项目、产品信息、产品 SIC、产品 GBM 以及企业排名等企业经营信息。科研机构信息包括机构名称、曾用名、简称、负责人姓名、学科分类、研究范围、拥有专利、推广的项目、产品信息等。教育机构信息包括机构名称、负责人姓名、专业设置、重点学科、院系设置和学校名人等。信息机构信息包括机构名称、负责人姓名、机构面积、馆藏数量和馆藏电子资源种类等。机构库还全面收录了以上机构的联系信息，包括行政区代号、地址、电话、传真、电子邮件和网址等。

6.6　类书、政书

6.6.1　类书

类书采用的是汇集资料、述而不作的编纂方法，是各类书籍中相关片段材料的分类汇编。它既不同于系统论述事物发展源流的现代"百科全书"，也不同于专门记载典章制度的、对材料加以熔铸的古代"政书"。它也不同于"丛书"。丛书的成员是"子目"，是一种一种未加剪辑的独立著作。而类书的成员是"部类"，是一个一个包含着若干相关片段材料的类编。

类书的起源很早。1700 多年前，魏文帝曹丕命王象等采集五经群书作《皇览》，这是我国类书之始。《魏志》称其书撰集数载始成，"合四十余部，部有数十篇，通合八百余万字"，可见其规模之宏大。其后类书推衍于六朝，盛兴于唐、宋，而在明、清取得较高成就。自六朝至清末，据历代艺文志、经籍志著录，历代官修和私人编制的类书，总计约有 600 余种(今存者约有 200 种)。其中以《北堂书钞》(成于隋炀帝大业中)、《艺文类聚》(成于唐高祖时)、《初学记》(成于唐玄宗时)、《太平御览》(成于宋太宗太平兴国中)、《册府元龟》(成于宋真宗大中祥符中)、《玉海》(成于宋末)、《永乐大典》(成于明永乐时)、《古今图书集成》(成于康雍之世)等最为有名。

6.6.2　政书

政书是记载古代典章、制度的历史沿革以及政治、经济、文化发展情况的工具书。典章、制度是历代封建王朝在政治、经济、文化、军事等方面的法律、法令和规章。政书具有史料真实、检索方便等特点。

政书可分为通史式政书、断代式政书和专题性政书三类。通史式政书收录贯通各朝代的典章制度，如《十通》。断代式政书专门收录一个朝代的典章制度(称为会典、会要)；专题性政书专记某一方面的专门制度和礼仪等，如《历代兵法》、《大清律例》等。

在我国所有政书中，"十通"最为有名。"十通"系统完整地记录了中国历代典章制度沿革发展，是《通典》《通志》《文献通考》《续通典》《续通志》《续文献通考》《清朝通典》《清朝通志》《清朝文献通考》《清朝续文献通考》这十部政书的总称。唐代杜佑撰《通典》一书，专就历代典章制度，系统、全面而又概括地编纂成我国最早的一部专史巨著，开创了史书的新体例。出版之后，一直为历代学者视为不朽的名著。此后宋郑樵撰《通志》，元马端临撰《文献通考》，连同《通典》合称"三通"。清乾隆时加入官修的《续通典》《续通志》《续文献通考》以及《清通典》《清通志》《清文献通考》合称"九通"。再加上 1935 年的《清续文献通考》，总称为"十通"。

6.7　表谱、图录

6.7.1　表谱

表谱是按年代记录史实和时间的工具书。表谱将纷繁复杂的历史人物、事件、年代用简明的表格、谱系等形式表现出来，具有精要、便览、易查等特点。表谱主要回答的是"何时""何地"发生了什么的问题。

中国早在周代就有记载帝王年代和事迹的"碟记"，这是年表的雏形。谱之名起于周代。汉代司马迁著《史记》，仿效《周谱》创立了历史年表体制。唐宋时，表谱有了新的发展，出现了反映历史纪元的《古今年号录》(唐封演)和《大事记》(宋吕祖谦)等。清代制表风气日盛，并注意补撰诸史阙表，表谱有了较大的进步，如《历代史表》(万斯同)等，为史表的杰作。随着近、现代科学的进步和中外关系的发展，出现了编制更为精密、内容包括中外年代、月份、日期和大事的表谱。

表谱性工具书主要有年表、历表和专门性表谱三种。年表类工具书是供查考历史年代、历史大事等资料的工具书，通常按时间顺序(有时逐日记录)追寻历史发展的脉络，叙述全世界或某个国家(地区)在各历史发展时期有重大影响和贡献的主要事件和人物。常见的年表有二种，一是我国用来查考历史年代和历史纪元的年表，如《中国历史纪年》《中国历史纪年年表》等；二是反映历史纪元和记载历史事件的发生和演变过程的大事年表，如《中外历史年表》《中华人民共和国大事记》《中华人民共和国全纪录》《世界的不同时代》《世界各国历史年表》《广东科学全纪录》等。历表类表谱是一种把不同历法的历日按一定顺序编排在一起，组成相互对照的表格，以供人们查考和换算不同历法中年、月、日的工具书，如《中西回史日历》《二十史朔闰表》《两千年中西历对照表》等。专门性历史表谱是用于查考人物表谱、职官和地理沿革等历史科学资料的工具书，如《历代名人表谱》《中国历代官制简表》《苏轼年谱》《中国近现代政区沿革表》等。

6.7.2　图录

图录以图形、图像、符号等为主体，附以简略的文字说明，是反映各种事物、人物的空间特征和形象特征的工具书。人类生活与绘图有密切关系。图绘的产生要早于文字，它是象形文字产生的基础。进入文明社会以后，图绘的运用就更为广泛了。南宋的郑樵是一位非常重视图谱之学的目录学家。他所著录的图谱，包括了当时各种学术和社会生活的各个方面，具有相当高的水准。千百年来我国图谱更加丰富多彩，发展为地图、历史图录、文物图录、人物图录、艺术图录和科技图像等多种类型。其中地图和图谱是最常见的两种。

地图是将地球表面的自然和社会现象，按照投影和缩小比例等方法编制而成的工具书。地图能概括地反映地表事物和现象的地理分布情况，主要用于查检地名及其位置和地理资料。地图主要有地理地图、历史地图和专业地图三种。地理地图综合反映地表事物和现象的一般特征，可供查阅地理知识使用，如《世界地图集》《中华人民共和国地图集》《中华人民共和国分省地图集》等。历史地图反映人类社会各个历史时期的发展概况，如不同历史时期的疆域、政治形势、军事形势、战争形势、民族迁徙、重大事件、行政区划和地理环境变迁等，可用于学习和研究历史，如《中国历史地图集》《中国史稿地图集》等。专业地图一般包括自然地理图、社会经济图和专业技术图等。自然地理图反映地形、地质、气候、土壤、植被等自然地理要素，如《中国自然地图集》《全国大陆地形图》和《中国农业气候资源图集》等。社会经济图反映人口、民族、工业、农业、交通和矿产等社会经济要素，如《中华人民共和国民族分布图》《广东省自然灾害地图集》《中国交通地图册》《长江三峡生态与环境地图集》等。专业技术地图则专门反映某一专业各方面的情况。

图谱通常汇集了历史人物、文化遗址、古代器物及重大历史事件的图像与图形，可为研究和了解历史提供直观、形象的材料。按照收录内容，图谱可分为历史图谱、文物图录、人物图录、艺术图录及科技图谱等类型，如《中国历史参考图谱》《中国文化史图鉴》《中国动物图谱》《中国历代名人图鉴》《中国文物定级图典》《中华文化图典》等。

6.8　中国工具书网络出版总库

中国工具书网络出版总库(简称"知网工具书库"或者"CNKI 工具书库"，网址为http://gongjushu.cnki.net/)是由清华大学主管、中国学术期刊(光盘版)电子杂志社网络出版、同方知网(北京)技术有限公司研制发行的网络工具书库。该库是中国知识资源总库的重要组成部分，是精准、权威、可信且持续更新的百科知识库，如图 6-3 所示。从 2006 年 3 月立项至今，知网工具书库的用户已遍布全球，日均检索量达 100 万次。目前，该库已成为全球华人释疑解惑的重要工具，也是海外学者研究中国问题、了解中华文化的快捷通道。

图 6-3　知网工具书库检索界面

知网工具书库集成了 200 家知名出版社的包括语文词典、双语词典、专科辞典、百科全书、图录、表谱、传记、语录、手册等各种类型的 12 950 部工具书。全库收录条目约 2000余万个，图片 100 万张，内容涵盖哲学、文学艺术、社会科学、文化教育、自然科学、工程技术、医学等各个领域。

知网工具书库提供普通检索和高级检索两种方式。普通检索可以按照词目、全文、关键词、栏目、书目、图片、表格等字段检索，提供"精确"和"模糊"两种匹配方式。高级检索可以实现多个字段的逻辑组配检索，也可用出版时间范围进行限定，提高命中率。

除了已经实现库内知识条目之间的关联外，《知网工具书库》在每一个条目后面还链接了相关的学术期刊文献、博士硕士学位论文、会议论文、报纸、年鉴、专利和知识元等，帮助人们了解相关领域的最新进展。

思考与练习

1. 中文参考工具书主要有哪些类型？它们属于几次文献？
2. 什么是百科全书？

3. 什么是年鉴? 常用的年鉴有哪些?

4. 利用工具书查找下列汉字，写出读音和释义。

　　蒯 蜈 虋 邕 暹

5. 利用百科全书查找下列词条，并写出词条的基本情况。

　　黄埔条约

　　历史学派

　　搜寻理论

　　凡登定律

　　大同思想

6. 利用年鉴分别查找 2012 年中国国内生产总值及三大产业的构成、2012 年中国制造业中的就业人数。

7. 用名人录查找本专业或相关专业领域某著名人物基本信息，利用机构名录查找某单位基本概况。

8. 分别利用中国工具书网络出版总库和网络百科全书查找本专业某一相关专业术语的解释，比较检索结果。

第7章 特种文献检索

特种文献一般指专利文献、会议文献、科技报告、学位论文、标准文献、政府出版物等。特种文献涉及科学技术、生产生活的各个领域，在传递科技信息方面发挥着巨大的作用，具有常规文献(如图书报刊)无法替代的价值，是非常重要的文献信息来源。特种文献中的一部分作为图书或连续出版物正式出版发表，更多的则不会正式出版，因此以前只有少数高校图书馆或专业图书馆有能力或有针对性地收藏。随着网络技术的发展，多数特种文献已经可以通过网络数据库检索获取。

7.1 标准文献检索

远古时代，人类在重复制造各种劳动工具的过程中逐渐产生的工具定型化倾向，是标准化思想的萌芽。随着社会分工的发展和生产力的提高，出现了计量器具和计量单位并逐步统一。18 世纪末，标准化进入新兴的工业领域。1793 年美国的 E.惠特尼制造了零部件可以互换的步枪。他用模板铣削和研磨不规则的几何形状，并用样板检验，保证了零部件的互换性和通用性，开创了大规模的互换性生产。F.W.泰勒在 19 世纪末推行标准操作法，把标准化应用于企业生产作业管理。20 世纪初，标准化开始进入有组织活动的历史阶段。1901年英国成立工程标准委员会。1906 年成立的国际电工委员会，是最早的国际性的标准化组织。1926 年成立国际标准化协会(ISA)，1947 年演变成为国际标准化组织 (ISO)。中国于 1957年加入国际电工委员会，1978 年加入国际标准化组织。现代标准化内容日益丰富并趋于系统化，如产品质量、环境保护、安全卫生、能源与节能、人机系统、信息技术等方面的标准化得到重视和发展。在开展国际贸易和国际技术协作中，国际标准的重要性日益引起各国重视。

7.1.1 标准概述

标准是对科学技术和经济领域中某些多次重复的事物给予公认的统一规定。标准的制订必须以科技成果和实践经验为基础，经有关各方协商一致，由主管机构批准，并以特定形式发布，作为共同遵守的准则。

标准在日常生活和生产建设中起着重要作用：① 为实行科学管理奠定基础，为保证产品质量提供依据；② 为全面节省人力、物力，合理利用资源和提高经济效益创造条件；③ 有利于合理简化产品的品种规格，加快品种的发展；④ 有利于加强相互理解，消除国际贸易的技术障碍，促进贸易发展；⑤ 具有保障人身安全，改善环境卫生，以及保护消费者利益和全社会利益的功能；⑥ 有利于促进科研新成果的迅速推广和利用，从而加速科学技术进步。

1. 标准的特点

1) 规范性

标准文献有统一的格式要求，我国目前执行《GB/T 1.1-2020 标准化工作导则 第 1 部分：标准的结构和编写规则》，而国际标准由《ISO/IEC 导则第 3 部分：国际标准的结构和起草规则》(2021 年版)规定。

2) 替代性

标准文献的内容会随着技术进步和社会发展而不断修改，经修改后的新标准将取代旧标准，而少数与社会发展要求不符且又没有修改价值的标准则会被废止。

3) 趋同性

随着全球经济一体化，国际间经济贸易和科技文化交流不断扩大，个别具有影响力的国家或地区将自己的标准制定成为国际标准，或将国际标准转化成本国标准。从而使相当数量的国家或地区标准在内容上相同或相似。

4) 法律约束力

标准是由权威机构制定的，在一范围内或一行业内的人们都必须自觉遵循。

5) 单一性

单一标准的篇幅都很小，文字也很简练，通常一个标准只解决一类问题。

2. 标准的类型

1) 按照标准化的对象和作用划分

(1) 基本标准。即标准的标准，指那些具有广泛指导意义或作为统一依据的最基本的标准。它们涉及定义、命名、符号、标志、计量单位、参数系列等方面。此类标准相对稳定、有效期较长。

(2) 产品标准。是为某一类产品的系列、外观、尺寸、性能、检验、维修乃至包装、运输、储存等方面制定的各项标准。

(3) 方法标准。是为试验、分析、检验、抽样、测定等操作方法和程序而制定的标准。

(4) 安全标准。以保护人和物的安全为目的而制定的标准。

(5) 卫生标准。为保护人的健康，对食品、医药及其他方面的卫生要求而制定的标准。

(6) 环境标准。为保护环境和有利于生态平衡对大气、水体、土壤、噪声、振动、电磁波等环境质量、污染管理、监测方法及其他事项而制定的标准。安全与环境保护标准是为保护人、物、环境的安全而制定的标准。

2) 按使用范围划分

(1) 国际标准。由国际标准组织制定，或其他国际组织制定且由国际标准化组织确认并公布的标准，如国际化标准组织(ISO)标准、国际标准化组织制定的 ISO/CD1400 环境管理标准、国际电工委员会(IEC)标准等。

食品分析国际标准由国际标准化组织(ISO)、联合国粮农组织(FAO)和世界卫生组织(WHO)、美国公职分析家协会(AOAC)等组织机构制定，分别为 ISO 标准、CAC 标准和 AOAC 分析标准。

★ 小知识：

　　国际标准书号(International Standard Book Number-ISBN)是国际上通用的图书编码系统。前身原为英国标准书号 (简称 SBN)。1972 年，国际标准化组织(ISO)以 ISO2108《国际标准书号》(简称 ISBN)颁布为一项国际标准化的编码系统。这项编码系统因便于实现计算机对出版物的管理，所以在国际上获得广泛的使用。中国加入国际 ISBN 系统后，采用 ISBN 的结构，制定《中国标准书号》，于 1988 年正式使用。2007 年之前，ISBN 由 10 位数字组成，分四个部分：组号(国家、地区、语言的代号)、出版者号、书序号和检验码。2007 年 1 月 1 日起，实行新版 ISBN。新版 ISBN 由 13 位数字组成，分为 5 段，即在原来的 10 位数字前加上 3 位图书产品代码"978"。例如：ISBN 978-7-144-00321-6 中，"978"代表图书。"7"是组号，代表国家、地区或语种，是国际书号中心分配给中国的组号。"144"为出版者号，是由地区或国家的 ISBN 中心设置和分配的。"00321"为书名号，是由出版者给予它所出版的每种出版物的编号。"6"是检验号，是国际标准书号编号的最后一位数字，可用计算机迅速检查所编书号有否错误。由于国际标准书号采用数字定长篇码，结构简单、清晰，便于计算机处理，也便于检验，编号各部分间数位具有可变性，对各个国家、地区和出版者都能合理使用，且编号对于同一种书具有唯一性，在国际图书贸易中十分方便。用 ISBN 订货，可加速从接受订单到发货、邮运、结账的整个图书发行流转过程，提高现代化管理水平，因而受到各国出版者的重视和欢迎。

　　(2) 区域标准。也称为地区标准，是世界某一地区标准化机构批准的标准。它在这一区域内具有法律约束力，如欧洲标准化委员会标准(CEN)、泛美标准委员会标准(COPANT)等。

　　(3) 国家标准。由国家标准化主管机关批准、发布，在全国范围内统一执行，如我国国家标准(GB)、美国国家标准(ANSI)等。国家标准主要包括：有关互换、配合和通用技术语言方面的重要基础标准；有关人民健康和环境保护的标准；基本的原料和材料标准；有关广大人民生活和量大面广、跨部门生产的重要工农业产品标准；通用的零部件、元器件、构件、配件和工具、量具的标准；通用的检验、试验方法标准等。

　　(4) 专业标准。由主管专业机构批准、发布，在一定专业范围内统一执行，如我国机械行业标准(JB)、船舶行业标准(CB)、美国石油学会标准(API)、美国材料试验协会(ASTM)标准等。专业标准包括某些不列入国家标准范围的产品标准；通用的零部件、配件标准；专业用的设备、工艺装备、工具和特殊原材料标准；典型工艺规程和作业规范；专业用的术语、符号、规则、方法等标准。

　　(5) 地方标准。由各级地方行政机构批准并适用于本行政区域内的标准。我国地方标准的代号为"DB"。

　　(6) 企业标准。由企业或其上级管理机构批准发布，只限于在企业内部使用的各种标准。企业可根据自己的特点和需要，选定所采用的国家标准和专业标准的内容和范围，也可以制订要求高于国家标准和专业标准的技术条件。我国的企业标准代号为"QB"。

3) 按成熟程度划分

(1) 法定标准。国家以法律条文的形式或国际组织之间以缔结条约的形式颁布的标准。这类标准一经颁布就必须贯彻执行，是具有法律属性的标准。

(2) 推荐标准。是指制定和发布标准的行业协会或国际组织为适应某种趋势或发展而建议优先使用的标准。我国推荐标准的代号为"/T"。

(3) 试行标准。是指那些内容不够成熟，有待于在使用的实践中进一步修订、完善的标准。暂行标准一般应规定一个试行期限，试行期内达不到的某些要求和指标，可呈报有关部门酌情放宽执行。

4) 根据标准化的对象和作用划分

(1) 基础标准。是标准的标准，一般包括术语、符号、代号、计量单位、机械制图、命名标志、结构要素等。此类标准的有效期较长。

(2) 产品标准。是对产品的质量和规格所作的统一规定，是衡量产品质量的依据。如对某类产品的形状、尺寸、质量、性能、检验、维修乃至包装、运输、储存等方面制定的各项标准。

(3) 方法标准。是为试验、分析、检验、抽样、测定等操作方法和程序而制定的标准。

(4) 安全标准。以保护人和物的安全为目的而制定的标准。

(5) 卫生标准。为保护人的健康，对食品、医药及其他方面的卫生要求而制定的标准。

(6) 环境标准。为保护环境和有利于生态平衡对大气、水体、土壤、噪声、振动、电磁波等环境质量、污染管理、监测方法及其他事项而制定的标准。

7.1.2　标准文献

标准文献(standard literature)是指与标准化活动有关的一切文献。所谓标准化，是指"在经济、技术、科学管理等社会实践中，对重复性事物和概念，通过制定、发布和实施标准，达到统一，以获得最佳秩序和社会效益"。这种按照规定程序编制并通过一个权威机构批准的技术文件，包括一整套在特定活动领域内必须严格执行的规格、规划和要求的技术文件就是标准文献。标准文献除了以标准命名外，还常以规范、规程、建议、技术要求等名称出现。国外标准文献常以 Standard(标准)，Specification(规格、规范)，Rules(规程)，Instruction(规则)，Practice(工艺)，Bulletin(公报)等命名。一个国家的标准文献往往反映这个国家的经济技术政策、生产加工工艺的标准水平以及自然条件等情况，是了解这个国家工业发展情况的十分重要的科技信息来源。

1. 标准文献的分类

标准文献的分类，比较常用的是《国际标准分类法》(International Classification for Standards，ICS)和自编标准专用分类法。国际标准分类法(ICS)是由国际标准化组织编制的标准文献分类法。它主要用于国际标准、区域标准和国家标准以及相关标准化文献的分类、编目、订购与建库，从而促进国际标准、区域标准、国家标准以及其他标准化文献在世界范围的传播。ISO 规定，各成员国应在其国际标准封面上加印 ICS 分类号。这不仅便于统一分类和检索，也有利于国际交流。

我国的各级标准和有关标准文献的分类，按 2019 年修订的《中国标准文献分类法》(CCS)

进行。该法的类目设置以专业划分为主，适当结合科学分类。序列采取从总到分，从一般到具体的逻辑系统。类目结构采用二级分类，一级主类的设置主要以专业划分为主，由24个大类组成，用单个英文字母标记；二级类目设置采取非严格等级制的列类方法，用双数字标记。其大类序列如表7-1所示。

表7-1　《中国标准文献分类法》一级类目表

A	综合	J	机械	S	铁路
B	农业、林业	K	电工	T	车辆
C	医药、卫生、劳动保护	L	电子元器件与信息技术	U	船舶
D	矿业	M	通信、广播	V	航空、航天
E	石油	N	仪器、仪表	W	纺织
F	能源、核技术	P	工程建设	X	食品
G	化工	Q	建材	Y	轻工、文化与生活用品
H	冶金	R	公路、水路运输	Z	环境保护

2. 标准文献的编号

1) 国际标准文献的编号

国际上常见的标准代号有：ISO(国际标准)、EN(欧洲标准)、CENELEC(欧洲电子技术标准)、IEC(国际电工标准)等。同时，一些发达国家的标准在国际社会也很有影响力。每个国家的标准都有自己的代号，了解这些代号，对于查找各国标准很有用处。一些主要国家的标准代号如表7-2所示。

表7-2　一些主要国家的标准代号

国家名称	标准代号	国家名称	标准代号
美国	ANSI	俄罗斯	OCT
英国	BS	日本	JIS
法国	NF	瑞典	SIS
意大利	UNI	荷兰	NEN
德国	DIN	挪威	NS
加拿大	CSA	比利时	NBN
澳大利亚	AS	丹麦	DS
瑞士	SNV	罗马尼亚	STAS

2) 我国标准文献的编号

我国国家标准分为强制性标准和推荐性标准。《中华人民共和国标准化法》规定："保障人体健康、人身、财产安全标准以及法律、行政法规规定强制执行的标准是强制性标准，其他标准是推荐性标准"。强制性国家标准的代号为GB，推荐性国家标准的代号为GB/T，国家标准化指导性技术文件的代号为GB/Z。

国家标准的编号由国家标准代号、标准顺序号和发布年代号组成，其中顺序号表示各类标准发布的先后顺序，年代号为4位数字表示标准发布或修改的年代。

例如，《GB/T 1.1—2020 标准化工作导则　第 1 部分：标准的结构和编写规则》。其中

"GB/T"为国家标准代号,"1.1" 为发布顺序号,"2020"为发布年代号。需要说明的是,修订的标准其标准号前两项不变,只是发布年作相应改变。因而,检索时要注意是否为最新标准(现行标准)。

一件完整的标准文献一般应该包括以下各标识或陈述:① 标准级别;② 分类号,通常是《国际十进分类法》(UDC)类号和各国自编的标准文献分类法的类号;③ 标准号;④ 标准名称;⑤ 发布年月;⑥ 实施日期;⑦ 审批单位;⑧ 具体内容项目。如图 7-1 所示。

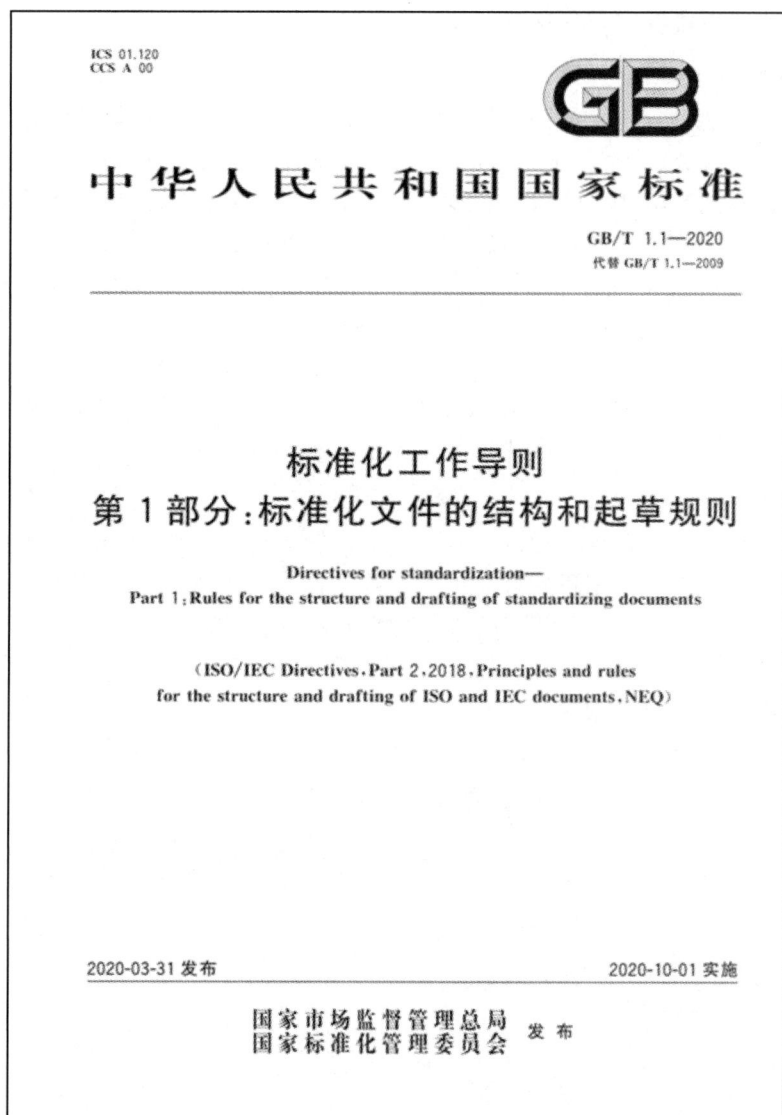

图 7-1　标准文献格式

7.1.3　标准文献的检索

1. 传统检索工具

利用传统检索工具检索标准文献时,常用的检索入门有标准文献分类号、标准名称、关键词、标准编号、发布日期等。传统的检索方式主要是利用各种标准目录获取标准号或标准名称，再进一步获取全文。常用的传统检索工具主要有以下六种。

1) 《中华人民共和国国家标准目录及信息总汇》

《中华人民共和国国家标准目录及信息总汇》(以下简称《总汇》)由中国标准化司编辑，中国标准出版社按年度出版。《总汇》以目录形式收录了截止到上一年度颁布的全部国家标准信息，同时补充载入被代替、被废止的国家标准目录及国家标准修改、更正、勘误通知等相关信息。该目录分标准号索引和分类目录两部分编排。

2) 《国家标准化年鉴》

《中国标准化年鉴》(以下简称《年鉴》)是国家标准化管理委员会组织编纂，中国质量标准出版传媒有限公司(中国标准出版社)编辑出版的大型资料性工具书。《年鉴》全面、系统、准确汇辑我国标准化工作发展、变化、成就，是各级行政部门、各级各类标准化机构执行党和国家标准化法律法规与方针政策、做好标准化工作的经验总结，是中国标准化事业发展进程的真实记录。《年鉴》重点记述：党中央、国务院对标准化工作做出的重大决策、重要指示、决定及执行情况；国家标准委制定发展规划和计划，组织国家标准制修订计划，管理和指导标准化科技工作及宣传，代表国家参加国际或区域性标准化组织活动等方面的重点工作；行业标准化、地方标准化、全国专业标准化技术委员会的重要工作；重要标准化事件、活动、成果；标准化推广与实践工作经验；等等。

3) 《中国国家标准汇编》

《中国国家标准汇编》(以下简称《汇编》)由中国标准出版社出版，是一部大型综合性国家标准全集，收集了我国正式发布的全部现行国家标准全文。自 1983 年起，《汇编》按国家标准顺序号以精装本、平装本两种装帧形式陆续分册汇编出版。《汇编》在一定程度上反映了新中国成立以来标准化事业发展的基本情况和主要成就，是各级标准化管理机构，工矿企事业单位，农林牧副渔系统，科研、设计、教学等部门必不可少的工具书。

4) 《国家标准代替、废止目录》

《国家标准代替、废止目录》提供国家标准的最新代替、废止和转化信息。被代替国家标准目录栏目包括：被代替标准编号(指最近一次被代替的标准编号)、历次修订、现行标准编号、现行标准名称(中文)。其中，"现行标准编号"栏内标明了国家标准的使用性质(GB 或 GB/T)，年代号用四位数字表示；"被代替标准编号"按顺序由小到大排列；"历次修订"栏内年代号由近及远列出。

5) 《中国标准导报》

《中国标准导报》是集政策、学术、技术、信息于一体的标准化综合刊物。它的主要任务是：宣传我国标准化工作的重大改革与最新进展，以及标准化工作的方针、政策；刊登标准化专家最新理论研究成果；标准起草人及有关专家讲解重要标准制修订情况；标准化理论研究及实施过程的探讨；涉及标准化方面的法律、法规等；发布国家标准、行业标准公告等。

6) 《世界标准信息》

《世界标准信息》是由中国标准化研究院主办的中国最具影响力的标准期刊之一。主要报道标准资料信息、国内外各种标准信息、国外标准资料、台湾标准、国外标准化期刊论文索引、国外标准化专简介、国外标准译文题录、国外采用国际标准动态、外国标准制修订动态、出版消息、标准情报等。

2. 网络检索工具

随着因特网的迅猛发展，提供标准文献检索的数据库和搜索引擎越来越多，标准化机构纷纷在网上建立 Web 站点。但目前，几乎所有的系统都不免费提供标准文献的全文检索。

1) 国际标准化组织(http://www.iso.cn)

国际标准化组织(International Organization for Standardization，ISO)正式成立于 1947 年，是世界上最主要的非政府间国际标准化机构。它的宗旨是：在世界范围内促进标准化及有关工作的开展，以利于国际物资交流和服务，并促进在知识、科学、技术和经济活动中的合作。其主要活动有：制定和出版 ISO 国际标准，并采取措施在世界范围内实施；协调世界范围内的标准化工作；组织各成员和各技术委员会进行信息交流；与其他国际组织进行合作，共同研究有关标准化问题。随着国际贸易的发展，对国际标准的要求日益提高，ISO 的作用也日趋扩大，世界各国对 ISO 也越加重视。

2) 国际电工委员会(http://www.iec.cn)

国际电工委员会(International Electrotechnical Commission，IEC)成立于 1906 年，是世界上成立最早的国际性电工标准化机构，主要负责有关电气工程和电子工程领域中的国际标准化工作。其宗旨是促进电工、电子和相关技术领域有关电工标准化等所有问题上(如标准的合格评定)的国际合作，增进相互了解。该委员会的目标是：有效满足全球市场的需求；保证在全球范围内优先并最大程度地使用其标准和合格评定计划；评定并提高其标准所涉及的产品质量和服务质量；为共同使用复杂系统创造条件；提高工业化进程的有效性；提高人类健康和安全；保护环境。

3) 国际电信联盟(http://www.itu.int)

国际电信联盟(International Telecommunication Union，ITU)是主管信息通信技术事务的联合国机构，负责分配和管理全球无线电频谱与卫星轨道资源，制定全球电信标准，向发展中国家提供电信援助，促进全球电信发展。国际电信联盟的实质性工作由国际电信联盟标准化部门(ITU)、国际电信联盟无线电通信部门和国际电信联盟电信发展部门这三大部门承担。其中电信标准化部门由原来的国际电报电话咨询委员会(CCITT)和国际无线电咨询委员会(CCIR)的标液化工作部门合并而成，主要职责是完成国际电信联盟有关电信标准化的目标，使全世界的电信标准化。

ITU 的目的和任务是：维持和发展国际合作，以改进和合理利用电信；促进技术设施的发展及其有效运用，以提高电信业务的效率；扩大技术设施的用途，并尽可能使之得到广泛应用；协调各国的活动。

4) 中国标准服务网

中国标准服务网(http://www.cssn.net.cn/)是国家级标准信息服务门户，是由中国技术监督情报研究所和国家信息中心合作开发的标准信息资源网络，是世界标准服务网在中国的网站。其标准信息主要来自国家标准化管理委员会、中国标准化研究院标准馆及科研部门、地方标准化研究院(所)和国内外相关标准化机构。网站采用会员制服务方式，非会员和免费注册会员只能查到相关的题录信息，只有注册交费后才能浏览全文。网站以“种类齐全、信息权威、更新及时、服务快捷”为服务宗旨，具有标准动态信息采集、编辑、发布，标准文献、技术法规检索和在线服务等功能。标准查询可检索中国国家标准、国际标准和发达国家的标准。其中，中文标准数据库有国家标准、行业标准和强制性国家标准；外文标准数据库有 ISO 国际标准、IEC 电工标准、ANSI 标准、BS 英国标准、DIN 德国标准、NF 法国标准、JIS 日本标准、ASMT 标准、ASTM 标准、IEEE 标准和 UL 标准等。除了检索服务，网站还提供标准翻译、标准查新、标准信息管理系统开发、标准时效性确认、标准大数据应用、技术性贸易措施咨询、标准知识培训等多种服务。国标准化研究院依托财政部改善科研条件专项项目，建立了欧美日韩等 10 个国家(或组织)的技术法规数据库，通过中国标准服务网开展公益服务，用户可免费下载(需注册)。网站首页如图 7-2 所示。

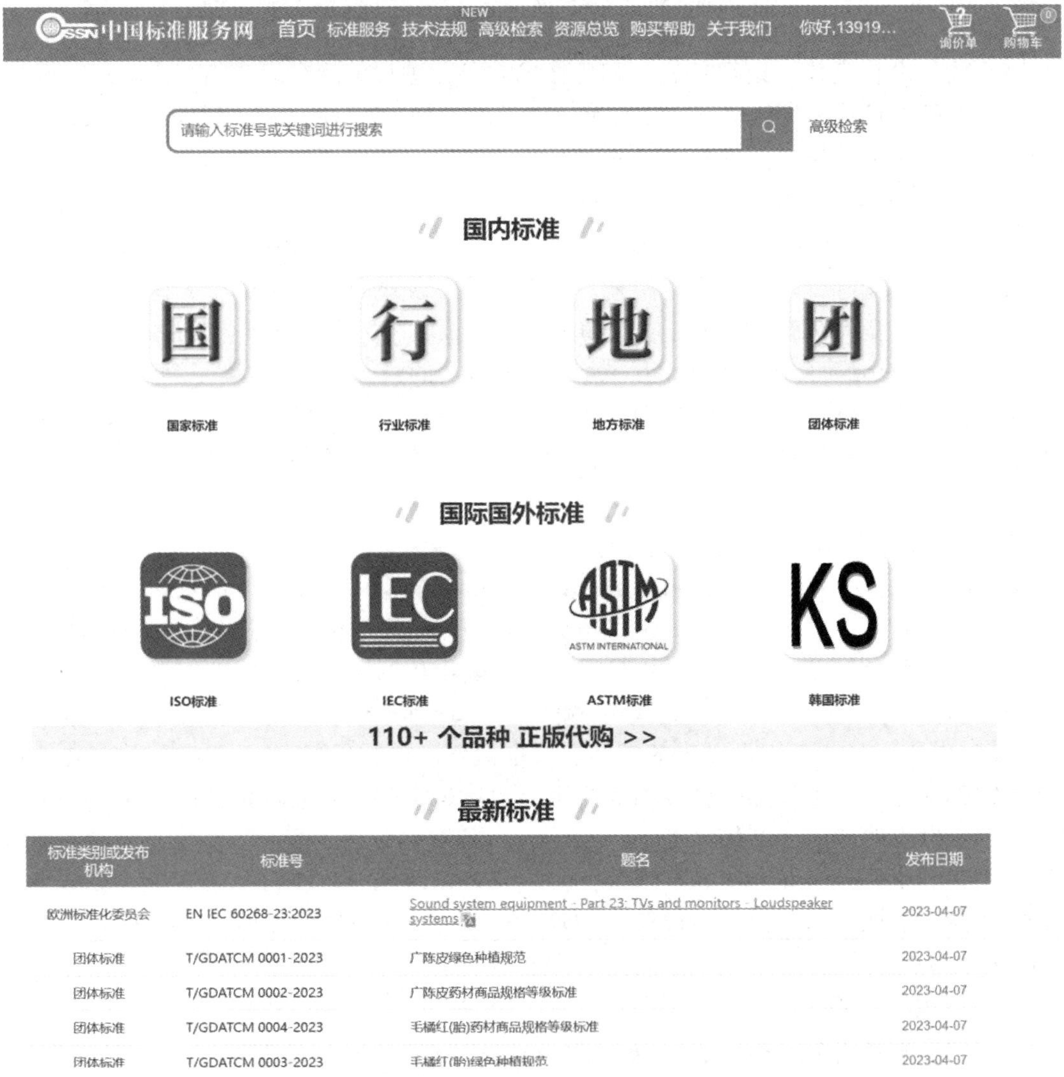
中国标准服务网
首页 标准服务 技术法规 高级检索 资源总览 购买帮助 关于我们
NEW
你好,13919...
询价单 购物车
请输入标准号或关键词进行搜索
高级检索
国内标准
国 行 地 团
国家标准 行业标准 地方标准 团体标准
国际国外标准
ISO IEC ASTM KS
ASTM INTERNATIONAL
ISO标准 IEC标准 ASTM标准 韩国标准
110+ 个品种 正版代购 >>
最新标准
标准类别或发布机构 标准号 题名 发布日期
欧洲标准化委员会 EN IEC 60268-23:2023 Sound system equipment - Part 23: TVs and monitors - Loudspeaker systems 2023-04-07
团体标准 T/GDATCM 0001-2023 广陈皮绿色种植规范 2023-04-07
团体标准 T/GDATCM 0002-2023 广陈皮药材商品规格等级标准 2023-04-07
团体标准 T/GDATCM 0004-2023 毛橘红(胎)药材商品规格等级标准 2023-04-07
团体标准 T/GDATCM 0003-2023 毛橘红(胎)绿色种植规范 2023-04-07

图 7-2 中国标准服务网首页

网站提供简单检索、高级检索等方式检索国内外标准。

(1) 简单检索。在网站首页输入框(或"技术法规"页面输入框),用户可输入标准名称、关键词或标准号,进行模糊搜索。例如搜索有关道路车辆装置方面的标准,可输入"道路车辆装置",检索结果如图 7-3 所示。检索结果分别可按照国家、标准组织、国际标准分类、中国标准分类、发布年代、标准状态、计划状态等进行筛选,同时可按照相关性、标准号、发布时间、价格等进行升降排序。

图 7-3 中国标准服务网简单检索

(2) 高级检索。可按标准号、题名、关键词、起草单位、起草人等组合检索。另外,还可以通过标准状态、国际标准分类、中国标准分类、国家/发布机构、发布年等加以限制,提高命中率。例如检索中国信息通信研究院起草的有关"宽带集群通信系统"的现行标准,可以在关键词栏输入"宽带集群通信系统",在起草单位栏输入"中国信息通信研究院",

标准状态选择"现行",结果如图 7-4 所示。

图 7-4　中国标准服务网高级检索

5) 中国国家标准化管理委员会网

中国国家标准化管理委员会(Standardization Administration of the People's Republic of China,SAC,http://www.sac.gov.cn/)是国务院授权的履行行政管理职能、统一管理全国标准化工作的主管机构。中国国家标准化管理委员会网设有"国家标准全文公开""全国标准信息公共服务平台""标准云课"等栏目,提供国家标准全文、国内外标准的查询与阅读等服务。

"国家标准全文公开"栏目可查看现行有效强制性国家标准和现行有效推荐性国家标准,提供免费在线阅读功能。例如检索我国标准化工作指南相关的标准,可在检索框输入

"标准化工作指南"，结果如图 7-5。

国家标准全文公开系统

国家标准委发布 —— 权威 及时 便捷 免费

首页　强制性国家标准　推荐性国家标准　指导性技术文件　　　　　标准检索结果　帮助　联系我们

首页 / 标准检索 / 检索结果

全部(26)　推荐性国家标准(24)　指导性技术文件(2)

筛选条件

标准状态：　现行(19)　废止(7)　　　　　　　　　　　　　　　　　　　　　多选

发布日期：　三年以上(26)

ICS 分类：　01_综合、术语学、标准化、文献(22)　　03_社会学、服务、公司（企业）的组织和管理、行政、运输(2)　　35_信息技术、办公机械(1)　　更多
　　　　　　65_农业(1)

关键字：　标准化工作指南 ✖

每页显示 10 条，共 27 条标准 1 / 3　　　　　　　　　　　　　标准号或标准名称　　　在结果中筛选

序号	标准号	是否采标	标准名称	类别	状态	发布日期	实施日期	操作
1	GB/T 35778-2017		企业标准化工作 指南	推标	现行	2017-12-29	2018-07-01	查看详细
2	GB/Z 33750-2017		物联网 标准化工作指南	推标	现行	2017-05-12	2017-12-01	查看详细
3	GB/T 20000.10-2...		标准化工作指南 第10部分：国家标准的英文译本翻译通则	推标	现行	2016-08-29	2017-03-01	查看详细
4	GB/T 20000.11-2...		标准化工作指南 第11部分：国家标准的英文译本通用表述	推标	现行	2016-08-29	2017-03-01	查看详细

图 7-5　全文公开页面

"全国标准信息公共服务平台"可以按简单检索、高级检索等方式进行标准检索。简单检索可按标准关键词，机构、专家名称及标准代号进行检索。按标准关键词检索时，可以选择国家标准计划、国家标准、行业标准、地方标准等加以限定；按标准代号检索时，可选择 ISO、IEC、DIN、AFNOR 加以限定。高级检索提供字段选择、逻辑关系组配、资源类型选择等多种控制条件，以帮助用户更加高效地获取所需资源；分类检索可按国家标准化、行业标准化、地方标准化、国际标准化、国外标准化等类别检索相关标准。全国标准信息公共服务平台检索界面如图 7-6。

6) 中国标准在线服务网

中国标准在线服务网(http://www.spc.org.cn/)是由中国标准出版社主办的国家标准网络发行服务系统。中国质量标准出版传媒有限公司(中国标准出版社)是国家市场监督管理总局直属的中央级专业出版单位，依法出版我国国家标准、部分行业标准、国家计量检定规程和计量技术规范。中国标准在线服务网主要收录中国国家标准、部分行业标准、美国国家标准、加拿大标准化协会标准、英国标准协会标准，提供标准查询、原文订阅、强制性国家标准免费阅读等服务，并提供国家标准批准发布公告、行业标准备案公告、国家标准废止、国家标准与行业标准转换信息等内容。网站提供简单检索、分类查询、高级检索等

方式，如图 7-7 所示。

图 7-6　全国标准信息公共服务平台页面

图 7-7　中国标准在线服务网首页

7) 万方中外标准数据库

万方中外标准数据库(http://c.wanfangdata.com.cn/Standard.aspx)综合了由国家技术监督局、建设部情报所、建材研究院等单位提供的相关行业的各类标准题录信息，包括中国标准、国际标准以及各国标准数据库。除了 NSTL 收录的标准数据库外，还有欧洲标准(EN)，国内行业标准(HB)和国外行业标准[如美国计算机协会(ASME)、美国实验材料协会(ASTM)、美国电气与电子工程师协会(IEEE)、美国保险商实验所(UL)等制定的标准]，共计200 多万多条记录。其中中国标准的收录范围是从 1964 年以来发布的全部标准，并包括中国台湾地区标准。数据库每月更新，保证了资源的实用性和实效性。数据库主页如图 7-8 所示。

图 7-8　万方中外标准数据库主页

例如，在万方中外标准数据库中检索"永磁式直流电机"方面的标准文献，可以通过高级检索方式。可选择 "题名或关键词"字段，分别输入"永磁式"和"直流电机"，逻辑运算符选择"与",单击"检索"按钮,即可得到检索结果,如图7-9所示。

图7-9 万方中外文标准数据库高级检索页面

8) NSTL标准文献的检索

NSTL 国家科技图书文献中心(http://www.nstl.gov.cn/)收录的标准数据库主要有中国国家标准数据库、国际标准化组织数据库(ISO)、国际电工委员会标准数据库(IEC)、英国标准学会标准数据库(BS)、德国标准化学会标准数据库(DIN)、法国标准化协会数据库(NF)、日本工业标准数据库(JIS)、美国机械工程师协会标准数据库(ASME)、美国电气电子工程师学会标准数据库(IEEE)、美国机动工程师协会标准数据库(SAE)、美国保险商实验室标准数据库(UL)等。系统设置的查询方式有一框检索、高级检索和专业检索等检索方式(如图 7-10所示)。

图 7-10　NSTL 高级检索页面

9) CNKI 国内外标准数据库

《CNKI 国内外标准数据库》包括国家标准全文、行业标准全文以及国内外标准题录数据库，共计 60 余万项。其中《国家标准全文数据库》收录了由中国标准出版社出版的，国家标准化管理委员会发布的所有国家标准；《行业标准全文数据库》收录了现行、废止、被代替、即将实施的行业标准。可以通过标准号、中文标题、英文标题、中文关键词、英文关键词、发布单位、摘要、被代替标准、采用关系等检索项进行检索。

《国内外标准题录数据库》收录了中国以及世界上先进国家、标准化组织制定与发布的标准题录数据，包括国际标准(ISO)、国际电工标准(IEC)、欧洲标准(EN)、德国标准(DIN)、英国标准(BS)、法国标准(NF)、日本工业标准(JIS)、美国标准(ANSI)、美国部分学协会标准(如 ASTM，IEEE，UL，ASME)等题录，共计 54 余万项。用户可通过标准号、中文标题、英文标题、中文关键词、英文关键词、发布单位、摘要、被代替标准、采用关系等检索项进行检索。

10) 美国国家标准学会(http://web.ansi.org/)

美国国家标准学会(American National Standards Institute，ANSI)是非营利性质的民间标准化团体。美国标准体制比较独特，除各企业、公司制订标准之外，尚有近 400 个专业机构和学会、协会团体制订和发布各自专业领域的标准，而参加标准化活动的则有 580 多个组织。美国国家标准学会起到了联邦政府和民间标准化系统之间的桥梁作用，各界标准化活动都围绕着它进行。因而美国国家标准学会实际上已成为国家标准化中心。

作为自愿性标准体系中的协调中心，ANSI 经联邦政府授权，其主要职能是：协调国内各机构、团体的标准化活动；审核批准美国国家标准；代表美国参加国际标准化活动；提供标准信息咨询服务；与政府机构进行合作。

11) 德国标准化学会(http://www.din.de)

德国标准化学会(Deutsches Institut für Normung，DIN)是德国的标准化主管机关，是作为全国性标准化机构参加国际和区域的非政府性标准化机构。DIN 于 1951 年参加国际标准化组织。由 DIN 和德国电气工程师协会(VDE)联合组成的德国电气电工委员会(DXE)代表德国参加国际电工委员会。DIN 还是欧洲标准化委员会、欧洲电工标准化委员会(CENELEC)和国际标准实践联合会(IFAN)的积极参加者。DIN 制定的标准几乎已经涉及建筑工程、采矿、冶金、化工、电工、安全技术、环境保护、卫生、消防、运输、家政等各个领域，其中 80%以上已为欧洲各国所采用。

12) 法国标准化协会(http://www.Afnor.fr)

法国标准化协会(Association Francaise de Normalisation，AFNOR)是一个公益性的民间团体，也是一个由政府承认和资助的全国性标准化机构，按政府批示组织和协调全国标准化工作，代表法国参加国际和区域性标准化机构的活动。AFNOR 的主要任务有：集中和协调全国性的标准化活动；向全国各专业标准化局传达、落实政府指令，协助他们制订标准草案，审查草案，承担标准的审批工作；协调各标准组织的活动并担任他们与政府间的联络人；代表法国参加国际标准化组织和出席会议；在没有标准化管辖的领域，组织技术委员会，进行标准草案的制订工作。

7.2 专利文献检索

专利制度是国际上通行的一种利用法律的和经济的手段确认发明人对其发明享有专有权，以保护和促进技术发明的制度。在 13 世纪，英王开始以特许令的方式奖励那些在技术上有所创新并为社会带来利益的人。最早实行专利制度的是威尼斯，它在 1474 年颁布了第一部具有近代特征的专利法。以后，专利制度在世界各国得到了广泛的应用。为了促进国际交流合作和技术贸易，各国先后签订了一些有关保护工业产权的国际公约。1883 年，在巴黎由法国等 11 个国家缔结的《保护工业产权巴黎公约》(简称《巴黎公约》)是第一个也是至今为止最重要的国际专利公约。1980 年，中国成立了专利局，1984 年颁布了《中华人民共和国专利法》，1985 年加入了《保护工业产权巴黎公约》。1985 年 9 月 10 日，我国出版第一份专利说明书和第一期专利公报。2011 年，国家知识产权局受理的发明专利申请量首次超过美国，跃居世界第一位，占到全球总量的 1/4。截至 2018 年底，我国国内(不含港澳台)发明专利拥有量共计 160.2 万件，每万人口发明专利拥有量达 11.5 件。

7.2.1 专利概述

1. 专利的概念

1) 专利包含三层含义

(1) 从法律层面上，是指专利权(Patent Right)，是法律认定的一种独占权，即在专利法规定的有效期内，专利权人对其发明创造享有独占的排他性的权利。这是专利最基本的涵义。

(2) 从技术层面上，是取得了专利权的发明创造，指受法律保护的技术，即专利技术(Patent Technology)。

(3) 从文献层面上，是记载发明创造内容的专利文献(Patent Document/Literature)，包括授予专利权的发明创造的说明书及其摘要、权利要求书、表示外观设计的图形或照片等。

从狭义上讲，"专利"即指专利权。专利权是专利的核心，是指一个国家授予创造发明人在一定时间内对该发明创造的独占实施权，包括以生产经营为目的专利产品的制造、使用和销售。专利权人在法律保护下享有一定期限的生产、使用或销售专利产品的独占权，他人未经专利权人许可，不得享受这种权利，否则就是侵权，要受到法律制裁。

专利权是一种工业产权，受法律保护。但这种保护是以专利技术的公开为前提，同时受地域性和时效性的制约。一项发明的专利权只能授予一次，一旦授予了专利权，任何单位或者个人未经专利权人许可，在规定的时间与地域内都不得实施其专利，即不得以生产经营目的制造、使用、许诺销售、销售、进口其专利产品，或者使用其专利方法以及使用、许诺销售、销售、进口依照该专利方法直接获得的产品。

在一个国家依照其本国专利法授予的专利权，仅在该国法律管辖的范围有效，对其他国家没有任何约束力。由于专利只能在批准国受到保护，为了突破其地域性，适应技术交流和国际贸易的发展，国际上自 19 世纪以来订立了一些条约，协调各国的专利法。例如，《保护工业产权巴黎公约》规定了各成员国必须共同遵守的国民待遇原则、优先权原则等基本原则。

专利权人对其发明创造拥有法律赋予的专利权，只有在法律规定的时间内有效。期限届满后，专利权人对其发明创造就不再享有专利权，此专利成为人类共同的财产，谁都可无偿使用。

2) 涉及专利的几个相关概念

(1) 申请人。指提出专利申请案的个人或团体。

(2) 专利权人。指拥有某项专利权的个人或团体。与申请人为同一主体。

(3) 发明人。指完成某项发明创造并提出技术解决方案的个人或团体。

(4) 职务发明。发明人在从事单位工作或主要利用单位的物质、技术条件完成的发明创造。此时，专利的申请人和专利权人均属于其单位，但发明人还是发明者本人。

3) 申请人就同一项发明向不同国家申请专利时涉及的几个概念

(1) 基本专利。某项发明首次在某国申请并获得批准的专利。

(2) 等同专利(相同专利)。同一专利申请案用不同文字向多国申请并获得批准的专利。

(3) 同族专利。指基本专利与等同专利之和。

(4) 非法定相同专利。第一个专利获得批准后，若就同一专利向别国提出相同专利申请，须在 12 个月之内完成，否则就成为非法定专利。

2. 专利授予的条件

各国的专利法对专利的授予条件都有明确的规定，但规定的内容却各有不同。《中华人民共和国专利法》规定发明专利和实用新型专利的授予条件有 3 个，通常我们称之为发明专利和实用新型专利的"三性"。

1) 新颖性

新颖性指在申请日或优先权日以前没有同样的发明或者实用新型在国内外出版物上公开发表过、在国内公开使用过或者以其他方式为公众所知，也没有同样的发明或者实用新型由他人向国务院专利行政部门提出过申请，并且记载在申请日以后公布的专利申请文件中。

2) 创造性

创造性是指同申请日以前已有的技术相比，该发明有突出的实质性特点和显著的进步，该实用新型有实质性特点和进步。

3) 实用性

实用性是指该发明或者实用新型能够在产业上制造或者使用，并且能够产生积极效果，为人类社会带来财富。

发明专利的保护对象都是技术领域的发明，既包括产品发明又包括方法发明，但并非所有的发明都可被授予专利。例如，① 违反公共秩序和道德的发明，一般都不授予专利；② 科学发现和自然科学基础原理，因不能在工农业生产上直接应用，不授予专利。许多国家都依专门法律给予其奖励；③ 某些物质发明，如以化学方法获得的物质，以原子核变换的方法获得的物质以及食品、饮料等，大多数国家不给专利，但少数工业发达国家则授予专利。其制造方法一般也可以取得专利；④ 动植物新品种，许多国家不给专利，少数国家规定授予专利；⑤ 诊断医疗方法和药品，也是少数国家授予专利；⑥ 计算机程序(软件)，极少数国家授予专利。

3. 专利的类型

各国专利法对专利的规定各有不同。我国专利法规定，中华人民共和国专利类型包括发明专利、实用新型专利、外观设计专利三种。

1) 发明专利

发明专利是指对产品、方法或其改进所提出的新的技术方案。发明专利保护期为 20 年。

2) 实用新型专利

实用新型专利是指对产品的形状、构造或其结合所提出的适于实用的新技术方案。实用新型专利保护期为 10 年。

3) 外观设计专利

外观设计专利是指对产品的形状、图案或其结合以及色彩与形状、图案的结合所作出的富有美感并适于工业上应用的新设计。2020 年修订的专利法于 2021 年 6 月 1 日起施行，规定外观设计保护期限由 10 年改为 15 年。

7.2.2 专利文献

1. 专利文献的概念

专利文献是各国专利局以及国际性专利组织在审批专利过程中产生的官方文件及其出版物的总称。专利文献是专利制度的产物，又是专利制度的重要基础，在专利审查和国际交流中发挥着重要作用。专利文献有多种形式，包括专利申请书、专利说明书、专利公报、专利法律文件、专利检索工具等类型。

专利说明书是专利文献的主体，它是个人或企业为了获得某项发明的专利权，在申请专利时必须向专利局呈交的有关该发明的详细技术说明，一般由 3 部分组成：① 著录项目。包括专利号、专利申请号、申请日期、公布日期、专利分类号、发明题目、专利摘要或专利权范围、法律上有关联的文件、专利申请人、专利发明人、专利权所有者等。专利说明书的著录项目较多并且整齐划一，每个著录事项前还须标有国际通用的数据识别代号(INID)。② 发明说明书。是申请人对发明技术背景、发明内容以及发明实施方式的说明，通常还附有插图。旨在让同一技术领域的技术人员能依据说明重现该发明。③ 专利权项(简称权项，又称权利要求书)，是专利申请人要求专利局对其发明给予法律保护的项目。当专利批准后，权项具有直接的法律作用。

专利公报是专利局定期(每周、每月或每季)公布新收到或批准的专利的刊物，一般有发明内容摘要。

专利法律文件包括专利法、专利局公布的公告及有关文件。

专利检索工具指专门用于检索专利文献的各种检索工具书，如专利公报、专利索引、专利文摘、专利题录、数据库等。

2. 专利文献的特点

1) 内容丰富、新颖、全面、详细

专利文献中所记载的技术信息量，无论高科技的航空、航天领域，还是日常生活中的小用品均应有尽有；专利文献反映当代最新的先进技术，体现了专利法规中规定的"三性"的要求；专利文献所揭示的技术内容系统、完整、具体，以所属技术领域的普通技术人员都能够实现为准，使用起来相当方便。

2) 技术、经济、法律情报的共同载体

专利文献寓技术、法律和经济情报于一体，从中可了解发明技术的实质、专利权的范围和时限，还能根据专利申请活动的情况，觉察正在开拓的新技术市场以及它对经济发展的影响。

3) 著录项目和分类规范

各国专利说明书基本上都是按照国际统一的格式印刷出版，著录项目都有统一的识别代码，国家名称也有统一的代号。这使得即便不懂原文也能识别该说明书的一些特征，给查找专利文献提供了方便。专利申请文件的撰写格式、各部分的内容，均有统一的严格的规定。

4) 出版迅速、传递信息快

各国专利法均规定申请专利的发明必须具有新颖性，特别是由于大多数国家采用了先申请原则，即分别就同样发明内容申请专利的，专利权将授予最先申请者。这就促使发明者在完成发明构思后迅速申请专利。很多国家采用早期公开制，发明说明书自申请专利之日起满 18 个月即公布于众。专利局还可以根据申请人的请求，提早公布专利申请。实用新型和外观设计经初审后即行公告，时间更短。

5) 重复率较高

造成专利文献重复率较高的原因之一是发明人或者申请人为扩大法律保护的地域范围，将同一内容的发明创造向一个以上的国家申请专利。另外，专利局对同一内容的专利申请在整个审批过程中公布公告多次，重新出版说明书也是造成专利文献重复率较高的一个原因。

6) 技术单一

专利文献根据一个发明一项专利的原则，一项专利只能说明一项技术。

7) 具有一定局限性

专利文献中查不到专利法规中不授予专利权的那一部分内容。

3. 专利文献的分类

国际专利分类法(International Patent Classification，IPC)是国际通用的专利文献分类和检索工具。国际专利分类法准备工作最早始于 20 世纪 50 年代初。1954 年 12 月，欧洲理事会 16 个成员国在巴黎签订了《关于发明专利国际分类法欧洲协定》。根据此协定，1968 年诞生了第一版国际专利分类表。为了适应技术的新发展，国际专利分类法定期修订，根据分类使用过程中出现的具体问题来增补和删除相关的内容。当今，国际专利分类法在世界上普遍采用，只有英美等少数国家仍在采用自己的专利分类表，但在说明书及相应的检索工具的著录中都附有国际专利分类号。中国自 1985 年 4 月 1 日起在出版的专利文献上标注 IPC 分类号。IPC 采用功能(发明的基本作用)和应用(发明的用途)相结合，分类原则以功能为主，利用等级形式将所有技术内容按部、大类、小类、主组、分组逐级分类。

1) 部

IPC 将全部科学技术领域分为 8 个部，分别用大写英文字母 A~H 表示，其名称及分类含义见表 7-3。

表 7-3　国际专利分类法 8 个部

A 部	人类生活必需
B 部	作业、运输
C 部	化学、冶金
D 部	纺织、造纸
E 部	固定建筑物
F 部	机械工程、照明、加热、武器、爆破
G 部	物理
H 部	电学

部下面还有分部，分部只有类目，不设类号，是"部"下的一个简单标题划分。分部只起到方便用户检索的作用，不作为分类中的一个等级，也没有任何分类标记。例如，"A 部：人类生活必需"，又可分为"农业；食品、烟草；个人和家庭用品；保健与娱乐"四个分部。在 IPC 的 8 个部中，除 H 部电学之下未设分部外，其他部下均设有不同的分部。

2) 大类

大类部又设有若干个大类，共有 100 多个大类。大类是第二级类目，是对部的进一步细分。大类类号用一个二位数进行标记，其完整的表示形式为：部号+类号。如 B64，代表"飞行器、航空、宇宙飞船"。

3) 小类

小类是 IPC 的第三级类目，是对大类的进一步细分，每一个大类包括一个或多个小类。IPC 的设置原则是通过各小类的类名，并结合小类的有关参见或附注尽可能精确地定义该小类所包括的技术主题范围。小类的类号用一个大写字母进行标记，其完整的表示形式为：

部号+大类号+小类号，如 B64C，代表"飞机，直升飞机"。

4) 主组

主组是 IPC 的第四级类目，是对小类的进一步细分。主组的类号由小类的类号加 1～3 位的阿拉伯数字及"/00"组成，其完整的表示形式为：部号+大类号+小类号+主组类号。如 B64C25/00，代表"起落装置"。

5) 分组

分组是在主组的基础上进一步划分出来的类目，其类号的标记是将主组类号中"/00"的 00 改为相应的数字。小组之内还可以继续划分出更低的等级，并用在小组文字标题前加注圆点的方法来表示小组之内的等级划分，标题前的圆点的数目越多其类目等级越低，每一个小组是它上位(离它最近的又比它少一个圆点的那个小组)的细分类。

也就是说，一个完整的 IPC 号是由部、大类、小类、主组、分组等几个等级的类号组成的。

例如：

部	B	作业；运输
大类	B64	飞行器；航空；宇宙航行
小类	B64C	飞机；直升飞机
大组	B64C25/00	起落装置
一级小组	B64C25/02	·起落架
二级小组	B64C25/08	··非固定的，如可投弃的
三级小组	B64C25/10	···可收放的，可折叠的，或类似的
四级小组	B64C25/18	····操纵机构

为了方便查找 IPC 分类号，每一版的国际专利分类表都配有一本单独出版的《IPC 关键词索引》(Official Catchword Index to the International Patent Classification)；索引按关键词顺序排列，每个关键词后标有 IPC 分类号。当检索者不熟悉所查技术领域的分类情况时，可以借助《IPC 关键词索引》并结合 IPC 分类表，确定分类范围和准确的国际专利分类号。

4. 中国专利说明书

1) 中国专利说明书的编号

中国专利说明书的编号体系包括：

(1) 申请号。在提交专利申请时给出的编号。

(2) 专利号。在授予专利权时给出的编号。

(3) 公开号。对申请发明专利的说明书公开时的编号。

(4) 审定号。对发明专利申请审定说明书的编号。

(5) 公告号。对申请实用新型专利、外观设计专利的说明书公告时的编号。

(6) 授权公告号。对授权发明专利、实用新型专利、外观设计专利说明书的编号。

2) 中国专利说明书的类型

(1) 发明专利申请公开说明书。一般在申请日起 18 个月后，由国家知识产权局指定的知识产权出版社出版发行单行本。内容包括摘要、权利要求书、说明书和附图。

(2) 发明专利说明书。是在专利局对该发明进行实质性(新颖性、创造性和实用性)审查后，在授予专利权的同时出版的说明书。该说明书内容包括经审定后的摘要、权利要求书、说明书和附图。由于发明专利申请自申请日起 3 年内，申请人可随时提出实质性审查的请求，专利局认为必要的时候也可对发明专利进行实质性审查。再加上审查周期一般要一到数年，故该说明书一般在申请日起 36 个月后才能出版发行单行本(由知识产权出版社出版)。

(3) 实用新型专利说明书。是在专利局对该发明进行初步审查后，在授予实用新型专利权的同时出版的说明书。该说明书内容包括摘要、权利要求书、说明书和附图。该说明书一般在申请日起 12 个月左右出版发行单行本，由知识产权出版社出版。

(4) 外观设计专利说明书。是在专利局对该外观设计进行初步审查后，在授予外观设计专利权的同时出版的说明书。外观设计专利说明书没有详细的文字说明，其内容包括外观设计专利的所有图或照片以及著录项目。该说明书一般在申请日起 12 个月左右出版发行周刊本。

7.2.3　专利文献的检索

1. 传统专利文献检索工具

1)　《中国专利公报》

中国专利公报主要公布和公告与专利申请、审查、授权有关的事项和决定。中国专利公报是检索近期中国专利的重要工具。中国专利公报分为《发明专利公报》《实用新型专利公报》和《外观设计专利公报》3 种。

2)　《中国专利索引》

《中国专利索引》是检索专利文献的一种十分有效的工具书。1997 年以前出版了《分类年度索引》和《申请人、专利权人年度索引》两种，1997 年增加了《申请号、专利号索引》。

3)　《中国专利分类文摘》

该文摘是原中国专利局文献馆在专利公报基础上加工编辑的一套检索工具。1985 年开始出版《中国发明专利分类文摘》，1987 年增加出版《中国实用新型专利分类文摘》，报道年度公开、公告的全部发明和实用新型专利说明书摘要。

4)　《中国专利索引申请号/公开(告)号对照表》

该表按申请(专利)号顺序编排，供人们从申请(专利)号查找公开号、审定号、公告号，再利用这些号来索取专利说明书。

5)　《美国专利公报》

《美国专利公报》为权利要求型公报，1872 年创刊，由专利局报告改为现名，周刊，每月出版的各期合为一卷，全年十二卷。《专利公报》包括三大部分：第一部分，报道有关专利事务的各种通知、法规的变化、分类的改变、对公众开放的收藏美国专利的图书资料馆名单等。第二部分，报道各类授权专利的著录项目、主权利要求、附图。报道顺序依次为再审查证书、依法登记的发明、再版专利、植物专利、专利、设计专利。专利分为一般与机械、化学、电气等三大技术领域，各类专利均按专利号顺序排列。第三部分，各种索引，如专利权人索引、分类号索引等。

2. 专利数据库检索系统

1) 国家知识产权局网(http://www.cnipa.gov.cn/)

该网站由中华人民共和国国家知识产权局创办，2001 年 11 月正式对国内外公众提供中国专利数据库免费检索服务。网站设有中英文两种检索系统，如图 7-11 所示。

图 7-11　中国国家知识产权局网主页

网站首页有专利检索入口，提供常规检索、高级检索、导航检索等检索方式。常规检索适用于发明专利、实用新型专利和外观设计专利，可按检索要素、申请号、公开号、申请人、发明人、发明名称等字段检索，同时也可选择地区和专利类型检索。"检索要素"是按关键词检索，用户输入关键词后，在标题、摘要、权利要求等字段中同时检索。系统默认为"自动识别检索"，输入关键词、申请号、公开号、申请人、发明人、发明名称等，可自动识别检索。系统支持逻辑运算符(and、or)检索，默认二目逻辑运算符是 and，如输入"智能 手机"，系统按照"智能 and 手机"进行检索。如图 7-12 所示。

高级检索可实现申请号、公开号、申请人、发明人、发明名称等多个字段的组合检索，如检索"2018 年以来公告的油烟机相关专利"，可在"公开日"检索字段选择"公开(公告)日>=2018-01-01"，在"发明名称"字段输入"油烟机"，结果如图 7-13 所示。高级检索结果页面可按专利类型、有效专利进行筛选，同时还可利用申请日、公开日、授权日期进行限定或重置。页面设置了"检索结果统计"功能，可按申请人、发明人、代理机构、代理人、申请年、公开年等字段进行统计。显示结果可按图文、列表、多图的方式显示，具有详览、批量收藏、分析、下载等功能。

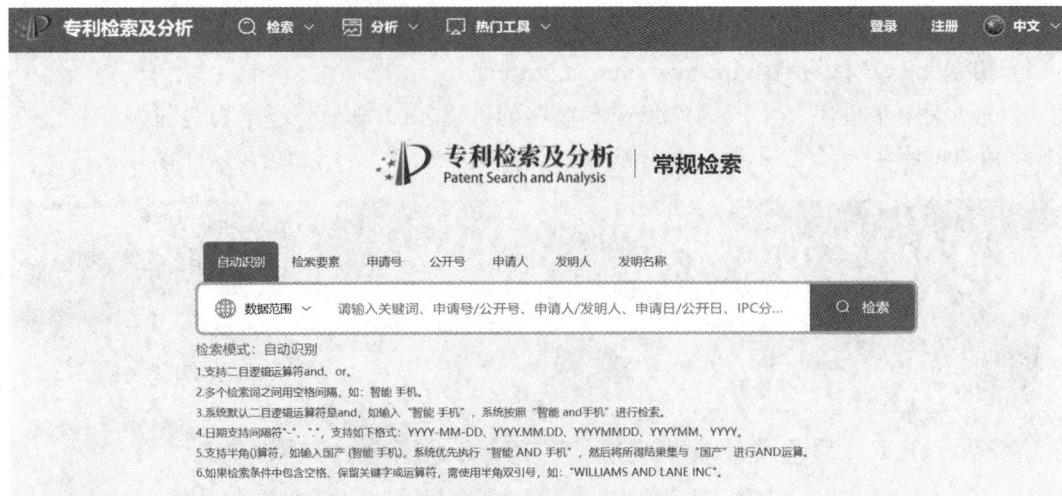

图 7-12　常规检索页面

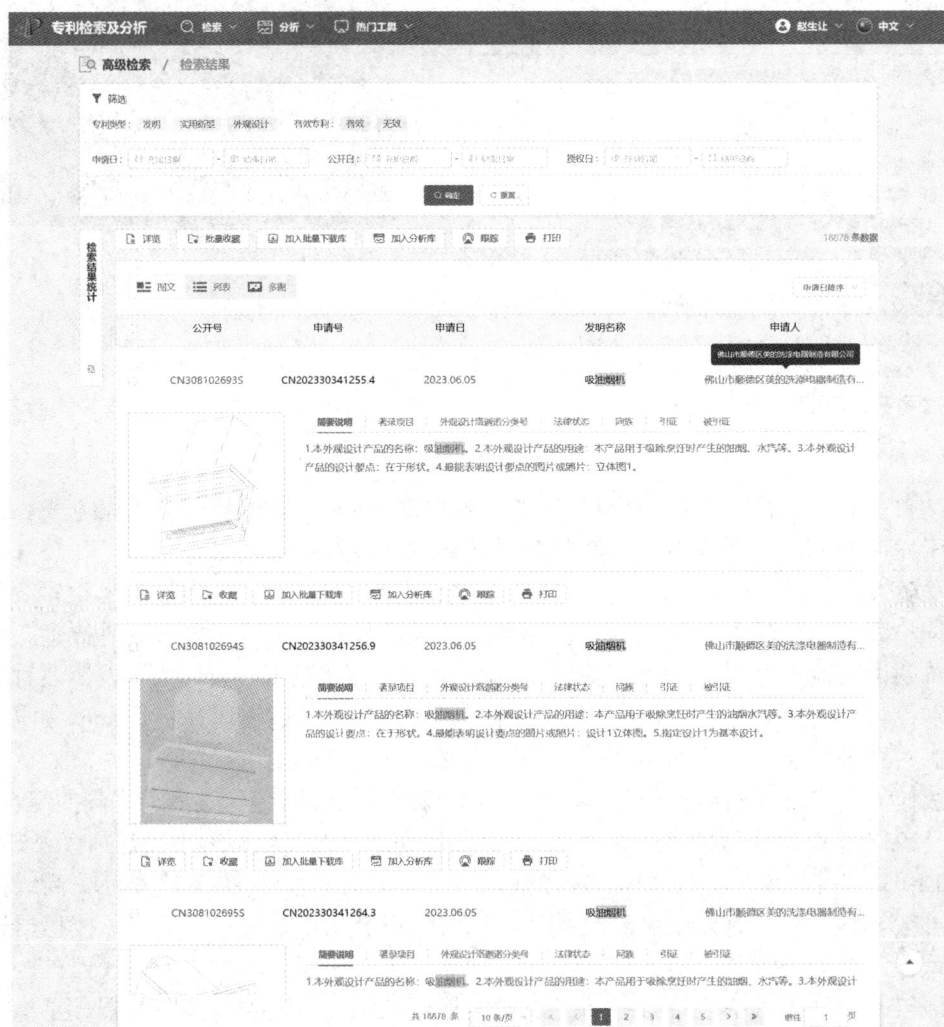

图 7-13　高级检索结果页面

在专利检索页面提供了"导航检索"链接，点击即可进入导航检索页面。导航检索页面可按照"IPC 导航""CPC 导航""国民经济分类导航"进行检索。在检索框可输入分类号检索含义，也可输入关键词检索分类号。例如，在"IPC 导航"方式下，选择"关键词检索分类号"，输入"飞机"，"飞机"相关的类号都显示出来，检索结果如图 7-14 所示。点击检索结果的类名可看到详细分类情况，点击"中国专利""世界专利"可查看该类号下的"中国专利"或"世界专利"。

图 7-14　IPC 分类检索及结果页面

2) 中国专利信息网(http://www.patent.com.cn/)

中国专利信息网前身是中国专利局专利检索咨询中心，成立于 1993 年，2001 年 5 月更名为国家知识产权局专利检索咨询中心(以下简称"检索中心")。检索中心是国家知识产权局直属事业单位，是面向社会公众提供专利信息检索、分析及咨询、文献翻译服务的专业机构，是国家知识产权局和世界知识产权组织认定的技术与创新支持中心。检索中心的主要任务有：各类专利事务办理；公开、公告后的各种法律状态查询等服务；为社会各界提供有关专利及科技信息的检索服务；为广大专利申请人、专利权人及社会公众提供优质的咨询服务，包括无偿提供有关专利法律、法规咨询；提供专利和非专利等科技情报信息分析、专利侵权预警、知识产权法律咨询、知识产权管理和战略咨询等服务。中国专利信息网首页如图 7-15 所示。

图 7-15 中国专利信息网首页

3) 中国知识产权网(http://www.cnipr.com)

中国知识产权网是由中国知识产权出版社创建维护的知识产权信息与服务网站，内容涵盖视频访谈、行业资讯、产品服务等。网站以大数据资源为基础，以多平台产品为支撑，提供一站式检索、用户分类导引、专业视角解读、高端视频访谈、经典课程学习、海量资源分享等多种服务。网站配套"两微一端"的全媒体融合平台。两微指"CNIPR"微信公众号和"中国知识产权网"官方微博。一端指"智慧 IP"App，为公众提供免费检索专利、查阅行业资讯等。

4) 中外专利数据库(http://www.wanfangdata.com.cn)

《中外专利数据库》涵盖 1.5 亿余条国内外专利数据。其中，中国专利收录始于 1985 年，共收录 4000 万余条专利全文。数据与国家知识产权局保持同步，准确地反映中国最新的专利申请和授权状况，每月新增 30 万余条。国外专利 1.1 亿余条，收录范围涉及中国、美国、日本、英国、德国、法国、瑞士、俄罗斯、韩国、加拿大、澳大利亚、世界知识产权组织、欧洲专利局等国家、组织及地区数据，每年新增 300 万余条。中国专利每两周更新一次，国外专利每季度更新一次。

5) 中国知网中国专利数据库(http://epub.cnki.net/kns/)

中国知网中国专利数据库包含《中国专利全文数据库(知网版)》和《海外专利摘要数据库(知网版)》，提供自 1985 年以来中国专利和从 1970 年至今的国外专利的网上查询。数据库可按申请号、申请日、公开号、公开日、专利名称、摘要、分类号、申请人、发明人、优先权等检索项进行检索，国内专利可一次性下载专利说明书全文，国外专利说明书全文链接到欧洲专利局网站。中国专利按照专利种类分为发明专利、外观设计和实用新型三个类型，其中发明专利和实用新型采用国际专利分类法(IPC 分类)和 CNKI 168 学科分类，外观设计采用国际外观设计分类和 CNKI 168 学科分类。与通常的专利数据库相比，《中国专利全文数据库》(知网版)和《海外专利摘要数据库(知网版)》每条专利的知网节集成了与该专利相关的最新文献、科技成果、标准等信息，可以完整地展现该专利产生的背景、最新发展动态、相关领域的发展趋势。目前，《中国专利全文数据库》共计收录专利 4760 余万项，每年新增约 250 万项。《海外专利数据库》共计收录专利 1 亿余项，每年新增约 200 万项。

6) 美国专利商标局数据库(http://www.uspto.gov)

美国专利商标局(United States Patent and Trademark Office，简称 PTO 或 USPTO)成立于 1802 年，是掌握美国全国专利及商标申请以及核准手续的重要机关。美国专利商标局的主要职责是：为相关发明提供专利保护；商品商标注册；知识产权证明。为方便用户检索美国专利文献，PTO 于 1999 年起提供免费专利检索服务。检索的数据库包括专利授权数据库和专利申请数据库。数据库中的全部专利均提供 TIF 格式的说明书全文扫描图像。该库因数据容量大、搜索性能优异、开放性好深受用户的欢迎。

7) 德温特专利数据库(Derwent Innovations Index，DII)

美国科学情报所(ISI)推出的基于因特网环境的数据库产品。该数据库将德温特世界专利索引(Derwent World Patents Index，WPI)与专利引文索引(Patents Citation Index，PCI)加以整合，是世界上国际专利信息收录最全面的数据库之一。数据库收录起始于 1963 年，到目前为止，共收录 1000 万个基本发明、2000 万项专利，可以总揽全球化学、工程及电子方面的专利概况。每周有 40 多个国家、地区和专利组织发布的 25 000 条专利文献和来自 6 个重要专利版权组织的 45 000 条专利引用信息收录到数据库中。除在 Dialog 数据库中可以联机检索外，目前在美国科技信息所(ISI)的 Web of Knowledge 系统(WOK)中也能检索到。

DII 的主要特点如下：以专利权人、专利发明人、主题词为简单的检索入口，快速获取基本信息，提升专利检索效率；独有的手工代码和分类代码帮助用户更加准确、高效地进行专利检索；用英文进行人工改写后的专利标题和摘要，突出了每项发明的新颖性、用途、优点和权利要求，帮助用户迅速了解专利的重点内容，从而克服语言障碍，了解全球的专利信息；将来自多个专利授权机构的专利整合到一个专利家族，轻松全面地揭示每项发明；通过专利同族的归并，减少专利的重复阅读；通过专利间引用与被引用这条线索帮助用户迅速跟踪技术的最新进展，监控发明的影响力等；利用 Derwent Chemistry Resource 开展化学结构的检索；利用其与 Web of Science 的连接，深入理解基础研究与应用技术的互动与发展，进一步推动研究向应用的转化。

8) 欧洲专利局(http://ep.espacenet.com)

1973 年 10 月 5 日，16 个欧洲国家在慕尼黑签订了旨在加强欧洲国家间发明保护合作的《欧洲专利公约》(EPC)，并根据该公约成立了欧洲专利公约组织。EPC 允许根据申请人的要求将欧洲专利的保护扩展到所有缔约方。1977 年，根据 EPC 建立了欧洲专利局(EPO)这一政府间机构。

欧洲专利局现有 38 个成员国，工作地点分布在德国的慕尼黑、荷兰的海牙、奥地利的维也纳以及德国的柏林四个城市。欧洲专利局采用英、法、德三种语言，对申请人有较大的选择使用语言的自由，减少了申请费用。欧洲专利局采用检索与审查分开进行的程序，既有利于申请人对专利申请及时处理，也有利于国际专利合作条约的协调。欧专局在加强局内管理、审查、检索等业务工作的同时，还与各国政府与非政府专利工作机构保持良好而广泛的合作关系。与中国国家知识产权局在专利领域的合作关系也在不断发展、加强。欧洲专利局是世界上实力最强、最现代化的专利局之一，拥有世界上最完整的专利文献资源，先进的专利信息检索系统和丰富的专利审查、申诉及法律研究方面的经验，在文献收集、检索及审查员培训方面对中国知识产权局提供过很多帮助。另外，在文献及信息产品方面两局也有广泛的交流。

9) 日本专利局(http://www.jpo.go.jp)

日本专利局(JPO)的前身是 1885 年设立的"专卖特许所"，现为隶属于经济产业省的政府机构。JPO 的主要职责有：工业产权申请受理、审查、授权或注册；工业产权方针政策拟订；工业产权制度的修订；工业产权领域国际合作；为促进日本产业发展，对工业产权信息的完善。

日本专利数据库是由日本特许厅工业产权数字图书馆(IPDL)在互联网上免费提供的日本专利全文检索系统。该系统收集了各种公报的日本专利(特许和实用新案)，有英语和日语两种工作语言。英文版收录自 1993 年至今公开的日本专利题录和摘要。日文版收录 1971年开始至今的公开特许公报，1885 年开始至今的特许发明明细书，1979 年开始至今的公表特许公报等专利文献。

7.3 科技报告检索

在科学交流制度化之前很久，科学家们就已经在交换报告。但是，科技报告作为一种传递科技情报的特定类型的文献，其历史只能追溯到 20 世纪初。当时只是研究或设计单位向提供经费的机构提交的关于研究或设计任务完成情况及财物消耗情况的报告。第二次世界大战期间，西方国家的科研活动，特别是那些与战争关系密切的领域的研究活动加强。由于保密的需要和纸张短缺，大量研究成果以内部报告的形式出现。当时美国的许多大学实验室和工业公司也与政府机构签订合同进行科学研究，并向主办机构提供科研进展报告。大战结束时，美、英等国派往德、日等国的专家组获取了大量科技资料，然后整理成科技报告。战后，科技报告数量迅速增长，据估计，1945—1950 年间科技报告的年产量在 7500～10 万件之间，至 70 年代增至每年 5 万～50 万件，到 80 年代每年约达 70 万件。目前，科技报告已成为尖端科学信息来源的一个重要渠道，其中绝大多数涉及国家支持的高新技术研究项目.世界上较著名的科技报告系列有美国政府的四大报告(PB 报告、AD 报告、NASA报告、AEC/ERDA/DOE 报告)，英国航空委员会(ARC)报告、英国原子能局(UKAEA)报告，法国原子能委员会(CEA)报告、联邦德国航空研究所(DVR)报告，日本的原子能研究所报告、东京大学原子核研究所报告、三菱技术通报，苏联的科学技术总结和中国的"科学技术研究成果报告"等。

7.3.1　科技报告概述

1. 科技报告的定义

科技报告又称研究报告或技术报告，是关于科研项目或科研活动的正式成果报告或研究过程中的实际情况记录，是科研单位、科研机构、专业学术团体或个人以书面形式向提供经费和资助的部门或组织汇报其研究设计或项目进展情况的报告。

2. 科技报告的特点

1) 迅速反映新科技、新成果

由于出版机构和发行渠道的特殊性和优越性，以科技报告形式反映科研成果比这些成果在期刊上发表，一般要早一年左右。

2) 内容新颖、专深具体

科技报告大都涉及尖端科学的最新研究成果，详细论述了技术研究的整个试验过程，而且记录着各种有参考价值的数据和图表，提供了成功的经验甚至对失败的原因也做了深入的分析和探究。

3) 种类多、数量大

科技报告几乎涉及整个科学、技术领域及社会科学、行为科学和部分人文科学。据统计，在全世界每年出版的科技报告中，最多的是美国，其次为英国、德国、法国。此外，日本等国也都有一定数量的科技报告问世。

4) 出版形式独特

科技报告独立成册，以单行本形式出版发行，每篇报告一个号码。但是，同一单位、同一系统或同一类型的科技报告，都以连续编号的形式出现。科技报告一般没有固定的出版周期。报告的篇幅长短不等，多至八九百页，少至几页。大量科技报告都与政府的研究活动、高新技术有关，使用范围控制较严。除一部分技术报告可直接订购外，多数不公开，所以一般研究人员无法获取。

3. 科技报告的类型

科技报告的类型繁多，按照不同的分类标准可将科技报告分为以下几类。

1) 按内容划分

(1) 基础理论研究。

(2) 工程技术。

2) 按形式划分

(1) 报告。报告是一种比较正式的文件。一般公开出版，内容较详尽，是科研成果的技术总结。

(2) 札记文件。札记文件是研究中的临时记录或小结。内容不大完善，是编写报告的素材，也是科技人员编写的专业技术文件。

(3) 备忘录。备忘录是内部使用，限制发行，包括原始试验报告、有效数据及一些保密文献等，供行业内部少数人沟通信息使用。

(4) 论文。论文指准备在学术会议或期刊上发表的报告，常以单篇形式发表。

(5) 译文。译文是译自国外有参考价值的文献。

(6) 通报。通报是对外公布的、内容较为成熟的摘要性文件。

3) 按研究进展程度划分

(1) 初期报告。初期报告是研究单位进行某研究项目的一个计划性报告。

(2) 进展报告。进展报告是报道某项研究或某研究机构的工作进展情况。

(3) 中间报告。中间报告是报道某项研究课题某一阶段的工作小结及对下一阶段的建议等。

(4) 最终报告。最终报告是科研工作完成后所写的报告，如总结报告、终结报告、试验结果报告、竣工报告、正式报告、公开报告等。

4) 按流通范围划分

(1) 保密报告。保密报告按内容分成绝密、机密和秘密三个级别，只供少数有关人员参阅。属于保密的科技报告大多属于军事、国防工业和尖端技术成果。

(2) 非保密报告。非保密报告分为非密限制报告和非密公开报告两类。

(3) 解密报告。解密报告是保密报告经一定期限，经审查解密后，成为的对外公开发行的文献。

7.3.2　科技报告的检索

1. 《科学技术研究成果报告》

在我国，科技报告主要是以科技成果公报或科技成果研究报告的形式进行传播交流。国家规定，凡是有科研成果的单位都要按照规定程序上报、登记，科技部根据调查情况发表科技成果公报和出版《科学技术研究成果报告》(分为内部、秘密、绝密三个级别)。我国研究成果的统一登记和报道工作从 1963 年正式开始，由科技部所属的中国科技信息研究所定期发布和出版。1971 年起统一命名为《科学技术研究成果报告》，由科学技术文献出版社出版。

《科学技术研究成果报告》收录了国内先进的、有重大应用价值和学术价值的科技成果，是检索中国科技报告的权威性检索工具。《报告》以摘要形式刊登，每期内容分为农业、林业，工业、交通与环境科学，医药、卫生，基础科学和其他共五个大类，编有"分类索引"和"完成单位索引"。在 1999 年，建成了以国家级和省部级的重大科技成果的全部数据为基础的中国重大科技成果数据库，《科学技术研究成果报告》就停止出版印刷版。

2. 国家科技成果转化项目库系统(http://www.nstad.cn)

国家科技成果转化项目库系统是由国家科学技术部组织开发建设的科技成果信息发布和服务网站，旨在向社会公众和各类机构团体提供科技成果的信息查询服务，推动科技成果信息的开放共享，促进科技成果转移转化。首页主要包括：功能菜单区、检索区、成果导航区等部分。如图 7-16 所示。检索区提供两种检索方式，一种为简单检索，根据用户输入的关键词在成果名称、关键词、成果状态、成果形式和成果持有机构等字段进行检索。另外一种为高级检索，提供不同检索条件的组合检索，可检索的字段包括成果名称、关键词、摘要、成果持有机构、应用行业、成果来源、成果形式和成果完成年份等，支持的组合方式包括条件与或非运算。成果导航区按照不同来源对成果进行导航，目前的成果来源包括国家科技计划项目成果、部门/地方科技计划项目成果、国家科技奖励成果、地方科技奖励成果四部分。成果导航另提供所属省市导航，并可进行二次检索。导航获取的成果列表在筛选条件的下方列出，点击成果名称的超链接即可进入成果的详细信息页面。社会公众用户只能浏览成果的名称、关键词和摘要等简单信息。机构用户和科技管理用户可查看成果的基本信息、成果简介、成果来源、联系方式和知识产权等方面内容。

图 7-16 国家科技成果转化项目库系统首页

例如，检索兰州大学开发的中药相关的科技成果。选择高级检索，在"成果持有机构"输入"兰州大学"，在"应用行业领域"输入"中药"，逻辑关系选择"与"，点击"搜索"即可得到相应结果。如图 7-17 所示。

图 7-17　国家科技成果转化项目库系统检索结果页面

3. 中国科技成果数据库(http://www.wanfangdata.com.cn/index.html)

收录了 1978 年以来国家和地方主要科技计划、科技奖励成果，以及企业、高等院校和科研院所等单位的科技成果信息，涵盖新技术、新产品、新工艺、新材料、新设计等众多学科领域。

该库提供简单检索、高级检索和专业检索。在高级检索界面，除了题名、关键词、摘要、完成人、完成单位等字段，用户还可通过成果水平、获奖情况、行业分类、鉴定单位、申报单位、登记部门、联系单位等途径检索。该库免费提供科技成果的名称、完成单位、完成人、鉴定日期、公布年份、关键词、学科分类号、摘要等信息。如图 7-18 所示。

图 7-18　高级检索页面

4. 中国国防科技报告

国防科技报告是在国防科研、试验、生产和作战训练中产生，并经过加工整理而成的科技论文的总称。它包括研究论文、技术性论文、实验报告等。新中国成立以来，我国国防科技事业取得了突飞猛进的发展，取得了许多研究成果，创造出许多理论、方法，总结出许多经验教训。把这些科学研究成果编辑出版，就形成了国防科技报告(简称 GF 报告)。GF 报告主要来源于武器装备的研制、生产、试验和使用的各国防工业部门、国防科研单位、国防院校、国防专业学会等机构。GF 报告技术含量非常高，涉及国防机密，其密级分为公开、内部、秘密、机密 4 个等级。

5. 国务院发展研究中心信息网(http://www.drcnet.com.cn/)

创建于 1998 年 3 月，最初为国务院发展研究中心利用互联网、信息化手段所筹建的宏观经济网络信息平台。国研网致力于与社会各界广泛深入合作，以"专业性、权威性、前瞻性、指导性和包容性"为原则，全力打造经济社会大数据服务、经济课题研究咨询和经济社会信息平台建设三大核心业务，为中国各级党政机关、研究机构和企事业单位提供研究及决策支持，为国家建设中国特色新型智库贡献力量。首页如图 7-19 所示。

图 7-19　国务院发展研究中心信息网首页

大数据服务全面系统整合经济社会发展重点、热点领域文献及数据，建设高质量的数据库(包括文献库、系列数据库、特色库等)，通过在线数据库、本地镜像、数据包等形式，向用户提供权威专业的经济社会大数据服务。文献库是内容丰富、检索便捷、功能齐全的大型经济社会信息数据库集群，包括国务院发展研究中心 1985 年以来的研究成果、国研网自主研发/编译报告、与国内知名期刊、媒体、专家合作取得的信息资源，可帮助各级党政机关、研究机构和企事业单位准确把握国内外宏观环境，经济金融运行特征、发展趋势及政策走向，从而为管理决策、理论研究、微观操作提供有价值的参考。系列数据库广泛采集国内外政府、权威机构发布的各类经济和社会发展统计数据，通过专业化加工处理，按照科学的指标统计结构体系组织而成的大型数据库集群，是国内较为全面、系统、科学、权威的统计数据库之一，也是投资、决策和学术研究的有力助手。系列数据库包括"统计数据库""国际贸易研究及决策支持系统""企业大数据平台"。特色库紧跟国家政策大势，针对用户关注的重点、热点领域，依托先进的技术、丰富的信息资源和专业的研发团队，设计和研发的精品特色数据库。特色库包括"世界经济与金融信息平台""一带一路研究与决策支持平台""经济·管理案例库""政策法规库""战略性新兴产业数据库""文旅产业融合发展信息平台""数字经济发展观察与监测平台"等。

6. 中国商业报告库(http://www.infobank.cn)

中国商业报告库是中国资讯行的子库之一，是经济专家级学者关于中国宏观经济、金融、市场、行业等方面的分析研究文献及政府部门颁布的各项年度报告全文。该库主要为用户的商业研究提供资讯，数据库每月更新。如图7-20所示。

图7-20 中国商业报告库首页

7. 美国政府报告数据库(http://bg.sunwayinfo.com.cn/)

主要收录美国四大报告及其他政府机构、社会团体、研究机构、大学的科技报告和经济方面的研究报告。DOE报告(Department of Energy)是由美国能源部所属科研机构及其合同单位所产生的科研报告，报告的内容包括物理、化学、材料、生物、环境、能源等领域。DTIC报告(Defense Technical Information Center，原AD报告)由美国国防技术信息中心收集整理和出版。报告以国防部各个合同户的研究报告为主，内容涉及与国防科技有关的各个方面，资料主要来源于美国国防部所属的陆海空三军的科研单位、公司、大专院校和外国研究机构及国际组织等。NASA报告(National Aeronautics & Space Administration)是美国国家航空和宇航局出版的报告，主要来源于美国国家宇航局所属的各研究中心、试验室、合同公司企业以及大学研究所。PB 报告(Office of Publication Board)由美国商务部出版局出版的报告。资料主要来源于美国国内各研究机构的技术报告，内容逐步侧重于工农业生产和民用工程方面。该数据库也收录了其他政府机构、社会团体、研究机构、大学的科技报告和经济方面的研究报告，例如惠普实验室技术报告(HP Labs technical Reports)、斯坦福大学的技术报告(Stanford Computer Science Technical Reports)、IBM 研究报告(IBM Research Reports)、世界银行组织的报告(Documents & Reports of the World Bank Group)、华盛顿大学经济系提供的经济学科的报告等。

7.4　其他特种文献检索

7.4.1　会议文献的检索

会议文献是指在各学科领域的学术会议上宣读的论文、产生的记录以及发言、评述、总结等材料。随着科学技术迅速发展，世界各国的学会、协会、研究机构及国际性学术组织举办的各种学术会议日益增多，会议文献也与日俱增。

会议文献可分为会前、会中和会后三种。会前文献包括征文启事、会议通知书、会议日程表、预印本和会前论文摘要等。其中预印本是在会前几个月内发至与会者或公开出售的会议资料，比会后正式出版的会议录要早，但内容完备性和准确性不及会议录。有些会议因不再出版会议录，故预印本就显得尤其重要。会议期间的会议文献有开幕词、讲话或报告、讨论记录、会议决议和闭幕词等。会后文献有会议录、汇编、论文集、报告、学术讨论会报告、会议专刊等。其中会议录是会后将论文、报告及讨论记录整理汇编而公开出版或发表的文献。

会议文献的特点是传递情报比较及时，内容新颖，专业性和针对性强，种类繁多，出版形式多样。它是科技文献的重要组成部分，能及时反映科学技术中的新发现、新成果、新成就以及学科发展趋向，是一种重要的情报源。

会议文献没有固定的出版形式，有的刊载在学会、协会的期刊上，作为专号、特辑或增刊，有些则发表在专门刊载会议录或会议论文摘要的期刊上。据统计，以期刊形式出版的会议录约占会议文献总数的 50%。一些会议文献还常常汇编成专题论文集或出版会议丛刊、丛书。还有些会议文献以科技报告的形式出版。此外，有的会议文献以录音带、录像带或缩微品等形式出版。

为更好地利用会议文献，各种会议文献检索工具应运而生，如美国出版了预告、报道和检索世界重要学术会议文献的《世界会议》(1963 年创刊)、《会议论文索引》(1973 年创刊)、科学技术会议录索引(Conference Proceedings Citation Index，CPCI，老名称为 ISTP)等。

1. 中国学术会议在线(https://www.meeting.edu.cn/zh)

"中国学术会议在线"是经教育部批准，由教育部科技发展中心主办，面向广大科技人员的科学研究与学术交流信息服务平台。网站为用户提供学术会议信息预报、会议通知、会议回顾、会议发布、会议搜索等服务。中国学术会议在线首页如图 7-21 所示。

图 7-21   中国学术会议在线首页

2.《世界会议》(World Meeting)

是由美国 Macmillan Publishing Company 出版的刊物，按季发行。它的特点是预报两年内即将召开的国际性会议。按其报道的地区与内容，《世界会议》分为四个分册：《世界会议：加拿大和美国》《世界会议：美国和加拿大以外的国家和地区》《世界会议：医学》《世界会议：社会与行为科学，教育与管理》。《世界会议》各分册的编排结构和使用方法基本相同。正文部分包括：登记号、会议名称、会址、会期、主办团体、联系人或单位、讨论内容、出席人数、论文提交的截止日期和寄送地址、预定出版的会议资料以及有无同时举办展览会等项目。索引部分包括：关键词索引、会议日期索引、会议地址索引、会议出版物索引、主办单位名称索引、提交论文截止日期索引。

3.《会议论文索引》(Confefence Index，CPI)

该索引由美国剑桥科学文摘社出版，1973 年创刊，报道全世界近期召开过的科技会议论文，内容包括生命科学、医学、工程技术、化学和自然科学等领域的会议论文题目和会议名称等，每年报道约 10 万篇。《会议论文索引》有月刊和年累积索引。月刊中有正文和索引两部分。正文部分按会议的学科分类编排，每个条目著录有会议事项和资料订购信息，并列出会议的各篇论文的题录。索引部分包括主题索引和著者索引。年累积索引中还增加会议日期索引和会议名称索引两个索引。

4. 国家科技图书文献中心中外文会议库(https://www.nstl.gov.cn/index.html)

该数据库包括中国科学院文献情报中心、中国科学技术信息研究所、机械工业信息研究院、冶金工业信息标准研究院、中国化工信息中心、中国农业科学院农业信息研究所、中国医学科学院医学信息研究所和中国标准化研究院标准馆所收藏的中外文会议录题录信息,主要收录国内及世界各主要协会、出版机构出版的学术会议论文,部分文献有少量回溯。学科范围涉及工程技术和自然科学各专业领域。NSTL 收藏的国外学协会及出版机构等出版的会议录文献总量近 20 万册。外文会议涉及学协会 15 500 家,重点学协会 208 个,涉及会议 54 021 种,其公开出版物 NSTL 基本全部收齐。

5. 中国知网《会议论文库》(https://kns.cnki.net/kns8?dbcode=CFLP)

重点收录 1999 年以来,中国科协系统及国家二级以上的学会、协会,高校、科研院所,政府机关举办的重要会议以及在国内召开的国际会议上发表的文献。

6. 科学技术会议录索引(CPCI)

科学技术会议录索引(Conference Proceedings Citation Index,CPCI,老名称为 ISTP)创办于 1978 年,由美国信息科学研究所(ISI)编辑出版。早前,美国科学情报研究所(ISI)基于 Web of Science 的检索平台,将科学技术会议录索引(ISTP)和社会科学及人文科学会议录索引(ISSHP)两大会议录索引集成为 ISI Proceedings,即现在的 CPCI。CPCI 的收录内容涉及基础科学、工程技术及应用科学等领域,是科技工作者检索国际科技会议及会议文献,了解世界各学科发展动态的权威检索工具。CPCI 年报道会议 4000 多个,论文约 17 万篇,囊括了当今世界重要会议录中的大部分文献,主要包括生命科学、物理、化学、农业、生物、环境科学、临床医学、工程技术和应用科学等各个领域。被 CPCI 收录的论文以图书、期刊、报告等形式出版,语言以英语为主,包括非英语地区的重要会议出版物。CPCI 所收录的资料大多是第 1 次印刷,报道时效性强,速度较快,一般与会议的时差是 8 周左右。

7.4.2　学位论文的检索

学位论文学术性强,内容比较专一,引用材料比较广泛,阐述较为系统,论证较为详细。学位论文多数不公开发行,只有少数在答辩通过后发表或出版。我国很多学位论文授予机构,在研究生完成论文答辩后,分别将论文送往国家图书馆、研究生所在答辩学校的图书馆、研究生管理处、院系所资料室存放。

少数国家将学位论文集中保存,统一报道与提供。中国收藏学位论文的单位为:国家图书馆(主要收藏博士论文);中国科学技术信息研究所(主要收藏自然科学学位论文);中国社会科学院图书馆(主要收藏社会科学方面的学位论文);解放军医学图书馆(主要收藏军队医学博士、硕士学位论文)。美国和加拿大学位论文由美国 ProQuest 公司收集,该公司还收集、报道、提供其他国家的学位论文。其出版的学位论文有印刷型、缩微胶卷、光碟和网络数据库。英国的学位论文统一收藏于不列颠图书馆的国家外借图书馆内,对读者不借论文原件,但提供复印服务。日本规定国立大学的学位论文统一储存于日本国家图书馆内,私立大学的学位论文则由本校图书馆收藏。

1. 《国际学位论文文摘》(Dissertation Abstracts International,DAI)

《国际学位论文文摘》是查找国外博士论文的检索工具。该刊创刊于 1938 年,刊名几度变更，1969 年 7 月第 30 卷改用现名，由美国大学缩微品国际出版公司出版。该刊分为 A 辑、B 辑、C 辑 3 个分册。A 辑是人文与社会科学；B 辑是科学与工程；C 辑是欧洲文摘。目前，《国际学位论文文摘》处于多种载体并存时期，其出版物形式除了书本型、缩微胶片、磁带、光盘外，还有网络数据库(PQDD)。《国际学位论文文摘》的原文可根据订购号等信息与 UMI 联系复制和通过国际互联网订购；或通过我国国内的收藏单位，如北京图书馆、中国科技信息研究所和社会科学信息所等单位借阅或复制。

2. CALIS 高校学位论文库(http://etd.calis.edu.cn/)

CALIS 高校学位论文数据库子项目的建设目的是：在"九五"期间建设的博硕士学位论文文摘数据库基础上，建设一个集中检索、分布式全文获取服务的 CALIS 高校博硕士学位论文文摘与全文数据库。CALIS 学位论文中心服务系统面向全国高校师生提供中外文学位论文检索和获取服务。中文学位论文通过网上直接采集电子文本的方式，逐年累积，数据持续增长中。

3. 国家科技图文中心学位论文库(https://www.nstl.gov.cn/index.html)

收录 1984 年至今我国高校、科研院所授予的硕士、博士和博士后学位论文 220 多万篇，每年增加近 30 万篇。学科涉及自然科学各专业领域，涵盖全国 1400 所高校及科研机构。外文学位论文收藏 ProQuest 公司出版的 2001 年以来的电子版优秀硕博士论文 70 多万篇，每年新增约 4 万篇。学科涉及自然科学和社会科学领域，涵盖 924 所国外高校及科研机构。国家科技图文中心学位论文库是学术研究中十分重要的信息资源。

4. 国家图书馆博士论文库 (http://read.nlc.cn/allSearch/searchList?searchType= 65&showType=1&pageNo=1)

国家图书馆(http://www.nlc.cn/)学位论文收藏中心是国务院学位委员会指定的全国唯一全面收藏和整理我国学位论文的专门机构，也是人事部专家司确定的唯一全面入藏博士后研究报告的专门机构。论文库是以国家图书馆 20 多年来收藏的博士论文为基础建设的学位论文影像数据。目前博士论文全文影像资源库以书目数据、篇名数据为内容，提供 25 万多篇博士论文的展示浏览，具有简单检索、高级检索等功能。

5. ProQuest 数字化博硕士论文文摘数据库(PQDT)

ProQuest 数字化博硕士论文文摘数据库(ProQuest Dissertations & Theses，PQDT，原名 PQDD)是美国 ProQuest 公司(原 UMI 公司)出版的博硕士论文数据库，收录有欧美 3000 余所大学和科研机构的博、硕士学位论文题录、文摘及全文，是学术研究中十分重要的信息资源。ProQuest 公司是美国国会图书馆和加拿大国家图书馆指定的收藏全美和全加拿大博硕士论文的机构。PQDT 是目前世界上最大和最广泛使用的学位论文数据库，内容涉及商业管理、社会与人文科学、科学与技术、金融与税务、医药学等领域，数据库收录年限自 1861 年开始。UMI 购买了 180 多万篇论文的缩微、印刷或电子格式的学位论文全文，这些论文全文可以通过国内各种原文传递渠道获得。此外，用户可以免费浏览 1997 年以后数字化论文的前 24 页。2002 年底，CALLS 与 ProQuest 公司合作，正式引进 ProQuest 博硕士学位论文文摘与全文数据库。CALIS 的各高校成员图书馆和研究所均可共享 ProQuest 的信息服务。

6. 《国际博硕士论文数字化图书馆》

国际博硕士论文数字化图书馆(Networked Digital Library of Theses and Dissertations，NDLTD)是美国国家自然科学基金的一个网上学位论文共建共享项目。项目利用 Open Archives Initiative(OAI)的学位论文联合目录，为用户提供免费的学位论文文摘，还有部分可获取的免费学位论文全文(根据作者的要求，NDLTD 文摘数据库链接到的部分全文分为无限制下载，有限制下载，不能下载几种方式)。目前全球有 170 多家图书馆、7 个图书馆联盟、20 多个专业研究所加入了 NDLTD，其中 20 多所成员已提供学位论文文摘数据库 7 万条，可以链接到的论文全文大约有 3 万篇。

思 考 与 练 习

1. 什么是特种文献?

2. 标准、专利、科技报告三者有何不同?

3. IPC 分类号由哪几部分组成? 分别代表什么? 请举例说明。

4. 查找"汽车工业"的相关标准。写出国际标准和国家标准各一条，要求写出标准名称、标准号、标准发布机构。

5. 查找本校师生的全部专利。写出发明专利、实用新型和外观设计各一条，要求写出专利名称、专利号和发明人。

6. 利用国家科技成果转化项目库系统查询本校科技成果。

7. 搜索并下载本专业相关硕博论文，了解硕博论文的结构。

第8章 科技论文写作

科技论文是科研人员劳动和智慧的结晶，是进行科学技术交流的主要载体，是推动科学发展、经济繁荣和社会进步的重要信息源。科技论文的水平高低，直接影响科研成果的价值和水平。随着科技的不断发展，科研工作者的能力和作风也要不断提高和加强。遵循相关的学术道德，掌握科学的研究方法，按照规定的格式和要求，准确地表达自己的观点和客观事实，对所有科研人员来说都是必需的。

8.1 科技论文概述

8.1.1 科技论文的定义

科技论文(也被称为科研论文、学术论文等，通常简称为论文)是对某个学科领域中的学术问题进行研究后，记录科学研究的过程、方法及结果，用于学术交流、讨论或出版发表，或用作其他用途的书面材料。科技论文的学科领域既可以是自然科学领域，也可以是社会科学领域。研究的学术问题既可以是与实践密切相关的应用科学，也可以是抽象思维特性突出的基础研究。因此，凡是运用概念、判断、推理、论证和反驳等逻辑思维手段来分析和阐明科学原理、规律和各种问题的论文，均属科技论文的范畴。

科技论文属议论文体，相对来说，其研究的主题比一般议论文更加鲜明、专业。它不是一般性的介绍或说明，也不是单纯地给人以知识，更不只是简单罗列材料，而是对大量的事实、材料进行分析、研究，使感性认识上升到理性认识。科技论文不能只停留在运用现成的观点和原则对客观事物作一般的论述和评价的层面上，而是要求科学地描述和揭示客观事物的本质和规律，得出具有创造性的结论。

科技论文主要用于科学技术研究及其成果的描述，是研究成果的体现。科技论文不仅是科技研究的重要环节，也是科技信息产生、存储、交流和普及的主要方式。它的运用可促进成果推广、信息交流、科学技术的发展，已越来越受到人们广泛的重视和应用。

8.1.2 科技论文的特点

科技论文是科学研究成果的文字表达形式，既具有一般议论文所具备的特点，如论点、论据、论证等要素，同时也必须做到科学性强，具有一定的实用价值，条理清楚，文体符合一定的规范。一般说来，科技论文应具备科学性、创新性、学术性、实践性、可读性等特点。

1. 科学性

科技论文必须具备科学性，这是由科学研究的任务所决定的。科学研究的任务是揭示事物发展的客观规律，探求客观真理，成为人们改造世界的指南。无论自然科学还是社会科学，都必须根据科学研究这一总的任务，对本学科中的研究对象进行深入的探讨，揭示其规律。科技论文的科学性主要表现在如下三个方面：

(1) 从内容上看，科技论文所反映的是现象的本质、客观存在的事实、事物变化发展的规律、能够被实践检验的真理，具有真实、成熟、先进、可行等特点。总之，科技论文理论或实用价值显著。

(2) 从研究和写作上看，科技论文的作者应具有严肃的科学态度和科学精神，不肆意夸大、伪造数据，谎报成果，剽窃抄袭，也不因个人偏爱而随意褒贬，武断轻信，以至弄虚作假，篡改事实，伪造结论。

(3) 从表现形式上看，科技论文结构严谨清晰，逻辑思维严密，条理清楚，措辞严谨，语言简明确切，对名词术语、数字、符号的使用，图表的设计，计量单位的使用，文献的著录等都应准确无误，符合规范化要求。

2. 创新性

科学研究是对新知识的探求，创新性是科学研究的生命。科技论文论述科技领域中具有创新意义的理论性、实验性、观测性的新成果、新见解和新知识，或者总结某种已知原理应用于实践所取得的新方法、新技术和新产品。衡量科研成果水平高低的基本尺度就是看其中创新成分有多少，创新成分愈多，水平愈高，反之亦然。创新性无论大小，只要有所创造，就体现了科学研究的价值。

科技论文的创新程度是相对于人类已有的知识而言的。一篇科技论文，其创新程度可能有大小之别，但总要有一些独到之处，总要对丰富科学技术知识宝库和推动科学技术发展起到一定的作用。"首次提出""首次发现"，当然是具有重大价值的研究成果；在某一个问题的研究上有新意，对某一点有发展，也应属于创新的范围。在实际研究中，有很多课题是在引进、消化、移植国内外已有的先进科学技术，以及应用已有的理论来解决本地区、本行业、本系统的实际问题。只要对丰富理论、促进生产发展、推动技术进步有效果、有作用，这类论文也同样应视为有一定程度的创新。

3. 学术性

学术性是指一篇科技论文应具有专业特色、理论特色及一定的学术价值。科技论文是系统化的理性认识，是思维活动反复和深化的结果。不同种类的科技论文虽然在专门化和理论深度上有所不同，但对学术性的要求却是相同的。学术性有两方面的含义：一是对实验、观察或用其他方式得到的结果，从一定的理论高度进行分析和总结，形成一定的科学见解，包括提出并解决一些有科学价值的问题。二是对自己提出的科学见解或问题，用事实和理论进行符合逻辑的论证、分析或说明，并将实践上升为理论。从实质而言，科技论文的写作过程，本身就是作者在认识上的深化和在实践基础上进行科学抽象的过程。从事科学研究，特别是从事工程技术研究的科技人员，应善于从理论上总结与提高，争取写出既有创新性又有学术价值的科技论文来。

4. 实践性

实践性是现代科技论文的特点之一，也是很多科技论文的珍贵之处和价值所在。科技论文的实践性首先表现在它的可操作性和重复实践验证上，即按照论文的原材料选用、配方比例、实验方法和条件控制等要素，可以重复得到论文所述的结果。科技论文的实践性，还表现在论文叙述内容的广泛应用前景上。由于论文报告的新发现、新成果、新方法、新技术是客观真理的记录，因此这些新发现、新成果、新方法、新技术可以拓展至各种相关领域中并得到应用，充分反映论文的珍贵价值。

我国古代的许多重要科技著作，正是因为不具备最直接的实践性这一要求，从而降低了可操作性。后人无法按照其记述的方法加以复制、验证、应用及推广，也大大降低了其自身的价值和重要性。

5. 可读性

可读性指的是要用通俗易懂的语言表述科学道理。这是因为科技论文讨论的是复杂的、抽象的真理，用的是专门的术语，只有深入浅出地表达才容易为人们所理解，才能达到描述科研成果的目的。科技论文不同于一般通俗读物那样需要注意修辞和有华丽的辞藻，而是尽量用简洁的文字说明要阐述的问题，力求行文严谨，重点突出，文字语言准确、规范、简明、通顺，使读者用较短的时间获得更多的信息。总之，一篇科技论文失去了可读性将严重降低它的价值。

8.1.3　科技论文的分类

1. 按写作目的和发挥的作用划分

按照科技论文的写作目的及其发挥的作用来划分，可将其分为如下三大类：

1）学术性论文

学术性论文是指研究人员总结科研成果，提供给学术期刊、学术出版社发表或向学术会议提交的论文。学术性论文反映了该学科领域最新、最前沿的科学技术水平和发展动向，对科学技术事业的发展起着重要的推动作用。学术性论文主要读者对象是同行的专业工作者，因而，它以报道学术研究成果为主要内容，不过多地叙述一般研究过程。

2）技术性论文

技术性论文是指工程技术人员为报道工程技术研究成果而提交的论文。技术性研究成果主要是应用国内外已有的理论来解决设计、技术、工艺、设备、材料等具体技术问题而取得的。技术性论文对技术进步和提高生产力起着直接的推动作用。

3）学位论文

学位论文是高等学校和科学研究机构毕业生申请授予相应学位而提供的作为考核和评审的文章。学位论文是培养学生掌握科学研究的基本方法和独立进行科学研究的能力的一个重要环节，是授予学位的一个主要依据。学位论文分为学士、硕士、博士三个等级。

(1) 学士论文。学士论文是合格的本科毕业生撰写的论文。学士论文一般范围较窄，深度也较浅，只涉及不复杂的课题。学士论文要求大学生能够准确地掌握本门学科的基础理论、专门知识和基本技能，基本学会综合运用所学知识进行科学研究的方法，具有从事科学研究工作或担负专门技术工作的初步能力。工科大学生有的做毕业设计，毕业设计与科技论文有某些相同之处。

(2) 硕士论文。硕士论文是攻读硕士学位的研究生毕业时所撰写的论文。硕士论文大多具有一定的创造性，反映了作者独立从事研究工作的能力。硕士论文要求研究生掌握本学科坚实的基础理论和系统的专门知识，具有从事科学研究工作或独立担负专门技术工作的能力。硕士论文研究的题目有新的独到见解，论文具有一定的深度和较好的学术价值，对本专业学术水平的提高有积极作用。通过答辩的硕士论文基本上达到了发表的水平。

(3) 博士论文。博士论文是攻读博士学位的研究生在完成学业时所撰写的论文。博士论文要求作者具有广博的专业知识和熟练的科研能力，并能在科学或专门技术上做出创造性成果。它要求作者在导师的指导下、能够自己选择潜在的研究方向，开辟新的研究领域，掌握坚实宽广的基础理论和系统深入的专门知识，具有相当熟练的科学研究能力，对本学科提供创造性的见解。博士论文具有较高的学术价值，对学科的发展具有重要的推动作用，被视为重要的科技文献。

2. 按照研究的方法和阐述的内容划分

按照科技论文的研究的方向和阐述的内容来划分，可将其分为如下五大类：

1) 理论推导论述型

理论推导论述型科技论文主要用于论述与证明数学、物理、化学等基础学科的原理、定理、定律、公理等命题。其特点是提出假说，并由数学推导或者逻辑推理来得到新理论、新规律。这类论文的写作一定要注意科学准确，推理严密，结论可靠。

2) 实验研究报告型

实验研究报告型论文是对科学技术某一领域的专题进行调查和分析，通过实验过程，获得可靠的实验数据，并进一步加工整理分析，获得有价值的结论。实验研究报告型论文要求将实验结果和理论分析结合起来，结构格式比较固定，正文一般有材料和方法、结果、讨论三个部分，但也可因材而异，灵活运用。这类论文在写作上重点应放在可靠的实验理论依据、先进的实验方案、使用的测试手段、准确的实验数据上，最终经过严密的理论分析给出可靠的有价值的结论。

3) 发现或发明型

发现或发明型的科技论文是记述被发现事物或事件的背景、现象、本质、特性及其运动变化规律和人类使用这种发现前景的文章。发明型论文是发现型论文的特例，它主要用来阐述新发明的设备、装备、工具、材料、系统工程、工艺、配方、方法等的原理及使用注意事项等。这类论文的写作同样重在实用性。

4) 理论设计计算型

理论设计计算型论文一般是指这三大部分：一是解决某些工程问题、技术问题和管理问题而进行的计算机程序设计；二是某些系统、工程方案，机构、产品的计算机辅助设计和优化设计，以及某些过程的计算机模拟；三是某些产品或物质的设计、调制、配制等。数学模型的建立和参数的选择要合理，编制的程序要能够正常运行，计算结果要合理准确，设计的产品或调制配制的物质要经试验证实或经生产使用考核。

5) 综合论证论述型

综合论证论述型论文是在综合分析和评价已有文献的基础上，提出某一领域研究状况的发展趋势或发展规律。综合论证论述型论文对写作要求比较高，要求作者在博览群书的基础上对研究现状进行分析和评述，并提出问题和展望，指明进一步研究的方向。

8.2 学 术 规 范

规范常被理解成"为实现一定的目的而根据某种观念所制定的供社会群体诸成员共同遵守的规则和标准"。学术规范是与学术研究活动相伴而生的，是学术共同体根据学术发展规律参与制定的有关各方共同遵守的、有利于学术积累和创新的各种准则和要求，是整个学术共同体在长期学术活动中的经验总结和概括。学术研究要求有独创性、批判性、质疑性，要求坚持学术自由、学术独立、学术平等、学术民主，要求强调求真致用、学术积累、学术创新，这些要求或重要理念都可以归纳成学术研究的基本规范。在学术规范的自律与他律机制的引导与保障下，通过有效有序的学术对话、学术积累，最终达到学术创新的目的，从而促进学术健康发展。

8.2.1 学术道德规范

1. 学术道德规范的内容

学术道德规范是对学术工作者从思想修养和职业道德方面提出的应该达到的要求，它是学术规范的核心部分。中国科学技术协会根据国家有关法律法规制定了《科技工作者科学道德规范》(以下简称《规范》)。《规范》共四章二十八条，针对学术界科学道德规范和学术不端行为提出了具体的标准。《规范》的具体内容包括：

(1) 进行学术研究应检索相关文献或了解相关研究成果，在发表论文或以其他形式报告自己的科研成果中引用他人论点时必须尊重知识产权，如实标出。

(2) 尊重研究对象(包括人类和非人类研究对象)。在涉及人体的研究中，必须保护受试人合法权益和个人隐私并保障知情同意权。

(3) 在课题申报、项目设计、数据资料的采集与分析、公布科研成果、确认科研工作参与人员的贡献等方面，遵守诚实客观原则。对已发表的研究成果中出现的错误和失误，应以适当的方式予以公开和承认。

(4) 诚实严谨地与他人合作，耐心诚恳地对待学术批评和质疑。

(5) 公开研究成果、统计数据等，必须实事求是、完整准确。

(6) 搜集、发表数据要确保有效性和准确性，保证实验记录和数据的完整、真实和安全，以备考查。

(7) 对研究成果做出实质性贡献的专业人员拥有著作权。仅对研究项目进行过一般性管理或辅助工作者，不享有著作权。

(8) 合作完成成果，应按照对研究成果的贡献大小的顺序署名(有署名惯例或约定的除外)。署名人应对本人作出贡献的部分负责，发表前应由本人审阅并署名。

(9) 科研新成果在学术期刊或学术会议上发表前(有合同限制的除外)，不应先向媒体或公众发布。

(10) 不得利用科研活动谋取不正当利益。正确对待科研活动中存在的直接、间接或潜在的利益关系。

(11) 科技工作者有义务负责任地普及科学技术知识，传播科学思想、科学方法。反对捏造与事实不符的科技事件及对科技事件进行新闻炒作。

(12) 抵制一切违反科学道德的研究活动。如发现该工作存在弊端或危害，应自觉暂缓或调整，甚至终止，并向该研究的主管部门通告。

2. 学术道德氛围的营造

1) 学术道德规范的引导机制

出现学术道德失范和学术腐败问题，在很大程度上缘于正确价值引导机制的缺位，致使严谨圣洁的学术研究因目光短视而浮躁化，因轻质重量而畸形化，因追名逐利而庸俗化，因盲目攀比而虚假化。倡导学术规范，首先需确立正确的学术道德价值引导机制。

一是提倡实事求是的科学精神和严谨的治学态度。

二是弘扬献身科技、服务社会的历史使命感和社会责任感。

三是贯彻质量结合、以质为重的学术衡量标准。要模范遵守学术研究的基本规范，遵循科研工作的规律，以知识创新和技术创新作为科学研究的直接目标和动力，把学术价值和创新性作为衡量学术水平的标准。

四是把握好利益激励在学术成果中的适当定位。一定的量化评估是必要的，没有一定的量化评估不利于学术工作者进取创新。但若一味地把学术成果的评价结果与奖金、津贴和住房等物质利益紧密挂钩，学术活动就极易异化成谋取利益的手段。

2) 构建完善的教育培训机制

学术道德的教育培养是指借助社会力量，依据学术道德的原则和规范，对人们有组织、有计划地施加系统的影响，使人们接受这种原则和规范，并将其转化成个人的内心信念和行为习惯，从而形成良好的学术道德风尚的过程。

一是要阐明恪守学术道德的重要性、紧迫性。必须让人们知道，学术道德是广大教育工作者和科研工作者所应遵守的基本操守和观念准则。

二是加强教师队伍的学术道德自律教育。因为教师的一言一行具有为人师表、为人向导的作用。

三是加强对青年学生的学术道德教育。因为青年是未来的科技工作者，这对从源头上治理和根绝学术不正之风有重要意义。

四是加强学术诚信和法制观念教育。诚信是做人应具备的最基本品质，学术诚信更是学者应具备的首要道德规范。要加强诚信教育及《著作权法》《专利法》等相关法律法规的学习教育，树立诚信、法制观念，保护知识产权，尊重他人劳动和权益。

3) 构建科学的考核评价机制

科学的考核评价机制包括考核评价理念、机构、程序、方法等。考核评价机制科学与否，直接关系到教育和科研工作者的切身利益，从而对其思想观念和学术操守造成影响和冲击。

一是要树立正确的考核评价理念。考核评价具有导向和激励功能，因此，科学的考核评价机制的建构理念应有利于形成一种良好的、健康的、积极向上的学风，有利于营造让学者们积极发挥才能的学术环境，有利于促进科学和教育的发展，有利于推动整个社会道德建设的发展。

二是建立健全专业化的考评制度。要建立专家考评制度，充分依靠专家，发挥专家的咨询评议作用；要坚持学术成果核查制度，加强对科研成果的审核，有效地防止学术制假、伪造等情况发生；要建立公示制度，让人民群众来监督。

三是考评程序透明化。评审程序、评价指标体系、专家构成、评审结果及申述仲裁机制等都应完全公开透明，避免暗箱操作。

4) 建立学术惩戒处罚制度

对违反学术道德的行为，各级教育行政部门和相关机构要视具体情况给予批评教育、撤销项目，行政处分，取消资格、学位、称号，直至解聘等相应的处理和处罚。根据需要，可聘请相关学科的校内外专家组成学术规范专家界定小组，具体负责对违反学术规范的不道德现象和行为进行界定。对严重违反学术道德、影响极其恶劣的行为，可通过媒体进行批评。触犯法律的，要依法追究有关当事人的法律责任。

8.2.2 学术法律规范

学术法律规范是指学术活动中必须遵循的国家法律法规的要求。根据我国《宪法》《著作权法》及《保密法》等有关法律法规的条款，在学术活动中应严格遵守的法律规范的主要内容包括：

1. 必须遵守《著作权法》

按照《中华人民共和国著作权法》等有关法律文件的规定，注意做到以下几点：

(1) 合作创作的作品，其版权由合作作者共同享有，合作作者中的每一个人都无权单独行使合作作品的版权。

(2) 未参加创作的人，不可在他人作品上署名。

(3) 不允许剽窃、抄袭他人作品。应坚决杜绝以稍微改变形式或内容，直接将他人作品的大部分或部分内容窃为己有的抄袭行为。

(4) 禁止在法定期限内一稿多投。目前，我国学术性期刊一般都把投稿期限规定为1—3 个月之间，在此规定的时间内避免一稿多投。

(5) 合理使用他人作品的有关内容。要做到：

一是引用的目的仅限于介绍评论某一作品或说明某一问题；

二是所引用的部分不能构成引用人作品的主要部分或者实质部分；

三是不得损害被引用作品著作权人的利益。

符合这三个条件，可不经过著作权人同意，不向其支付报酬，但必须在自己作品中列为参考文献。

2. 必须保守党和国家秘密

学术研究不能违背国家和社会利益。要遵守《中华人民共和国保守国家秘密法》，对学术成果中涉及国家机密等不宜公开的重大事项，均应严格执行送审批准后才可公开出版(发表)的制度。

3. 遵守其他相关法律法规

按《中华人民共和国民法通则》规定，不得借学术研究以侮辱、诽谤方式损害公民法人的名誉；按《中华人民共和国统计法》规定，必须对属于国家机密的统计资料严格保密；

在学术研究中应遵守《国家标准化法》《计量法》等法律法规的规定。

8.2.3　学术技术规范

技术是对人类生活影响极其广泛和深远的社会现实。相对于科学而言，技术对人们行为和实际生活世界的影响更为直接。技术也以社会规范的面目出现在实际生活世界中，直接、强制地规定和控制人们的行为。社会规范有多种形式，其中最为常见的有道德、习惯、纪律、法律等。在现代社会，技术作为行为规范发挥社会功能的现象已日益普遍，并越来越深刻地影响着人们的行为方式。作为社会规范，技术与法律相互依存，在全社会的规模上调整人们的行为。技术规范应用到学术上，其主要包括了学术论文写作规范、学术评价规范和学术批评规范，其中尤以学术论文写作规范最为重要。学术论文写作技术规范是指在以学术论文、著作为主要形式的学术写作中必须遵守的有关形式规格的要求。学术评价是按照一定标准对学术成果的价值进行评价的一系列规则和程序，是学术管理工作的重要组成部分。学术评价涉及课题项目的立项、学术成果的鉴定或评价、各级各类优秀成果的评奖、职称评定中对科研成果的考核认定以及教学、科研人员工作考核考评等诸多方面，是一项复杂而细致的学术工作。学术批评主要是对学术活动、学术思想、学术成果中的缺点和错误提出意见，是学术交流中不可缺少的一个环节，是进行学术创新、促进学术健康发展的有效途径。本节将主要介绍学术论文写作规范。

我国先后制定过不少有关写作方面的规范，如《中国高等学校社会科学学报编排规范》、中华人民共和国新闻出版署发布的《中国学术期刊(光盘版)检索与评价数据规范》等。这些规范推动着我国期刊事业向着现代化、标准化与规范化的方向发展。

1988 年 1 月 1 日起实施的国家标准 GB/T 7713—1987《科学技术报告、学位论文和学术论文的编写格式》对科技论文的撰写和编排格式作了规定，指明报告与论文由前置部分和主体部分两大部分构成，如图 8-1 所示。

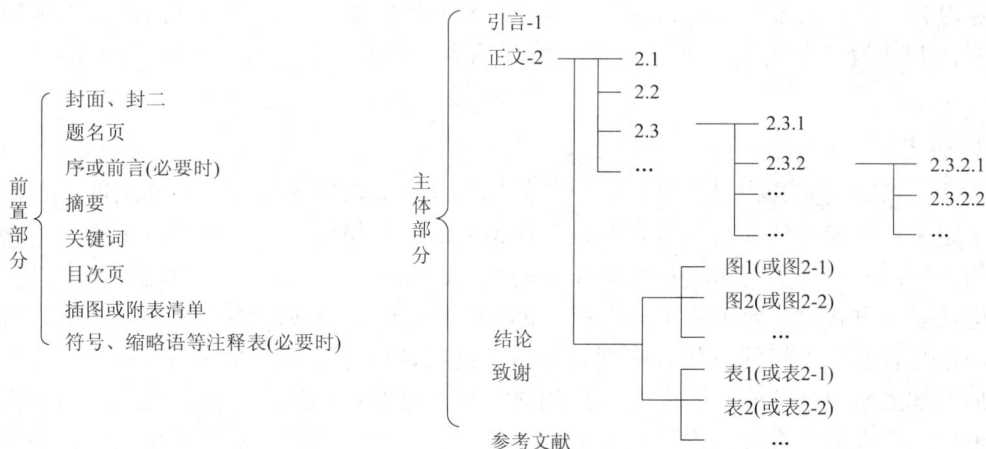

图 8-1　报告与论文的构成

为了使学位论文的组成要素及结构等方面尽可能与国际标准保持一致，以达到资源共享和国际交流的目的。2007 年 5 月 1 日实施的国家标准《GB/T 7713.1—2006 学位论文编写规则》部分代替了《GB/T 7713—1987 科学技术报告、学位论文和学术论文的编写格式》。

一般的学术论文通常只包括 8 个部分，如图 8-2 所示。

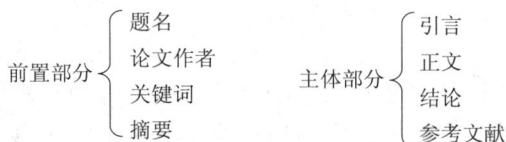

$$
\text{前置部分}\begin{cases}\text{题名}\\\text{论文作者}\\\text{关键词}\\\text{摘要}\end{cases}\qquad\text{主体部分}\begin{cases}\text{引言}\\\text{正文}\\\text{结论}\\\text{参考文献}\end{cases}
$$

图 8-2　学术论文的一般构成

科技论文的编写格式对于一篇科技论文应先写什么，后写什么，各部分写什么内容，以及表达中有些什么要求，编排上应符合哪些规定，都作了明确规定。格式的固定性是科技工作者根据科技工作的共同需要而逐步形成的，是人们总结出来的论文表述方式的共同规律。按照这种基本规律写作，既便于作者整理材料，比较完整地表达思考过程和研究成果，也便于读者阅读理解和把握要点。由于科学技术领域广泛，不同科学以及每个学科都有不同的课题，在表达形式上又有自己的一些特殊要求，所以既要注意共同需求的一般格式，又要注意各自学科的个性。

1. 论文标题

标题又称题目或题名。标题是论文的总纲，是反映论文内容的恰当、简明的词语的逻辑组合。论文标题十分重要，对论文标题的要求是：准确得体，简短精练，外延和内涵恰如其分，醒目。标题应能准确无误地表达论文的中心内容，恰当地反映研究的范围和达到的深度。标题避免使用笼统的、泛指性很强的词语和华而不实的辞藻，必须紧扣论文内容，做到题要扣文，文要扣题，这是撰写论文的基本准则。标题的词语应有助于选定关键词和编制题录、索引等二次文献，应使用标准术语、学名全称，不应使用广义术语、夸张词语等。为便于交流和利用，题名应简明，一般不宜超过 25 个字。为利于国际交流，论文宜有外文(多用英文)题名。下列情况允许有副题名：题名语义未尽，用副题名补充说明论文中的特定内容；研究成果分几篇报道，或是分阶段的研究结果，各用不同副题名以区别其特定内容；其他有必要用副题名作为引申或说明者。题名在论文中不同地方出现时应保持一致。

2. 著者

著者是指在论文的构思、具体研究工作执行及撰稿执笔方面起主要作用的人员，是论文的法定主权人和责任人。著者署名是科技论文的必要组成部分，具有以下意义：拥有著作权的声明；文责自负的承诺；联系作者的渠道。作者信息的内容一般包括作者姓名、工作单位及通信方式等。为利于国际交流，论文宜有与中文对应的外文(多用英文)作者信息。

对论文有实际贡献的责任者应列为作者，包括参与选定研究课题和制订研究方案，直接参加全部或主要部分研究工作并作出相应贡献，以及参加论文撰写并能对内容负责的个人或单位。个人的研究成果应标注个人作者的信息；集体的研究成果应标注集体作者的信息，即列出全部作者的姓名，不宜只列出课题组名称。标注集体作者信息时，应按对研究工作贡献的大小排列名次。某一项测试任务的承担者，以及接受委托进行分析检验和观察的辅助人员等，均不应署名，但署名者可以将他们作为参加工作的人员——列入"致谢"段，或注于篇首页脚处。

如需标注中国作者的汉语拼音姓名，应执行《中国人名汉语拼音字母拼写规则(GB/T 28039—2011)》的规定，即姓在前名在后，双名连写，其间不加短横线，名不准许缩写。国外作者的姓名，应尊重其各自的姓名拼写规则。

通常，将署名置于题名下方，在作者名下注明工作单位、单位所在地、邮政编码，具体格式如下：

作者姓名

(作者工作单位名称　所在省市名　邮政编码)

示例：

付露瑶，刘文云，沈亚婕，刘　艳

(山东理工大学信息管理研究院，山东淄博 255000)

多个著者，若不在同一单位，应分别注明工作单位，单位所在地，邮政编码。

示例：

刘竟 [1,2]，张天艺 [1]，杨志刚 [1,2]，戴清杰 [2]

(1.江苏大学科技信息研究所，江苏镇江 212013；

2. 江苏大学图书馆，江苏镇江 212013)

3. 摘要

摘要是对论文内容不加注释和评论的简短陈述，是文章内容的高度概括。摘要的内容包含与报告、论文同等量的主要信息，供读者获得必要的信息，也可供文摘等二次文献采用。摘要一般应说明研究工作的目的、实验方法、结果和最终结论等，而重点是结果和结论。编写摘要应采取第三人称的客观语气阐述，不对论文观点进行评价，不能自封"世界首创""达到了国际最高水平"等，切忌夸张和广告式宣传，避免使用含糊不清的描述。为利于国际交流，宜有外文(多用英文)摘要。摘要的撰写应符合《文摘编写规则(GB/T 6447—1986)》的规定。

摘要通常有以下三种形式：

(1) 报道性摘要。报道性摘要即资料性摘要或情报性摘要，用来报道论文所反映的主要研究成果，向读者提供论文中全部创新内容和尽可能多的定量或定性的信息。尤其适用于试验研究和专题研究类论文，多为学术性期刊所采用。

(2) 指示性摘要。指示性摘要即概述性摘要或简介性摘要，只简要地介绍论文的论题，或者概括地表述研究的目的，仅使读者对论文的主要内容有一个概括的了解。

(3) 报道—指示性摘要。报道—指示性摘要是以报道性摘要的形式表述论文中价值最高的那部分内容，其余部分则以指示性摘要的形式来表达。

一般的科技论文都应尽量写成报道性摘要，综述性、资料性或评论性的文章可写成指示性或报道—指示性摘要。《学术论文编写规则》(GB/T 7713.2—2022)规定，中文摘要的字数，原则上应与论文中的成果多少相适应。在一般情况下，报道性摘要以 400 字左右为宜，报道—指示性摘要以 300 字左右为宜，指示性摘要以 150 字左右为宜。每一篇完整的论文都应该有随文摘要，为了国际交流，论文还应有外文(多用英文)摘要。中文摘要、外文摘要内容宜对应，外文摘要可以比中文摘要包含更多信息。报告、论文的摘要可以用另页置于题名页之后，学术论文的摘要一般置于题名和作者之后、正文之前。

4. 关键词

关键词是为便于文献检索从题名、摘要或正文部分选取出来用以表示论文主题内容的词或词组。关键词要有检索意义，不应使用太泛指的词，例如"方法""理论""分析"等。关键词宜从《汉语主题词表》或专业词表中选取。未被词表收录的新学科、新技术中的重要术语以及地区、人物、产品等，可选作关键词。每篇报告、论文选取 3～8 个词作为关键词，以显著的字符另起一行，排在摘要的下方。关键词的撰写应符合《学术出版规范关键词编写规则》(CY/T 173—2019)的规定。为利于国际交流，宜标注与中文对应的外文(多用英文)关键词。

5. 文献标识码

文献标识码的目的是便于文献的统计和期刊评价，确定文献的检索范围，提高检索结果的适用性。每一篇文章或资料应标识一个文献标识码，常用的文献标识码有以下五种：

A——理论与应用研究学术论文(包括综述报告)。

B——实用性技术成果报告(科技)、理论学习与社会实践总结(社科)。

C——业务指导与技术管理性文章(包括领导讲话、特约评论)。

D——一般动态性信息(通讯、报道、会议活动、专访等)。

E——文件、资料(包括历史资料、统计资料、机构、人物、书刊、知识介绍等)。

不属于上述各类的文章以及文摘、补白、广告、启示等不加文献标识码。

6. 中图分类号

为了从期刊文献的学科属性实现"族性"检索并为文章的分类统计创造条件，凡具有文献标识码的文章均应标识分类。根据论文内容，采用《中国图书馆分类法》进行分类。文章一般标识 1 个分类号，多主体的文章可标识 2～3 个分类号；主分类号排在第一位，多个分类号之间应以分号";"分隔。

7. 引言

引言又称为绪论、绪言、导语等，是正文的开头部分，并由它引出论文。引言的主要作用就是回答"为什么研究"这个问题，向读者介绍该研究课题的前因后果。引言内容通常包含研究的背景、目的、理由、预期结果及其意义和价值。同时，引言还可详细说明前人已有哪些成果，做过哪些工作，提出过哪些论点，还存在哪些问题，以至本文要解决的问题是什么等。引言可以表明作者对本课题动态的了解，也可使读者大致了解到本学科的进展概况。引言的编写宜做到切合主题，言简意赅，突出重点、创新点，客观评介前人的研究，如实介绍作者自己的成果。

8. 正文

正文(也叫主体部分)是论文的核心，论文的论点、论据和论证均在此部分阐述或展示。正文主要回答"怎么研究"这个问题，其水平标志着论文的学术水平或技术创新的程度。虽然论文作者的研究工作涉及的学科、选题、研究方法、工作进程、结果表达方式等有很大的差异，但是，论文总的思路和结构安排应当符合"提出论点，通过论据[事实和(或)数据]来对论点加以论证"这一共同要求。立意与谋篇是科技论文写作的中心环节。正文的立意就是把论文的主题思想在正文部分确立起来。正文的谋篇就是要安排好正文的结构，选择好正文的材料，以充分而有效地表达论文的主题。

1) 正文的内容

正文占论文的主要篇幅，可以包括调查对象、实验和观测方法、仪器设备、材料原料、实验和观测结果、计算方法和编程原理、数据资料、经过加工整理的图表、形成的论点和导出的结论等。一般地，正文可分为几个段落来写，每个段落需列什么样的标题没有固定的格式，但大体上可以有以下几个部分(以试验研究报告类论文为例)。

(1) 理论分析。理论分析包括论证的理论依据，对所作的假设及其合理性的阐述，对分析方法的说明。其要点是：假说、前提条件、分析的对象、适用的理论、分析方法、计算过程等。写作时应注意区别哪些是已知的(前人已有的)，哪些是作者首次提出来的，哪些是经过作者改进的，这些均要交代清楚。

(2) 实验材料和方法。材料的表达主要指对材料的来源、性质和数量，以及材料的选取和处理等事项的阐述。方法的表达主要指按研究步骤或重要程度来描述研究所用的方法，包括环境或条件，研究对象选择的方法，选用特定材料、设备或方法的理由、步骤或程序，所用统计方法等。对于实验方法来说，主要阐述有关实验仪器、实验设备、实验条件和测试方法等事项，并介绍主要的实验过程，实验目的，使用仪器、设备(包括型号、名称、测量范围及精度等)，实验及测定的方法和过程，出现的问题和采取的措施等。材料和方法的阐述必须具体真实。如果是采用前人的，只需注明出处；如果是改进前人的，则要交代改进之处；如果是自己提出的，则应详细说明，必要时可用示意图、方框图或照片图等配合表述。由于科学技术研究成果必须接受检验，介绍清楚这些内容的目的在于使别人能够重复操作。

(3) 实验结果及其分析。实验结果及其分析是论文最为关键的部分，是整篇论文的立足点及价值所在。它包括给出结果并对结果进行定量或定性的分析。全文的一切结论、结语都由结果得出，一切分析、讨论也由结果引发，一切推理、判断均由结果导出。结果通常包含以下内容：结果的介绍(指出结果在哪些插图、表格或相关表述中列出)，结果的描述(描述重要的实验或观测结果)，结果的评论(对结果的说明、解释及与模型或他人结果的比较)。

写作要点是：以绘图和(或)列表(必要时)等手段整理实验结果，通过数理统计和误差分析说明结果的可靠性、再现性和普遍性，进行实验结果与理论计算结果的比较，说明结果的适用对象和范围，分析不符合预见的现象和数据，检验理论分析的正确性等。

给出实验结果时应尽量避免把所有数据和盘托出，而要对数据进行整理并采用合适的表达形式，如插图或表格等。在整理数据时，不能只选取符合自己预料的，而随意舍去与自己料想不符或相反的数据。有些结果异常，尽管无法解释，也不要轻易舍去，可以加以说明；只有找到确凿证据足以说明它们确属错误之后才能剔除。结果分析时，必须以理论为基础，以事实为依据，认真、仔细地推敲结果，既要肯定结果的可信度和再现性，又要进行误差分析，并与理论结果做比较(相反，如果论题产生的是理论结果，则应由实验结果来验证)，说明存在的问题。分析问题要切中要害，要压缩或删除那些众所周知的一般性道理的叙述，省略那些不必要的中间步骤或推导过程，突出精华部分。此外，对实验过程中发现的实验设计、实验方案或执行方法方面的某些不足或错误也应说明，以供读者借鉴。

(4) 结果讨论。对结果进行讨论的目的在于阐述结果的意义，说明与前人所得结果不同的原因，根据研究结果继续阐发作者自己的见解。讨论的主要内容有：回顾研究的主要目的或假设，探讨所得结果是否符合预期，如果未达到，则说明原因。概述最重要的结果，指出它能否支持先前的假设以及是否与其他学者的结果一致，如果不一致，则说明原因。对结果提出说明、解释或猜测，说明根据这些结果能得出什么结论或推论。指出研究的局限性以及这些局限性对研究结果的影响，并指出进一步的研究题目或方向。指出结果的理论意义和实际应用价值。讨论的重点在于对研究结果的解释和推断，说明自己的结果是否支持或反对某种观点，是否提出了新的问题或观点等。要立论严谨，紧紧扣住研究结果，突出自己的新发现、新认识、新见解。

讨论部分的撰写常见的写作毛病有：从"多因一果"推出"唯一原因"的结论；从一种实验内容推出另一种实验内容的结论；把"新引进的因素"误作某现象原因的结论。

2) 正文的表达形式

正文是表达作者思想观点最重要的部分，为了能表达清楚，正文必须分成若干个层次来写。在写作过程中，有的把正文分成若干个自然段；有的把正文分成若干个小标题来表述。这两种方法均能表达出作者的思想。不论是分成若干个自然段，或是用小标题进行表述，都要注意层次之间的逻辑关系。分成若干个自然段时，应当注意一个自然段只能表达一个中心意思。用小标题进行分层时，拟定小标题的注意事项与拟定题名一样，小标题下的论述只能围绕该小标题来论述，每个小标题都应有标题名。

当用小标题对正文进行分层时，每层的小标题均用阿拉伯数字连续编码。一个编码的两个数字之间用圆点(.)分隔开，末位数字后面不加圆点。如"1"、"2.1"、"3.1.1"。所有的编码均左顶格书写，最后一个序数码之后空一格写标题。小标题一般不超过 4 级，如"2.2.1.1"，最后一级内如果还要分层可用"(1)""(2)"的形式表述。

3) 正文的写作要求及注意事项

正文的写作必须做到实事求是、客观真切、准确完备、合乎逻辑、层次分明、简练可读，具体要求有如下几点：

(1) 论点明确，论据充分，论证合理。

(2) 事实准确，数据准确，计算准确，语言准确。

(3) 内容丰富，文字简练，图文配合，避免重复、烦琐。

(4) 条理清楚，逻辑性强，表达形式与内容相适应。

(5) 写作规范，符合要求。

(6) 不泄密，对需保密的资料应作技术处理。

9. 结论

结论是整篇文章最终的结论，不是正文各段的小结的简单重复，应言简意赅地归纳出总结性的文字、深化主题。该部分是全篇论文的归宿，起着画龙点睛的作用。一般说来，读者选读某篇论文时，先看标题、摘要、前言，再看结论，才决定阅读与否。结论不仅是引起读者阅读兴趣的重要内容，也是文献作者从事摘要写作的重要依据。

结论主要回答"研究出什么"的问题，其内容主要包括：研究结果所揭示的原理、规律，所说明和解决的理论与实际问题；研究的创新点，对已有研究成果的补充、修改和证实；此研究写作与前人已有研究写作的异同；获得的研究成果及其理论意义与实用价值；研究的局限性、遗留的未解决或尚待解决的问题，解决这些问题可能的关键点、方向及基本思路：对进一步深入研究或相关课题的建议和意见，指明可能的应用前景及需要进一步深入研究的方向。

10. 致谢

现代科学技术研究往往需要他人的合作与帮助，因此，当研究成果以论文形式发表时，作者应当对他人的劳动给以充分肯定，并对他们表示感谢。致谢的对象是曾经对论文的选题、构思或撰写给以指导或建议，对调查或实验过程中做出某种贡献的人员，或给予过技术、信息、物质或经费帮助的单位、团体或个人。致谢一般单独成段，放在文章的最后面，但它不是论文的必要组成部分。

11. 参考文献

参考文献是指为撰写或编辑论文和论著而引用的有关文献信息资源。在科技论文中，凡是引用前人(包括作者自己过去的)已发表的文献中的观点、数据和材料等，都要对它们在文中出现的地方予以标明，并列出参考文献。著录参考文献有利于读者了解此领域其他人做过的工作，便于读者需要时查找相关的原始文献；著录参考文献有利于节省论文篇幅及叙述方便，避免了一般性表述和资料堆积，使论文达到篇幅短、内容精的要求；著录参考文献不仅反映了论文作者严肃的科学态度和论文具有真实、广泛的科学依据，也反映出该论文的起点和深度。

《信息与文献　参考文献著录规则》(GB/T 7714—2015)是供著者和编辑编撰文后参考文献使用的国家标准，规定我国参考文献的著录采用国际上通行的"顺序编码制"和"著者—出版年制"。前者根据正文中引用参考文献的先后，按著者、题名、出版事项的顺序逐项著录；后者首先根据文种(按中文、日文、英文、俄文、其他文种的顺序)集中，然后按参考文献著者的姓氏笔画或姓氏首字母的顺序排列，同一著者有多篇文献被参考引用时，再按文献出版年份的先后依次给出。其中，顺序编码制为我国科技期刊所普遍采用，因此，这里只介绍这一种。

1) 文内标注格式

采用顺序编码制时，在引文处，按它们出现的先后用阿拉伯数字连续编码，并将序码置于方括号内，视具体情况把序码作为上角标，或者作为语句的组成部分。例如，"在文献[1]中，在 Richard S. Crandall[2]和 Porponth Sichanugrist[3]等人工作的基础上，用平均场区域近似方法，对 p-i-na-Si:H 薄膜太阳电池进行了解析分析，得到了填充因子 Ff 等性能参数与电池结构参数的关系"。这里，[2]和[3]作为角注，用了上角标形式表示，而[1]是语句的组成部分，就未写成角标。

2) 文后参考文献表的编写格式

采用顺序编码制时，在文后参考文献表中，各条文献按在论文中的文献序号顺序排列，项目应完整，内容应准确，各个项目的次序和著录符号应符合规定。参考文献表中各著录项之间的符号是"著录符号"，而不是书面汉语或其他语言的"标点符号"。参考文献著录的条目以小于正文的字号编排于"致谢"部分之后，"附录"部分之前。参考文献序号用[1]、[2]……表示，各种参考文献类型及其标识和文献的载体类型及其标识如表 8-1 和表

8-2 所示。

表 8-1　参考文献类型及其标识

参考文献类型	普通图书	会议论文	报纸文章	期刊文章	学位论文	报告	标准	专利	汇编	档案	古籍	参考工具	数据库	计算机程序	电子公告
文献类型标识	M	C	N	J	D	R	S	P	G	B	O	K	DB	CP	EB

表 8-2　文献的载体类型及其标识

文献载体类型	网上期刊	联机网上数据库	磁带数据库	磁盘软件	光盘软件	光盘数据库
载体类型标识	J/OL	DB/OL	DB/MT	DK/CP	CD/CP	DB/CD

每一参考文献条目的末尾均以"."结束，各类参考文献条目的编排格式及示例如下：

(1) 专著(图书)，其格式如下：

[序号]　主要责任者. 题名：其他题名信息[文献类型标识/文献载体标识]. 其他责任者. 版本项. 出版地：出版者，出版年：引文页码[引用日期]. 获取和访问路径. 数字对象唯一标识符.

[1]　阮海红，王志华. 信息传播与文献检索[M]. 杭州：浙江大学出版社，2006.

[2]　许国梁. 中学物理教学法[M]. 北京：高等教育出版社，1996：16-20.

[3]　张伯伟. 全唐五代诗格会考[M]. 南京：江苏古籍出版社，2002：288.

[4]　库恩. 科学革命的结构：4 版[M]. 金吾伦，胡新和，译. 2 版. 北京：北京大学出版社，2012.

[5]　牛志明，斯温兰德，雷光春. 综合湿地管理国际研讨会论文集[C]. 北京：海洋出版社，2012.

[6]　蒋有绪，郭泉水，马娟，等. 中国森林群落分类及其群落学特征[M]. 北京：科学出版社，1998.

(2) 专著(图书)中析出的文献，其格式如下：

[序号]　析出文献主要责任者. 析出文献题名[文献类型标识/文献载体标识]. 析出义献其他责任者∥专著主要责任者. 专著题名：其他题名信息. 版本项. 出版地：出版者，出版年：析出文献的页码[引用日期]. 获取和访问路径. 数字对象唯一标识符.

[7]　程根伟. 1998 年长江洪水的成因与减灾对策[M]∥许厚泽，赵其国. 长江流域洪涝灾害与科技对策. 北京：科学出版社，1999：32-36.

[8]　贾东琴，柯平. 面向数字素养的高校图书馆数字服务体系研究[C]∥中国图书馆学会. 中国图书馆学会年会论文集：2011 年卷. 北京：国家图书馆出版社，2011：45-52.

(3) 连续出版物中的析出文献，其格式如下：

[序号]　析出义献主要责任者. 析出义献题名[文献类型标识/文献载体标识]. 连续出版物题名：其他题名信息，年，卷(期)：页码[引用日期]. 获取和访问路径. 数字对象唯一标识符.

[9]　于潇, 刘义, 柴跃廷, 等. 互联网药品可信交易环境中主体资质审核备案模式[J]. 清华大学学报(自然科学版), 2012, 52 (11)：1518-1523.

[10]　胡雪玉, 李龙, 郑秋生, 等. 轻薄型毛织物生产[J]. 毛纺科技, 2010, 38(1)：53-57.

[11]　丁文祥. 数字革命与竞争国际化[N]. 中国青年报, 2000-11-20(15).

[12]　LIU Z H, ZHU X G, WU L X, et al. Effects of interfacial adhesion on the rubber toughening of poly (vinyl chloride) I:Impact tests[J]. Polymer, 2000, 42(3): 737-746.

(4) 专利文献, 其格式如下：

[序号]　专利申请者或所有者. 专利题名：专利号[文献类型标识/文献载体标识]. 公告日期或公开日期[引用日期]. 获取和访问路径. 数字对象唯一标识符.

[13]　邓一刚. 全智能节电器：200610171314.3[P]. 2006-12-13.

[14]　河北绿洲生态环境科技有限公司. 一种荒漠化地区生态植被综合培育种植方法：01129210.5[P/OL].2001-10-24[2002-05-28].http: ∥ 211.152.9.47/sipoasp/zlijs/ hyjs-yx-new.asp?recid = 01129210.5&leixin=0.

(5) 学位论文, 其格式如下：

[序号]　主要责任者. 文献题名[D]. 学位颁发地：学位颁发单位, 年份.

[15]　张志祥. 间断动力系统的随机扰动及其在守恒律方程中的应用[D]. 北京：北京大学, 1998.

[16]　张和生. 地质力学系统理论[D]. 太原：太原理工大学, 1998.

[17]　CALMS R B. Infrared spectroscopic studies on solid oxygen [D]. Berkeley: Univ. of California, 1965.

(6) 报告, 其格式如下：

[序号]　主要责任者. 题名：其他题名信息[R]. 出版地：出版者, 年份.

[18]　冯西桥. 核反应堆压力容器的 LBB 分析[R]. 北京：清华大学核能技术设计研究院, 1997.

[19]　中国互联网络信息中心. 第 29 次中国互联网络发展现状统计报告[R/OL]. (2012-01-16) [2013-03-26]. http: ∥ www.cnnic.net.cn/hlwfzyj/hlwxzbg/ 201201/ P020120709345264469680.pdf.

(7) 电子资源, 其格式如下：

[序号]　主要责任者. 题名：其他题名信息[文献类型标识/文献载体标识]. 出版地：出版者, 出版年：引文页码(更新或修改日期) [引用日期]. 获取和访问路径. 数字对象唯一标识符.

[20]　HOPKINSON A.UNIMARC and metadata:Dublin core[EB/OL]. (2009-04-22) [2013-03-27]. http: ∥ archive.ifla.org/IV/ifla64/138-16le.htm.

[21]　萧钰. 出版业信息化迈入快车道[EB/OL]. (2001-12-19)[2002-04-15]. http://www.creader.com/news/20011219/200112190019. html.

(8) 国际、国家标准, 其格式如下：

[编号]　责任人. 标准名及代码[S/OL]. 出版地：出版社, 出版年份：起止页码. [引用日期]网址.

[22]　中国国家标准化管理委员会. 卷烟感官质量要求：GB 5606.4—2005[S]. 北京：

中国标准出版社，2005.

[23] 全国信息与文献标准化技术委员会. 文献著录：第 4 部分 非书资料:GB/T 3792.4-2009[S]. 北京：中国标准出版社，2010:3.

[24] 国家环境保护局科技标准司. 土壤环境质量标准：GB 15616—1995[S/OL]. 北京：中国标准出版社，1996:2-3. [2013-10-14]. http://wenku.baidu.com/ view/ b950a34b767 f5acfa1c7cd49.html.

3) 编写和引用参考文献时应注意的问题

(1) 参考文献的来源须可靠，应尽量直接引用。作者要有严谨的科学态度，著录作者阅读过且正式发表的出版物或其他有关档案资料。私人通信、内部讲义及未发表的著作，一般不宜作为参考文献。直接引用原始文献也是研究者应有的科学态度，引用时应以原始文献和第一手资料为原则，忌转引借用。转引是一种不良行为，它是学风不严谨的体现，影响研究者的学术声誉。

(2) 引用应领会原意，忌断章取义。学术引用必须建立在确切地理解原作品的思想和内容的基础之上，并严格遵从作者的原始含义；如果有意无意地断章取义，就会损害作者的原意，歪曲作者的思想和观点，使其他人对作品被引用部分产生或可能产生错误的理解，从而侵害了作者保护其作品不受歪曲、篡改的人身权利。

(3) 不许因为作者或编辑部原因，故意引用本人、他人或某个刊物的文献。

(4) 不应该隐匿参考文献。有意隐匿重要文献是不严谨、不尊重他人劳动的表现。论文中采纳了他人的论述，吸收和利用了他人的研究成果，却有意不将其作为注释或参考文献列出，回避文献出处，等于抹杀前人的成果，也容易让读者对论文的真实性与可靠性产生怀疑。

(5) 引用应确有必要，忌无关拼凑。作者应该引用亲自阅读且和论文关系密切的文献，不应列出一些与研究内容基本没有关系的文献。作者一定不要直接从他人论文搬来参考文献，也不要列出一些看似有关，实际上没有关系的文献。

(6) 参考文献应著录规范。参考文献一般放在论文尾末，必须严格遵守参考文献的著录规则，编排格式可按国家标准局制定的《信息与文献 参考文献著录规则》(GB/T 7714-2015)或相关刊物的要求执行。

12. 附录

附录是论文的附件，不是必要组成部分。它在不增加文献正文部分的篇幅和不影响正文主体内容叙述连贯性的前提下，向读者提供论文中部分内容的详尽推导、演算、证明，仪器、装备或解释、说明，以及提供有关数据、曲线、照片或其他辅助资料如计算机的框图和程序软件等。

13. 注释

注释亦称"注解"，指对书籍、文章中的词语、引文出处等所作的说明。注释是学术论文的附加部分，其作用是说明论文中的引文出处，或者对论文需要加以解释的地方予以说明。注释的目的是为了帮助读者理解。注释的形式和规定主要有：

(1) 夹注。夹注是在正文中或图释中注释，即要在注释的字词后面加上括号，在括号内写明注文。夹注有以下几种情况：

一是直接引文，在引文后注明出处；

二是间接引文，在表述后面注明他人的姓名及其见解发表的年份；

三是对文中某个词语做简单说明或标出其另外一种提法；

四是引文为短语，在引文后注明(某某语)即可。

(2) 脚注。脚注也叫页下注，即在需要注释的地方用①、②之类的标示，把注释的内容置于本页下端。

(3) 尾注。尾注把注释集中于全文、全书或书中某一章的末尾。

8.3　科技论文写作

8.3.1　科研工作的一般程序

科研工作没有一成不变的固定程序，但大体上要包括以下几个基本环节或过程：选题→确定研究内容和设计方案→获取科学事实→进行思维加工→验证→建立理论或技术体系→推广应用与成果鉴定。

1. 选题

在整个科研过程中，选题是有战略意义的一步，直接影响到科研的方向、目标、价值等。选题环节是从发现或接触各种科学和技术问题开始的，经过广泛搜集有关背景资料，全面估价与该选题有关的主观能力和客观条件，在充分论证的基础上正式确定课题。

2. 确定研究内容和设计方案

根据选题的研究内容，设计、制定包括具体研究内容、研究方法、研究手段、技术路线、预期成果目标、完成时间等主要内容的研究方案，确保其科学性、先进性和可行性。

3. 获取科学事实

按课题需要搜集和初步整理有关资料，这是科研工作的一个基础环节。科学事实是否客观、全面、系统，直接影响到科研的成败，这一环节既需要通过成熟理论知识应用、文献检索等方式获得间接的科学事实和经验，更需要通过观察、实验等取得本课题直接的科学事实和经验，即在具体的科研工作中通过采取和应用与课题研究内容有关的手段、技术和科研方法获取直接的科学事实。当然，获取科学事实的过程不仅仅是一个感性的过程，理性思维在其中也起着不可忽略的作用。

4. 进行思维加工

对已经获取的各种间接和直接的科学事实进行思维加工是科研工作中的关键环节。基于已有的科学理论、知识、经验和各种科学事实，运用有关的研究方法和逻辑思维、形象思维、直觉思维等思维方法，进行科学抽象，形成科学假说、技术方案、建议、意见、计划规划等是这一环节的主要任务。在这个环节中，科研工作的创造性表现得特别明显，因而创造性的思维方法起着至关重要的作用。

5. 验证

这个环节的主要工作是对已形成的假说、设想、方案等进行实践检验，通过将其演绎出的新思想与实验结果相比较，对其完善程度做出评价，再进而决定是重新提出新的设想还是充实原有设想。验证主要通过实验和观察进行，但也常常辅之以逻辑判定。科研成果或结果的验证往往可通过两种方式进行，或独立进行，或结合进行。一是在实验室验证，如通过仪器、设备对数据、配方等的验证；二是在生产和社会实践中进行验证，如对新产品生产、管理应用、教学应用、规划应用、活动应用、某种系统的应用进行验证等。

6. 建立理论或技术体系

这一环节的主要任务是把已确证的假说、设想、方案等与先前的成熟理论、技术、知识、经验等尽可能统一起来，形成比较严密的有内在逻辑关系的相应理论或技术方案或设想规划等体系，形成研究课题的科研工作成果。在这一环节上，公理方法、从抽象上升到具体的方法、逻辑与历史相统一的方法起着明显的作用。

7. 推广应用与成果鉴定

根据科研课题及其研究成果的具体情况，及时组织开展成果在相应领域和范围的推广应用工作，使其在经济和社会实践中对解决实际问题或促进发展方面体现其价值，发挥其作用。同时，还要考虑研究成果的实际情况，积极申报相应级别的科研成果鉴定。成果鉴定工作一定要注意把握好条件和时机的成熟问题，不宜急于求成，否则会适得其反。总之，申报科技成果鉴定或报奖首先应客观地考虑已经完成的研究成果是否确实符合科技成果鉴定的有关规定和条件；其次要考虑它究竟适合哪一个级别。

8.3.2　学术论文的选题

选择课题是撰写学术论文的第一步，也是作者最感困惑、最费精力的阶段。选题是论文写作成功的关键因素，选题的好坏直接关系到学术论文的质量水平。题目选得好，后续的论文写作就会比较顺利。因此，论文的选题切忌草率，应注意以下方法和问题：

(1) 创新选题法。创新选题法即通过深入调查、研究和分析，发现他人没有发现的问题，或虽已注意到，但尚未作深入、系统的研究，没有进行过科学概括的课题。创新选题强调的是创新，可以是新思想、新观点、新方法、新结论等，也可以是前人研究成果的深化、发展。

(2) 热点、难点选题法。热点课题多属于实践或理论研究中颇具现实性的问题，是科学上的"前沿"课题；但其不利之处在于，要真正取得有价值的成果实为不易。难点课题既可以是科学史上长久悬而未决的难点，也可以是当前研究中久攻不下的课题。此类课题的难度比一般性课题高，但是一旦成功，价值、影响及产生的意义也是其他课题所不及的。

(3) "冷门"选题。"冷门"选题即逆向选题法，就是打破常规范式，转到方向相背或相去甚远的方面选题。逆向选题要积极寻找那些被人们忽视的领域和问题，有的时候是在一些边界领域、交叉学科中选题，有时是对已有立论和错误观点提出质疑。选择"冷门"课题虽然可以出奇制胜，但是可供借鉴的资料相对较少，因而困难多。

(4) 在学科"交叉"领域中选题。学科交叉领域往往易为双方所忽略，而许多有待研究的课题恰恰积存于此。具体地说，可以从以下几个方面入手：

一是在两门或两门以上学科交叉、边缘地带寻找课题；

二是用某一学科的理论和方法，研究其他学科的研究对象，建立起新的交叉学科；

三是运用多学科理论和方法研究某一特定客体，建立综合性学科；

四是在自然科学与社会科学的结合点上寻找课题；

五是将数学理论和计算机技术运用于各学科，开创新方法，找寻新课题。

(5) 从生产实践中选题。社会实践活动是人类最基本的活动，实践及社会发展需要是科研选题要面对的主要方面，具体是：

• 从应用研究中进行理论探索。科学发展是无止境的，当科学理论经历了发生、发展、成熟的历程后，又会暴露出旧原理无法解决的新问题。

• 于基础理论中进行应用研究，即以成熟的理论为指导，创造开发新技术成果。

• 选择实践中面对的问题进行研究。

(6) 移植选题法。不同学科可以相互联系、相互结合、相互影响、相互借鉴。移植就是学科与学科之间相互交叉、相互渗透的统一，就是学理与方法的统一。所谓移植选题就是将其他学科的观点应用到选题所研究的领域。移植的目的是要寻求新论题的回应、启发，为新论题的产生、形成提供解说。

(7) 专小选题法。选题的大小，与论题内涵的质量、水平的高低、价值的大小并非成正比，专小论题同样可以产生大手笔之作。专小是专题深化、小题大做，是在论题的内涵上显功夫、讲道理、做文章。专小的论题往往需要具有独到见解，切中要害、深入本质，是对关键与核心部分从不同角度展开的深入剖析、透彻论述。

如某一论题选定后，如果需要论证或阐述的问题比较多，则可以采取"分而化之"的方法，将大课题分为若干研究子课题。相反的，也有一些课题研究初期内容少，属于小课题，但随着研究的深入，会逐渐发现一些与原课题联系紧密的课题。这样，单个分散课题的研究就具有了整体意义，形成一个"大课题"。

(8) 在查阅文献资料的基础上选题。学术研究是研究主体在同外界信息交互作用的基础上，对客观事物概括的、能动的反映。学术研究工作的外界信息可以是文献资料。掌握了文献资料，就可以了解该学科的研究历史、现状，抓住研究中尚未有人涉足的空白，引发选题设想。在选题阶段，需要针对研究主题进行广泛的文献调研，尽可能完整地收集各种类型的国内外文献，通过泛读文献，了解该研究主题的研究热点和待解决的问题，同时要注意收集规范词、同义词，以便在下一阶段论文写作过程中精查文献。可以重点查找综述类文献，全面而快速地了解论题的国内外研究现状，找到自己的创新点，确定题目。

此外，选题时还要考虑完成课题的条件，如实验条件，调研条件，是否导师熟悉的领域，是否能够得到导师的指导，计划时间内能否完成选题等。对于大学生来说，论文题目还可考虑以下几个途径：

一是在导师的指导下确定选题；

二是可以利用数据库中的浏览和辅助功能，了解本学科的研究热点和研究动向；

三是结合个人的兴趣和特长，从日常的学习实践中寻找选题。

8.3.3　开题报告

选题过程中，已经查阅了大量的资料。为论证该选题的可行性，大学生需要撰写开题报告并进行开题汇报。开题报告主要包括以下几个方面：

(1) 课题名称。

(2) 课题研究的目的、意义。可以从以下几方面进行阐述：

- 理论意义：对学科发展或理论完善的贡献。
- 现实意义：对经济发展、社会进步、企业转型等方面的贡献。
- 时代意义：在特定时代解决特定问题的紧迫性和重要性。
- 方法价值：对特定研究方法的发展和完善的贡献。

(3) 国内外研究现状、水平和发展趋势。简述本课题目前的研究状况、存在什么不足以及正在向什么方向发展，该课题领域的空白点或发展机会，拟研究的问题或假设等。这些内容一方面可以论证本课题研究的地位和价值，另一方面也可证明课题研究人员对本课题研究的把握程度。

(4) 课题的主要研究内容、方法。有了研究目标，就要根据目标确定课题具体要研究的内容。相对研究目标来说，研究内容要更具体、明确，并且一个目标可能要通过几方面的研究内容来实现。要把课题进行分解，针对具体问题确定研究内容。

研究方法包括文献调查研究法、问卷调查研究法、实验研究法、比较研究法、统计方法、模型法等。一个大的课题往往需要多种方法的结合，才能充分论证论文的观点。对课题的研究思路应该有较为明晰的概念，以相应的研究方法来论证论文观点。

(5) 研究工作的步骤、进程。课题研究的步骤，也就是课题研究在时间和顺序上的安排。研究的步骤要充分考虑研究内容的相互关系和难易程度，一般情况下都是根据课题研究的内容，循序渐进，分阶段进行，每个阶段从什么时间开始、至什么时间结束都要有安排。

8.3.4 资料的搜集、整理

虽然在确定科技论文题目时已经阅读了一定数量的文献，但仍需再次进行文献信息的搜集工作。因为资料是论文论点的依托和支柱，问题的发现和解决问题的线索总是存在于资料之中。资料占有越充分，问题就会越清楚，也越可能弄清问题的关键，这样才越有可能找到问题的正确答案。具体而言，资料可以帮助研究人员从不同的角度全面地考虑所要研究的课题，从而找到研究的起点和应解决问题的重点；可以充分利用已有的科研成果，避免不必要的重复劳动；可以学习先前研究所采用的方法手段，提供对研究有益的思路或修改意见；可以从其他类似或同性质的研究中得到启发，触发灵感，发现新问题，形成自己的现点；可以为进一步研究提供背景和基础，为解释研究结果提供背景材科，避免在研究中可能出现的差错，克服意想不到的困难。

搜集资料须遵循一定的原则和方法：要有目的性，要紧紧围绕选题展开搜集；搜集资料要多而全，历史的、现实的、正面的、反面的、点上的、面上的、远的、近的，都要搜集；搜集资料要持之以恒，随时积累；要学会利用图书馆查阅资料，熟练地运用图书目录(包括联机目录)、索引和工具书，熟悉搜索引擎和网络数据库的使用方法。不仅要收集他人的间接资料，也要善于收集亲自调查、观察或科学实验得到的材料，还要善于收集对所有资料加以整理、分析、研究而形成的资料。

资料的整理分析就是将所获取的资料经过阅读、鉴别、评估、筛选和分类、汇编、分析、提炼及撰写读书报告和资料综述，使原来分散的、个别的、局部的、无系统的资料，变成能说明事物的过程或整体，显示其变化的轨迹或状态，论证其道理或指出其规律的系统资料。最后根据研究的目的或文章的主题决定取舍，并从整体出发考虑资料在文中如何进行引用最为恰当。

为了深刻理解资料，要注意以下几点：

(1) 与选题有关的经典著作和重要文献要通读，做到读懂读通，切忌一知半解或片面理解；

(2) 可通过读书笔记、读书心得、作批注、做卡片、标记疑点难点等方法，分析、提炼，加深认识；

(3) 要掌握阅读方法，灵活运用粗读、精读、略读等方法，把握作者的思路，分析、研究作者的论断，掌握作者研究问题、论证问题的方式方法。

8.3.5　论文的撰写

1. 确立论点

学术论文的论点是作者对研究课题的新的见解，是一篇论文的核心。写作时，首先要确立全文的中心论点，然后再确立阐述中心论点的分论点。中心论点一经确立，它就起着统率文章各部分的作用。一篇论文水平的高低，在很大程度上取决于论点有无意义，有无真知灼见或新的突破。论点须体现明确的认识倾向和价值倾向，所以需要对论点有一个正确的理解。

2. 编拟论文提纲

从写作程序上讲，编写提纲是作者动笔行文前的必要准备。用简洁明了的语言安排出论文的篇章结构，把文章的逻辑关系视觉化，就是编写提纲。这一过程实际上是对全文进行构思和设计的过程。要根据文章的目的和主旨，对全文的内容做通盘安排，对结构进行统一的布局，规划出论文的轮廓，显示出论文的条理和层次。列提纲一般是由大到小、由粗到细，一层层地思考拟定。先把论文的大架子安排好，再考虑每一部分的内部层次，然后在各层次下列出要点、事例及一些需要用的具体材料，以备行文时应用。

提纲可分为简单提纲(又称"标题提纲")和详细提纲(又称"句子提纲")。简单提纲即根据写作格式的要求，用标题的形式，非常概括地写出各部分的内容。这种提纲简明扼要，一目了然，节省时间。详细提纲是根据基本格式的要求，用一个或几个能表达完整意思的句子把各部分的内容写出来。这种方法具体、明确，不易遗失内容。

一个好的提纲，能使作者严谨、周密地思考问题，帮助作者理清思路，把握论文的逻辑构成情况，将观点和材料组织成先后有序、连贯周密的论文轮廓；能加强文章的条理性，合理展现文章的结构，找出文章最佳的结构方案，并使重要的内容不会遗漏；能使文章内容互相衔接协调，为主题服务，为写作和修改提供依据。

3. 论文的撰写

一篇高质量的科技论文，要做到以下几点：

(1) 掌握各部分的写作重点。科技论文表述的思路是：提出问题，解决(分析)问题，给出结果和结论。因此，有些内容尽管在各部分提纲中都有涉及，但在具体写作时展开的深度是不同的。引言部分写作的重点是提出问题，关键要让读者明白作者是"如何提出问题"或"为什么要提出这个问题"以及提出这个问题的"必要性和重要性"。正文部分写作的重点是"如何解决(分析)问题",要让读者明了"作者从不同的角度已经把产生问题的原因分析透彻了""解决问题的方法符合科学理论""而且得到了使人可以相信的结果"。结论部分写作的重点是作者对自己的研究成果做出结论,所以不用展开论述。

(2) 紧紧围绕主题写作。在正文写作时,应该坚持开门见山,紧紧围绕主题写作。凡是与主题无关的材料都不必写进论文。论文的写作也不能用文学创作的手法,如寓言、暗喻、伏笔等。

(3) 条理清楚,逻辑性强。写作时整篇文章的表达形式要与内容相适应。每一段文章只说明一层意思,每一段和每一句话陈述的角度应保持一致。段落之间的衔接应有条理,应保持话题的一致性和陈述角度的一致性,段与段的递进应有内在逻辑关系。

(4) 事实准确,论据充分。科技论文讲究摆事实、讲道理,以理服人,因而要做到事实准确,数据准确,计算准确,语言准确,论据充分,论证合理。

(5) 语言简明、准确、连贯通顺、文字简练。语言简明,是指不啰唆,表达意思清楚,没有病句,用语合乎语法与语言习惯。语言准确,是指语言能准确地表达作者的意思,不能让读者对所表达的意思有第二种或更多方面的理解。连贯通顺,是指全文在表意上层次清楚,合乎逻辑。句子与句子之间的衔接有条理,前后呼应,文气流畅。文字简练,是指文章中,尽量避免重复、烦琐。对"词"或"字"的使用要做到:去掉"词"或"字"以后不会产生歧义,就应当去掉,当少一个字或词时就会产生不同的理解时,就必须加上。

(6) 写作规范,标点、数字、计量单位、图表等符合标准要求。

(7) 对需保密的资料应作技术处理,做到不泄密。

(8) 对于实验性或试验性的论文,一定要按照客观事物的内在逻辑关系来表述,而不应按照实验或试验的时间顺序来表述。

8.3.6　论文的修改

在论文交稿之前,作者应对论文进行修改与校核。论文的修改过程就是再观察、再认识研究对象的过程,也是弥补先前不足,纠正以前误区,深刻、全面地把握对象特征的过程。这一过程一方面使我们避免了欠缺,另一方面又使我们的认识不断深化,更加客观,使论文臻于完善。论文的修改应着重考虑以下几个方面:

1. 内容方面的修改

1) 修改观点

观点是论文的重要组成部分。如果观点不明晰或论据与观点不一致,那么文章中的观点就要进行调整。观点的修改一般只是微调,如果全部否定的话,文章就要重新撰写。观点的修改既包括论点的增加或删减,也包括观点的订正。但无论是哪一方面,都要使文章显得论点突出、明确。

2) 内容的增删和调整

论文写完之后,应认真地反复阅读,仔细斟酌论据是否充分,论证手段是否正确,推理是否严密,分析是否合理。当发现结构残缺、数据不足或论据单薄时,应进行适当的增补。若发现与主题不相干或关系不密切的材料,应毫不犹豫地删除;若发现有更好的材料可以说明观点,就必须更换或增加材料;如果发现材料用得不够恰当、布局不够合理,则要进行调整。

3) 调整结论

文章的结论应简要反映全文的内容。如果文章的结论不能准确反映文章的内容或文章的结论不足以反映文章的内容，则需要对结论进行调整。

4) 锤炼字句、润色文字

在写作过程中，不可避免地会出现一些病句或重复啰唆的语句。因此，在论文交稿之前，作者要对论文各部分的语句及用词进行反复推敲和提炼，使文章达到文字简练、用词准确、内容精粹。此外，改正错别字也是修改过程中的工作。

5) 校核

对原始数据、运算过程和最后结果，都要进行认真校核。尤其是对数学公式的推导要认真审核，看其是否存在错误。

总之，对论文的观点、论据，每一个数据、推理、结论等，都应认真地推敲，要经得起科学实践的检验。

2. 形式方面的修改

形式方面的修改包括如下几个方面：

(1) 行款格式是否符合科技论文规定的写作格式。

(2) 计量单位是否符合国家的法定计量单位。

(3) 标点符号及各种人工语言符号的使用与书写是否正确、清楚。图、表、数学公式及化学式等位置的安排是否恰当，是否符合科技论文写作的规定或约定俗成。

8.3.7　论文的答辩

毕业论文答辩是整个毕业论文实践教学过程中十分重要的环节。答辩委员会或答辩小组在指导教师对学生毕业论文评审的基础上，就该课题的发展前景和学生的研究思路、研究方向进行交流。根据学生的毕业论文答辩情况，对答辩学生的基本理论、基础知识、各种能力等进行考查，最终评定学生毕业论文成绩。参加答辩的学生，必须修完学校规定的全部课程并考试、考查及格，方可取得参加答辩的资格。只有答辩获得通过的才准予毕业。

论文答辩是一种有组织、有准备、有计划、有鉴定的比较正规的审查论文的重要形式。在学位论文定稿以后，就进入答辩的准备阶段。在举行答辩会前，校方、答辩委员会、答辩人三方都要做充分的准备。在答辩过程中，答辩教师常常就论文中阐述不清楚、不详细、不完善、不确切之处等提出问题，而答辩人要对问题进行解释和说明。目前我国各高校的论文答辩环节基本一致。

1. 答辩环节

答辩人所撰写的学位论文必须经过论文指导教师指导，并有指导教师签署同意参加答辩的意见后方可参加答辩。在论文答辩环节开始阶段，教学单位会根据答辩人的数量和评委的数量进行分组，通常采取的原则是论文内容相类似的学生分为一组，研究方向趋于一致的评委分为一组，这样可以保证答辩的学术性和专业性。通常答辩评委的数量在 5～7 人，一般论文指导教师要回避自己所指导的学生。

答辩开始前，学位论文的撰写入要根据自己的论文内容制作 PPT。答辩开始时，答辩人通常被要求在规定的时间内完成论文陈述。陈述的主要内容包括论文概述，主要观点、创新点、框架结构、研究过程、解决方案、价值和展望、结论及不足之处等。陈述时间为5～10 分钟。陈述结束后，评委会根据答辩人的陈述情况提出相关的问题，通常会给答辩人一定的时间进行准备后再进行作答。

答辩教师的提问环节主要针对论文所涉及的学术内容及论文存在的问题。了解答辩教师的提问范围和原则，对答辩人准备答辩具有帮助作用。通常，答辩教师是从检验真伪、探测水平、弥补不足三个方面提出三个问题。

(1) 检验真伪。检验真伪指围绕学术论文的真实性拟题提问，主要涉及论文中的基本概念，基本理论以及运用基本原理等方面的问题，主要目的是考查论文事实、数据、计算等是否准确，答辩人专业知识是否扎实，论文是否由答辩人自己完成等。

(2) 探测水平。探测水平指与学位论文主要内容相关的问题，例如论点是否明确，论据是否充分，论证手段是否正确，推理是否严密，分析是否合理，主要探测答辩人学术水平高低。

(3) 弥补不足。弥补不足指围绕学术论文中存在的薄弱环节，如对论文中论述不清楚、不详细、不周全、不确切以及相互矛盾之处拟题提问，请答辩人在答辩中补充阐述或提出解释。

答辩结束后，评审小组根据答辩人学位论文的书写规范、研究方法、研究结论、学术价值、应用价值、答辩过程、问题的回答情况等多个方面进行打分，并给出最终成绩。通常分为优秀、良好、中等、及格和不及格五个等级；如果第一次答辩没有通过，即得到了不及格的分数，那么就要进行二次答辩甚至三次答辩；答辩没有通过的，要延期毕业，直至答辩顺利通过。

2. 答辩注意事项

(1) 熟悉论文内容，精心准备制作 PPT。

(2) 克服紧张、不安、焦躁等情绪，心态良好，从容自信。

(3) 穿着大方得体，言行举止有分寸，无论是听问题还是回答问题都要做到礼貌应对。

(4) 叙述言简意赅，语速要快慢适中，不能过快或过慢。过快会让答辩教师难以听清楚，过慢会让答辩教师感觉答辩人对这个问题不熟悉。

(5) 弄清答辩教师所提问题的目的、意图，充分理解问题的根本所在后再进行作答，以免出现答非所问的现象。

(6) 强调重点，略述枝节。回答问题一般会限制在一定的时间内，除非答辩教师特别强调要展开论述，否则不必展开，直接回答主要内容和中心思想即可。

(7) 若对某一个问题确实没有搞清楚，要谦虚地向教师请教。尽量争取教师的提示，灵活应对。用积极的态度面对遇到的困难，努力思考作答。

8.3.8 论文的投稿与发表

就作者写作的目的而言，论文发表是每位论文作者最大的心愿，也是同行对作者在学术研究上的肯定。但是在投稿过程中，不同的论文投寄编辑部后的结局往往迥然不同。究其原因，作者的写作水平差异是主要原因，但是否了解所投杂志的专业特点、格式要求等也十分重要。因此，一篇论文定稿后，如何选择投稿目标刊物的问题就值得重视了。刊物级别越高，稿件的投稿价值就越大。选择投稿的原则是根据自己的论文水平，在力争发表的同时，争取最大的投稿价值。一般来说，论文投稿需注意以下方面：

1. 注意规范的写作格式

每种刊物都有一定的格式，若论文作者能按拟投刊的样式写稿，那么所投稿件的录用率就很有可能提高。一般来说，论文的组成部分和排列次序为：题名、作者署名、摘要、关键词、中图分类号、引言、正文、结论、参考文献和注释。因为刊物格式各有差异，对于上述各项，有的刊物并不全有，所以作者写稿时注意参照所投刊物的近期编排格式，就有可能减少退稿现象的发生。

2. 选准投稿刊物

1) 正确衡量文稿的水平

衡量论文学术水平的高低，取决于论文与国内外文献的比较。作者可从创新性、科学性等方面对稿件质量作出恰当的评价，从而决定投何种期刊。

2) 选择对口的刊物

判断期刊水平高低，主要通过总被引用次数、被引半衰期、影响因子等指标来确定。总被引次数标明该期刊(论文、评论等)在当年被其他期刊引用的总次数，大量的总被引次数代表该期刊在其专业领域具有举足轻重的地位。被引半衰期指某期刊现时尚在利用的全部文献中较新的一半是在多长时间内发表的。被引半衰期可测量期刊文章老化的速度，相对小的被引半衰期反映期刊较强调尖端研究或及时性。影响因子是指某一期刊的文章在特定年份或时期被引用的频率。影响因子反映出期刊的影响力，并且被视作相对公平的期刊质量衡量方法。

一些权威机构依据特定的期刊评价指标，遴选科技期刊，出版或开发出科技文献检索工具。被这些权威工具检索收录的刊物就是核心刊物，其余的就属于普通期刊。SCI(科学引文索引)、EI(工程索引)、ISTP(科技会议录索引)是世界著名的三大科技文献检索系统，是国际公认的进行科学统计与科学评价的主要检索工具。国内比较权威的核心期刊(或来源期刊)遴选体系有：北京大学图书馆"中文核心期刊"；南京大学"中文社会科学引文索引(CSSCI)来源期刊"；中国科学院文献情报中心"中国科学引文数据库来源期刊"(CSCD)。

投稿国内学术期刊，可以先查看其是不是核心刊物，国家新闻出版署是否可查到该期刊，各大网络数据库是否可查到。要投稿国际学术期刊，可通过谷歌学术、web of science等检索了解期刊的水平。由于各种级别相近刊物报道的内容侧重不一，编辑部的宗旨也不同，因此作者要了解相关刊物刊载内容的侧重点，然后"投其所好"，这是投稿成功的前提。要研究所投稿的期刊的选稿范围、栏目设置、报道重点和特色风格，有针对性地投稿。

3. 注意投稿反馈信息的速度

根据出版周期的不同，刊物可分为月刊、双月刊、季刊、半年刊。通常月刊、双月刊对来稿录用与否能在较短的时间内给作者以明确答复，而季刊及半年刊就相对滞后。投稿者一定要考虑这个因素，因为有的论文时效性较强，耽误了时间论文就失去了发表的机会。作者可选择稿件处理及时，投稿信息反馈较快的期刊。

4. 了解投稿方式

作者要查看所投期刊的"投稿须知",了解投稿方式。时下,有一些期刊采用电子邮箱投稿,也有许多期刊开发了投稿系统,投稿、审稿通过投稿系统就能完成。作者只要通过注册、登录,就能向期刊投稿,并可被随时跟踪查询稿件处理流程记录和目前的状态。

> ☾ **小知识:**
>
> ORCID(Open Researcher and Contributor ID),即科研人员国际唯一学术标识符,由一套免费的、全球唯一的16位身份识别码构成(详见 http://orcid.org/)。ORCID是一个独特的标识符,会记录个人所有的学术研究活动,包括参与创作的出版物、数据集、与研究机构的隶属关系以及资金支持等。因此,ORCID能够区分不同研究人员的工作,同时有助于在大学、学系和学院的层面上对其研究成果进行跟踪。很多期刊要求作者申请ORCID号,以供论文出版时标记。ORCID是一个非营利组织,个人可以免费注册。

5. 其他需要注意的问题

(1) 正确对待编辑的修改建议。能否正确对待编辑的修改建议,对论文是否能够发表也是十分重要的。一般情况下,编辑都希望作者尊重自己的修改意见。但有时审稿人和编辑提出的修改意见也可能不一定合理,这时作者一定要冷静处理,既要坚持原则,又要谦虚谨慎,诚恳而婉转地说明并坚持自己的学术观点。

(2) 正确对待退稿。退稿对所有科学工作者来说都是很正常的。只要投稿就有可能被发表,但另一方面,也有可能遭到退稿。对待退稿首先应该分析退稿原因,针对不同原因,采取不同的策略。若属论文学术质量问题,应该进一步研究,完善实验设计与方法,使结果更准确、结论更正确。若属于论文写作方面的问题,作者可进一步了解有关科技论文写作知识,提升写作水平。若属于编辑和审稿人的偏见,作者应及时改投他刊。

思考与练习

1. 我国国家标准规定,科技论文和学位论文的结构包括几部分?

2. 面对当前的学术腐败和学术不端现象应该采取什么应对措施?

3. 对于摘要的编写,需要遵循哪些原则?试找一篇和所学专业相关的学术论文,为其编写摘要。

4. 一位研究生在他的学位论文中,试验与结果分析、讨论、结论等都是自己完成的,而且很有新意。但其文献综述却是大量引用了另一位已毕业研究生的文献综述,其引用量已超过50%。你认为是否可评为优秀论文?

参 考 文 献

[1]　高俊宽. 信息检索[M]. 北京：世界图书出版公司，2017.

[2]　何青芳等. 工程硕士信息检索实用教程[M]. 上海：同济大学出版社，2012.

[3]　张厚生，袁曦临. 信息素养[M]. 南京：东南大学出版社，2009.

[4]　赵生让. 信息检索与利用[M]. 西安：西安电子科技大学出版社，2013.

[5]　陆和建，方雅琴，翁畅平. 计算机信息检索[M]. 合肥：安徽师范大学出版社，2017.

[6]　沈固朝. 信息检索(多媒体)教程[M]. 北京：高等教育出版社，2002.

[7]　许征尼. 信息素养与信息检索[M]. 合肥：中国科学技术大学出版社，2010.

[8]　燕今伟，刘霞. 信息素质教程[M]. 武汉：武汉大学出版社，2008.

[9]　张秀红，郑益光. 现代信息检索与利用[M]. 北京：高等教育出版社，2010.

[10]　中国大百科全书总编辑委员会. 中国大百科全书[K]. 北京：中国大百科全书出版社，1993.

[11]　于良芝. 图书馆学导论[M]. 北京：科学出版社，2003.

[12]　柯平. 社会公共服务体系中图书馆的发展趋势、定位与服务研究[M]. 北京：国家图书馆出版社，2011.

[13]　郑章飞. 理工信息检索[M]. 北京：高等教育出版社，2006.

[14]　朱静芳. 现代信息检索实用教程[M]. 北京：清华大学出版社，2008.

[15]　隋莉萍. 网络信息检索与利用[M]. 北京：清华大学出版社，2008.

[16]　莫超仪，安娜. 开启知识宝库的金钥匙：怎样利用图书馆[M]. 武汉：武汉工业大学出版社，1995.

[17]　谢志耘. 医学文献检索[M]. 北京：北京大学医学出版社，2010.

[18]　陈淼，叶升阳. 如何使用大学图书馆[M]. 北京：北京图书馆出版社，2004.

[19]　陈泉，申蓉，郭利伟，等. 网络信息资源检索与利用[M]. 北京：清华大学出版社，2010.

[20]　高凯，郭立炜，许云峰. 网络信息检索技术及搜索引擎系统开发[M]. 北京：科学出版社，2010.

[21]　何琳. 开放存取：数字时代学术信息交流新模式[M]. 北京：现代教育出版社，2008.

[22]　储开稳，朱昆耕. 文理信息检索与利用[M]. 武汉：华中科技大学出版社，2010.

[23]　刘杨. 3G环境下移动数字图书馆服务平台构建研究[D]. 哈尔滨：黑龙江大学，2011.

[24]　王恩华. 大学学术失范与学术规范[M]. 长沙：湖南师范大学出版社，2010.

[25]　高晓清. 学术规范的原理[M]. 长沙：湖南人民出版社，2007.

[26]　李德华. 学术规范与科技论文写作[M]. 成都：电子科技大学出版社，2010.

[27]　戚敏. 数字信息资源检索方法与实践[M]. 武汉：华中科技大学出版社，2011.

[28]　陈冬花. 文献信息检索与利用[M]. 上海：上海交通大学出版社，2005.

[29]　杨玉圣. 学术规范与学术批评[M]. 郑州：河南大学出版社，2005.

[30]　朱冬平. 应用文写作[M]. 2版. 广州：华南理工大学出版社，2010.

[31]　王细荣，韩玲，张勤. 文献信息检索与论文写作[M]. 上海：上海交通大学出版社，2006.

[32]　张俊慧. 信息检索教程[M]. 北京：科学出版社，2010.

[33]　陈茁新. 信息检索与利用实用教程[M]. 北京：国防工业出版社，2011.

[34]　潘燕桃. 信息检索通用教程[M]. 北京：高等教育出版社，2009.

[35]　周为谋，彭豪. 大学信息检索教程[M]. 北京：北京理工大学出版社，2010.

[36]　孙伟平. 信息社会及其基本特征[J]. 哲学动态，2010(9)：12-18.

[37]　顾海良. 关于学术规范与学术道德建设的思考[J]. 武汉大学学报(人文科学版)，2005(5)：517-519.